建设广东现代化产业体系研究丛书

丛书主编 胡军

经济新生态

培育数字产业融合与集群发展

李杰 等 主编

SPM 南方传媒 | 广东经济出版社
·广州·

图书在版编目（CIP）数据

经济新生态：培育数字产业融合与集群发展 / 李杰等主编 . -- 广州：广东经济出版社，2025. 8. -- （建设广东现代化产业体系研究丛书） -- ISBN 978-7-5454-3042-4

Ⅰ. F492.3

中国国家版本馆 CIP 数据核字第 2025LK1746 号

策　　划：王成刚　刘健华　陈　晔
责任编辑：赵　娜　郭艳军　陈　晔
责任校对：黄思健　罗玉琪　向秋萍
责任技编：陆俊帆
封面设计：奇文雲海 CHIVAL design

经济新生态：培育数字产业融合与集群发展
JINGJI XINSHENGTAI：PEIYU SHUZI CHANYE RONGHE YU JIQUN FAZHAN
出 版 人：刘卫平
出版发行：广东经济出版社（广州市水荫路 11 号 11 ～ 12 楼）
印　　刷：广州小明数码印刷有限公司
（广州市天河区高普路 83 号 B 栋 C5 号）

开　　本：730 毫米 ×1020 毫米　1/16　　印　　张：18.75
版　　次：2025 年 8 月第 1 版　　印　　次：2025 年 8 月第 1 次
书　　号：ISBN 978-7-5454-3042-4　　字　　数：297 千字
定　　价：78.00 元

发行电话：（020）87393830
如发现印装质量问题，请与本社联系，本社负责调换

丛书编委会

主　　编：胡　军

副 主 编：顾乃华　陶　锋　陈　林　李　杰

委　　员：（按姓氏拼音排序）

程嘉嘉　刘树梁　刘　歆　潘　珊　王　东　王欣然

徐　扬　燕志雄　杨亚平　余壮雄　张　红

总　序

当前，全球经济格局深度调整，科技革命加速演进，广东作为我国经济发展的前沿阵地，肩负着推动产业转型升级、提升国际竞争力的重任。现代化产业体系是现代化国家的物质技术基础，必须把经济发展的着力点放在实体经济上。只有打造自主可控、安全可靠、竞争力强的现代化产业体系，才能为中国式现代化建立行稳致远的关键支撑。习近平总书记明确要求广东“建设更具国际竞争力的现代化产业体系”，这不仅是对广东的深切期许，更是赋予广东在新时代的重大使命。

广东建设现代化产业体系，有着坚实的产业基础和迫切的现实需求。从基础来看，广东是全球重要的制造业基地，拥有全部31个制造业大类，2024年全省规模以上工业企业实现营业收入19.4万亿元，占全国总量的近1/7，电子信息、汽车、电气机械等15个行业规模位居全国第一，已形成基础雄厚、门类齐全、配套完善的工业体系。然而，随着全球产业链供应链加速重构，贸易保护主义抬头，广东产业发展面临着外部市场不确定性增加、关键核心技术“卡脖子”等严峻挑战，加快产业转型升级迫在眉睫。

产业体系是由相互联系的各个产业构成的有机整体。产业体系内横向或纵向关联越密切，就越能产生“1+1>2”的网络效应，其功能相应就越大，韧性就越强，效率就越高。现代化产业体系是指顺应当前科技革命、消费结构和国际格局变化新趋势，以科技创新为牵引，以实体经济为支撑，以现代金融为保障，以人力资源为基础，新质生产力持续替代传统生产力的产业体系。具有国际竞争力的现代化产业体系是指，与其他国家或地区相比，这个国家或地区的产业体系具有更大的功能、更高的效率和更强的韧性，更能适应科技革命、消费结构和国际格局的变化。

结合时代要求、国家战略和地方特色，广东建设更具国际竞争力的现代化产业体系需要满足四个方面的基本要求：一是顺应科技革命浪潮，以创新驱动“三化”转型。智能化、绿色化、融合化是现代化产业体系的三个基本特征。要紧扣新一轮科技革命和产业变革机遇，将创新作为核心驱动力，聚焦人工智能、大数据等前沿技术突破，以培育新质生产力为关键抓手，推动制造业、服务业等各领域向智能化升级、绿色化转型、融合化发展，通过技术迭代重塑产业形态，提升全要素生产率。二是对接全球分工重构，强化产业体系“三性”根基。完整性、先进性、安全性是现代化产业体系的三个基本要求。要适应全球产业链供应链深度重构趋势，以产业基础高级化、产业链现代化为主线，靶向攻关核心零部件、关键基础材料等“卡脖子”环节，补齐产业链短板。同时，巩固优势产业集群的完整性，提升技术和产品的先进性，增强关键领域自主可控能力，筑牢产业体系的安全屏障。三是立足双循环节点优势，服务国家现代化产业体系建设。依托广东产业体系高度国际化的独特优势，深度融入全球市场，既鼓励企业“走出去”参与全球竞争，又积极“引进来”集聚高端要素，强化作为国内大循环重要支点和国内国际双循环战略链接的功能，高效统筹利用国内国际两个市场、两种资源，提升在全球价值链中的位势。四是深化区域协同融合，构建大湾区产业创新生态系统。积极联动港澳地区，以粤港澳大湾区为核心载体，打破地域壁垒和体制限制，推动珠三角与粤东粤西粤北产业协同，促进创新资源、产业链环节、要素市场跨区域流动，构建“基础研究+技术攻关+成果转化+科技金融+人才支撑”的区域产业创新生态，通过一体化布局实现区域产业优势互补、融合发展，彰显现代化产业体系的地方协同特色。

结合地方特色，广东建设更具国际竞争力的现代化产业体系的主要特征可以概括为“三化三性两特色”。

“三化”是指智能化、绿色化、融合化。第一，智能化是广东现代化产业体系的基本趋势。要支持制造业人工智能链式改造，鼓励人工智能企业开发更多面向制造业的多任务智能体。开放先进技术和应用场景，“大手拉小手”带动中小企业发展。同时，培养“懂行业、懂制造、懂数字化”的复合型人才，提升产业生产效率与智能化水平。第二，绿色化是广东现代化产业体系的鲜明底色。要支持企业应用先进生产工艺和设备，在降碳减污中实现扩绿增长，形成政府引导、市场发力、企业主动的绿色转型新格局。第三，融合化是广东现代化产业体系的牵引力量。针对广东产业门类齐全、产业配套能力完善的特质，推动制造业与服务业融合、数字经济与实体经济融合，以龙头企业为牵引深化链条融合，鼓励一二三产业跨界融合，实现产业体系整体效能提升。

“三性”是指完整性、先进性、安全性。第一，产业体系的“完整性”是广东推进新型工业化的必然趋势。作为区域现代化产业体系，其完整性不仅是指产业门类要相对齐全，更强调重点产业内部即产业链层面的相对完整性，尤其要补齐广东关键中间品和核心部件的配套短板以及促进生产性服务业扩容提质。第二，产业体系的“先进性”是广东增强产业国际竞争力的迫切要求。要加快基础研究投入，强化原始创新能力，瞄准共性技术“爆破点”。依托广深科技创新走廊组建产学研联合体，攻关新材料、工业软件等“卡脖子”技术。同时，鼓励企业加强品牌建设，推动传统产业通过技术突破向产业链高端攀升，实现“价值跃迁”。第三，产业体系的“安全性”是广东应对全球产业链重构的现实需要。产业体系没有绝对安全，只有相对安全。要加大对关键核心技术的研发投入，减少对国外技术的依赖，通过在部分关键产品和核心技术层面建立非对称战略优势，来追求产业体系的自主可控和安全稳定。

“两特色”是指规模化、国际化。第一，规模化是广东建设现代化产业体系的厚重家底。大规模参与国际分工带来的低成本优势在一定时期内仍是广东制造的主要优势。在保持制造业比重基本稳定的基础上，以电子信息、智能装备等优势制造业为核心，推动产业集群横向扩容与纵向深耕，强化产业链上下游协同。支持龙头企业引领中小企业形成规模效应，利用产业园区集聚降低综合成本，将规模优势转化为技术迭代速度与市场议价能力的提升。第二，国际化是广东建设现代化产业体系的显著特色。要以品牌全球化为核心，推动家电、电子等优势产业从“产品出海”向“品牌出海”升级，通过海外展会、本土化营销强化品牌认知。企业要依托“一带一路”节点布局海外生产基地，结合当地资源禀赋实现研发、制造、销售本地化，同时通过参股、并购全球优质企业整合技术与渠道，逐步构建自主可控的全球价值链，提升产业链在全球分工体系中的主导权。

从现代化产业体系的建设内容来看，广东应构建“领头雁型”现代化产业体系，需以“四梁八柱”为框架，强化工业、农业、服务业与基础设施的结构性关联、融合性互动，形成以创新为内核、“主干+两翼+底座+尾翼”协同支撑的整体架构。一是要发挥科技创新作为“雁头”的引擎带动作用。通过科技创新突破引领新质生产力培育，推动科技创新与产业创新深度融合，既为传统产业升级注入“智改数转”动力，也为战略性新兴产业和未来产业开辟赛道，更通过技术溢出效应带动农业、服务业、基础设施向现代化跃迁。二是要把现代化工业作为现代化产业体系的“主干”与“两翼”。以战略性支柱产业为“主干”，巩固电子信息、汽车制造、智能家电等万亿级产业集群优势，通过技术改造推动传统产业高端化、智能化升级，筑牢产业根基；以战略性新兴产业和未来产业为“两翼”，聚焦新能源、生物医药、低空经济、量子科技等领域，加大研发投入和场景培育，形成新的增长引擎。工业内部通过“主干”为“两翼”提供产业链配套支撑，“两翼”反哺“主干”实现技术迭代，形成动态升级的工业生态。三是要通过现代化服务业筑牢“底座”实现协同赋能。以生产性服务业为核心“底座”，强化研发设计、现代物流、金融科技、工业互联网等对工业、农业的全链条服务，提升产业协同效率；生活性服务业聚焦品质升级，满足城乡居民需求，反哺消费对产业的拉动作用。服务业通过“黏合剂”作用，促进工农业要素流动、技术共享和市场联通，实现“产业服务化、服务产业化”。四是要通过现代化农业夯实基础与延伸价值。以科技赋能农业现代化，发展智慧农业、设施农业，稳定粮食和重要农产品供给，同时推动农业与加工、文旅、电商等产业融合，延伸产业链价值链。农业既为工业提供绿色原料，又通过消费需求牵引服务业升级，成为产业体系的基础支撑。五是要通过现代化基础设施强化“尾翼”支撑保障。构建“硬基建+软基建”双轮驱动的基础设施体系：硬基建聚焦新型基础设施（如5G、数据中心、智能交通）与传统基建升级，打通产业跨区域联通的物理通道；软基建侧重标准体系、要素市场、营商环境等制度建设，降低产业协同成本。基础设施作为“尾翼”，既为工农业、服务业提供空间和技术支撑，又通过互联互通放大“主干+两翼+底座”的协同效应。

当前及今后一个时期，广东将处于建设更具国际竞争力的现代化产业体系的关键时期。“建设广东现代化产业体系研究丛书”立足新时代广东聚力推动高质量发展的背景，聚焦广东现代化产业体系建设主题，融产业理论研究、政策分析与实地调研于一体。丛书运用理论分析、调研数据论证、比较研究及案例剖析等社会科学方法，系统梳理广东产业体系的产业链基础、发展现状、演化脉络与核心特征，明确其发展方向，并从中观与微观层面深入探讨七大关键产业的建设现状、市场规模、主体构成、实现条件及实施路径。同时，丛书凝练国内外产业发展经验，力求全面且有重点地呈现广东现代化产业体系建设的最新研究成果，针对“卡脖子”难题提出可行对策，为地方政府经济部门落实高质量发展目标、制定产业政策，以及企业投资决策提供实践指引。

本丛书以“广东现代化产业体系建设”为战略主线，围绕现代化产业体系的“四梁八柱”，形成现代服务业、战略性新兴产业、传统优势产业、现代农业、数字经济、产业链韧性、现代化基础设施等七大专题研究板块。各分册在内容上既各有侧重，又相互呼应，共同构建起从产业链、创新链到服务链、要素链的系统化研究框架。丛书整体架构力求理论研究与政策分析相结合、宏观战略与微观案例相统一，为广东建设更具国际竞争力的现代化产业体系提供系统化研究成果与实践指引。各分册主题和内容安排大体如下：

第一册《优质高效服务：构建现代服务业新体系》由暨南大学副校长顾乃华研究员主编。本册聚焦现代服务业的高质量发展路径，结合生产性服务业、消费性服务业与公共服务业发展实际，系统分析现代服务业对制造业转型的赋能机制与国际竞争力提升策略，提出服务型经济的结构优化和质量提升方案。

第二册《新增长极：推进战略性新兴产业融合集群发展》由暨南大学产业经济研究院院长陶锋研究员主编。本册聚焦战略性新兴产业融合集群发展，通过整体评估广东战略性新兴产业融合集群发展现状与问题，深入探究了制度创新、生态构建、韧性提升和创新环境优化等多维因素如何驱动融合集群演进，并通过对广东新能源汽车、人工智能、生物医药三大战略性新兴产业集群的深度案例剖析，为广东锻造新质生产力增长极提供实施路径与战略样本。

第三册《经济新生态：培育数字产业融合与集群发展》由暨南大学产业经济研究院副院长李杰研究员主编。本册聚焦数字技术驱动的新型产业生态，探讨电子信息制造、工业机器人、数字创意产业等数字经济核心领域的产业融合路径，提出数字赋能实体经济的政策建议与实践案例，描绘广东数字经济发展蓝图。

第四册《稳链：打造安全发展的产业链》由暨南大学产业经济研究院余壮雄研究员主编。本册聚焦产业链安全与自主可控发展战略，探讨全球产业链重构背景下广东关键领域“补链、延链、强链”策略，提出产业链韧性建设、供应链多元化布局和风险防控体系的优化路径，全面提升广东产业链体系的稳定性与运行效率。

第五册《创新突围：推动传统产业转型升级》由暨南大学经济学院杨亚平教授主编。本册围绕传统制造业的转型升级与创新突破，深入剖析在新一轮科技革命和产业变革背景下广东家电、纺织服装、食品饮料、建筑材料等重点产业面临的结构性挑战，提出数字化转型、绿色化改造、智能化提升、跨界融合等系统解决方案，推动广东传统产业迈向高端化、智能化、绿色化和融合化。

第六册《乡村振兴：加快农业现代化》由暨南大学产业经济研究院燕志雄副研究员主编。本册聚焦国家乡村振兴战略，详细剖析了全球农业发达国家的农业发展模式以及中国代表性地区的农业现代化发展概况。深入探究了技术创新、模式创新、渠道创新和产业链组织创新等因素如何推动农业现代化进程，并进一步解析了广东种业、渔业等产业案例的现代化实践，为广东农业高质量发展和乡村振兴提供可复制的经验与案例参考。

第七册《硬核力：建设现代化基础设施》由暨南大学产业经济研究院潘珊副研究员和张红副研究员主编。本册聚焦现代基础设施的硬核支撑作用，系统梳理了广东传统基础设施、信息基础设施、创新基础设施和融合基础设施的发展和趋势，提出进一步推动现代化基础设施同信息技术深度融合的发展路径，在融合创新中加快形成新质生产力，全面提升广东现代化产业体系的承载力与发展韧性。

本丛书的研究团队主要来自暨南大学产业经济研究院，同时整合学校经管学科优势力量。始有暨南，便有商科。根据2023软科世界一流学科排名，暨南大学经济学科中国内地排名并列第12；2023ESI全球排名，暨南大学经济学与商学稳居前1%。产业经济研究院是暨南大学国家重点学科“产业经济学”的所在单位，拥有华南地区最早的博士点，建有华南地区第一个应用经济学博士后流动站。学院秉承“顶天立地”的学术传统，坚持“学科交叉研究、产业精英培养、新型智库建设”三位一体，致力成为全国产业经济领域领先的学术单位和卓越智库。近年来，全职教师获批国家自然科学基金重点项目、教育部重大攻关项目、国家社会科学基金重大项目和重点项目等国家级项目，在国内外重要期刊发表了一批有影响力的研究成果。同时，学院积极对接国家重大战略，深度服务于粤港澳大湾区产业转型升级，在产业竞争力、产业发展规划、产业政策与企业发展战略等领域承担各类横向课题200多项。研究成果成为地方政府决策的重要依据，或被以政府文件形式发布。学院现已形成“科研课题、政策辅导、项目把关、干部培训”四位一体决策咨询服务体系，深度嵌入政府部门决策过程，在广东省及主要地市历次产业发展战略转换和产业转型升级中，发挥着不可或缺的政府政策辅导和决策顾问作用。

本丛书的顺利出版，离不开广东经济出版社的鼎力支持与精心组织。作为国内具有重要影响力的专业出版机构，广东经济出版社始终坚持“立足学术前沿、服务经济社会发展”的出版理念，在选题策划、内容统筹、质量把控等方面展现出卓越的专业能力与独到的战略眼光。在丛书的策划与出版过程中，出版社秉承严谨务实的学术态度与高水准的专业精神，从框架设计、内容整合、审稿论证到版式编排、封面设计等每一个细节，都给予了我们极具建设性的意见和全方位的支持。特别要感谢出版社编辑团队，他们以丰富的出版经验、深厚的专业素养和高效的工作作风，全程投入丛书的编辑加工之中。无论是在文本精修、逻辑校对，还是在版式细节、整体美学呈现方面，编辑团队都倾注了大量心血和智慧，对书稿进行了耐心、细致而精准的打磨与校订，确保了丛书的学术深度、政策价值和出版品质达到最佳状态。正是由于广东经济出版社的高度重视与倾力协作，才使得"建设广东现代化产业体系研究丛书"能够以更加完整、成熟与高质量的面貌呈现在广大读者和研究者面前。

由于研究时间和精力有限，本丛书仍难免存在不足与疏漏。我们深知，广东现代化产业体系建设是一个持续演进、动态优化的复杂过程，政策导向、技术变革与全球竞争格局的不断变化，都可能带来新的研究视角和问题挑战。因此，本丛书的成果更应被视为一次阶段性的探索与学术积累。编者期望，通过本丛书能够为相关研究与实践提供有益的参考与启发，推动更多深入的思考与探讨。恳请读者批评指正，以便我们在后续研究与修订中不断完善！

胡　军
暨南大学

序

在数字经济浪潮的澎湃声中，全球经济正经历着一场前所未有的深刻变革。这场变革，以数字技术的飞速发展为核心驱动力，推动着产业结构的优化升级和产业生态的重塑。党的二十大报告以其深邃的洞察力和前瞻性的战略眼光，为我们明确了“加快发展数字经济，促进数字经济和实体经济深度融合，打造具有国际竞争力的数字产业集群”的宏伟目标。这一战略部署，不仅是对当前经济发展趋势的精准把握，更是对未来经济格局的深远布局。

数字产业融合作为这场变革中最耀眼的风景线，正以前所未有的广度和深度改变着我们的世界。它如同一股强劲的东风，吹散了传统产业间的壁垒，推动技术、资本、人才等生产要素的跨界流动与优化配置。在这个过程中，新兴产业如雨后春笋般涌现，传统产业也在数字技术的赋能下焕发出新的生机与活力。数字产业融合不仅促进了产业转型升级，更为经济增长提供了新的动力源泉，引领着全球经济向更加开放、包容、协同的方向发展。

数字产业集群则是这场变革中最为璀璨的明珠。它们如同星辰般点缀在数字经济的浩瀚星空中，通过集聚创新资源、优化产业生态、提升产业效能，形成强大的集群效应和竞争优势。在数字产业集群中，企业、科研机构、中介机构等多元主体紧密协作，共同推动技术创新、模式创新和市场创新，为产业发展注入源源不断的活力。这些集群不仅是技术创新的策源地，更是产业竞争的主战场，它们以卓越的创新能力和强大的市场竞争力，引领数字经济时代新潮流。

广东省作为我国经济最发达、创新活力最强的省份之一，在数字产业融合与集群发展方面走在了全国前列。广东省凭借雄厚的经济基础、丰富的创新资源和完善的政策环境，积极探索数字技术与实体经济深度融合的新路径，培育出了一批具有国际竞争力的数字产业集群。这些产业集群不仅为广东省的经济发展注入了强劲动力，更为全国乃至全球的数字产业融合与集群发展提供了宝贵经验和有益借鉴。

展望未来，我们坚信在党的坚强领导下，我国数字产业融合与集群发展将不断迈上新台阶。随着数字技术的持续突破和应用场景的不断拓展，数字产业融合将更加深入广泛，数字产业集群的竞争力将不断提升。同时，我们也期待社会各界能够携手并进，共同推动数字经济与实体经济深度融合，打造更多具有国际竞争力的数字产业集群，为实现中华民族伟大复兴的中国梦贡献力量。

《经济新生态：培育数字产业融合与集群发展》的编纂，正是基于对这一时代趋势的深刻理解和把握。本书从谋篇布局上分为理论篇、总体篇和行业篇。理论篇主要阐述数字产业融合与集群的特定内涵，探究数字产业融合与集群的内涵、意义、特征、发展模式、发展路径和发展趋势。总体篇共分为三章，首先回顾梳理广东省数字产业融合与集群发展现状与现存问题，在借鉴国内外数字产业集群发展案例经验的基础上，提出广东省数字产业融合与集群发展思路与对策。行业篇分为三章，围绕广东省电子信息产业、工业机器人产业以及数字创意产业三大产业集群分别论述各领域的发展现状与现存问题，进一步探讨广东省数字产业融合与集群发展主要任务及发展路径。我们希望通过本书的出版，激发社会各界对数字产业融合与集群发展的广泛关注与深入思考，共同探索数字经济时代的新路径、新模式、新未来。让我们携手共进，以数字之力赋能实体经济，共创数字经济的辉煌明天！

Contents

目录

［理 论 篇］

［总 体 篇］

[行　业　篇]

理论篇

第一章

数字产业融合与集群的特定内涵①

“数字经济”的概念源于20世纪90年代。1996年，美国学者唐·泰普斯科特（Don Tapscott）所著的《数字经济：网络智能时代的前景与风险》第一次提及数字经济时代，描述了互联网技术对社会生活的影响。各国政府也开始意识到数字经济的重要性，积极推动数字经济的发展，先后出台相关政策加强信息基础设施的建设。作为最早布局数字经济的国家，早在1998年，美国就发布了《浮现中的数字经济》研究报告，认为在计算机技术的渗透作用下，社会将从工业经济时代迈向数字经济时代。随着数字技术的不断成熟，社会生产的数字化水平大幅提升，“数字经济”的概念在之前基础上进一步完善。2016年，《二十国集团数字经济发展与合作倡议》将数字经济概括为“以使用数字化的知识和信息作为关键生产要素、以现代信息网络作为重要载体、以信息通信技术的有效使用作为效率提升和经济结构优化的重要推动力的一系列经济活动”。

可见，数字经济是一种新的更高阶段的经济形态，对于数字经济而言，数据是关键生产要素，现代信息网络是重要载体，数字技术的融合应用是重要推动力。从具体内容来看，数字经济主要包括产业数字化和数字产业化两个方面。其中产业数字化是指通过数字资源和数字技术的应用，推动传统产业（包括农业、工业、服务业）的数字化转型升级，以提升生产效率的过程；数字产业化是指为产业数字化发展提供数字技术、产品、服务、基础设施和解决方案，以及完全依赖于数字技术、数据要素的各类经济活动。电

① 本章第一执笔人为暨南大学产业经济研究院陈春婷。

子信息制造业、软件和信息服务业、人工智能产业等，是数字经济的核心产业。

对于数字经济及与其相关产业的发展，党中央和国务院作出了诸多重大战略部署，党的二十大报告明确提出要“加快发展数字经济，促进数字经济和实体经济深度融合，打造具有国际竞争力的数字产业集群”，可见，数字产业融合与集群发展已成为未来的重要发展方向之一。

第一节 数字产业融合与集群的内涵

一、产业融合与集群的内涵

（一）产业融合

产业融合是一个涉及多领域、多学科的综合性概念，受到市场需求、技术变化、国家战略等多种因素的影响。本书将产业融合定义为：在市场需求变动、技术创新等的推动作用下，原本相互独立的产业间逐渐发生技术融合、产品融合和市场融合，使得产业边界逐渐模糊，直至产业边界重构、新模式新产业催生的发展过程。产业融合是一个逐步实现的过程，需要经过技术层面、产品层面以及市场层面的融合。

从技术层面来看，技术融合本质上是将多种技术进行融合替代而产生新技术，往往发生在传统技术和高新技术之间。技术创新的扩散和渗透是技术融合发生的重要基础，技术创新在扩散渗透过程中会产生技术溢出效应，其他产业利用新技术对传统技术进行整合和替代，技术边界发生变化，从而实现传统技术和新技术的融合。

从产品层面来看，技术融合为产品融合提供了共同的技术基础，不同产品在技术融合的基础上进行组合、创新，产生具有新功能的产品。产品融合需要根据技术变化对企业的生产过程、管理流程、业务模式进行调整和改造，打破原来的业务边界、产品边界，产生符合技术变化、市场需求的新业务、新模式和新产品，实现业务模式、产品结构的重构。

从市场层面来看，市场融合是技术融合和产品融合的最终目的，大多数企业技术融合失败并不是由于技术水平不足，而是融合产生的新产品不能获得更多的市场需求。可见，市场融合的关键在于技术融合和产品融合创造出的新产品能否取得竞争优势，满足新的市场需求。

（二）产业集群

产业集群是指在一个特定的产业领域中，一群相互关联的企业和机构在地理位置上的集聚现象。地理位置的集聚是产业集群的主要特征，相关企业和机构由于地理位置邻近能够获得专业化分工、技术溢出、创新协同等竞争优势。产业集群和产业集聚有所不同，产业集聚是产业集群发展过程的主要表现，但是，不是所有的产业集聚都能发展成产业集群。产业集聚更多地强调同一产业不同企业在空间上的集聚，而产业集群是指不同细分产业领域的分工与协作。

产业从集聚到集群的过程可以划分为初创期、成长期、成熟期和衰退期，每个发展阶段具有不同的产业特征。从初创期来看，产业在地理空间上开始集聚，通过企业集聚能够实现基础设施的共享，专业化分工协作尚未形成，产业关联效应不强，产业集聚作用没有充分发挥，并没有形成真正的产业集群。从成长期来看，产业集群的引力作用越来越强，吸引了许多供应商和研究机构进入，集群内企业数量不断增加，产业集聚效应进一步增强，同时，不同企业之间出现专业化分工协作，产业链不断完善。从成熟期来看，产业集群集聚了数量较多的相关企业和机构，增长速度减缓，产业集聚趋于稳定，同时，企业间的合作交流更加频繁，产业集群的竞争优势显著提升。从衰退期来看，产业集群内的企业通过全球化布局开始融入全球价值链。如果企业在全球竞争中占据竞争优势，能够开拓海外市场空间，集群将会维持稳步增长的状态；如果集群内的企业没有很好地融入全球价值链中，由于面临过度竞争、资源紧张、环境恶化等发展困境，大量企业和机构开始外迁，产业集群将难以吸引外部投资，发展陷入停滞。

二、数字产业融合与集群的内涵

数字产业融合是指数字经济和实体经济的融合，主要指产业数字化。数实融合的本质是通过大数据、云计算、人工智能等数字技术的应用，对传统产业进行全方位的数字化改造，是数字技术不断向研发、生产、销售等环节扩散和渗透的过程。

目前对于数字产业集群的概念尚无统一定论。有学者对国际知名数字产业集群进行总结，认为数字产业集群是数字产业链上的企业以及相关机构在空间上形成聚集，并发挥聚集效应带来的低成本优势从而保持持续竞争力的产业现象，这种定义方式将“数字”嵌入传统产业集群的概念中。另外，工业和信息化部有关负责人表示，数字产业集群是以新发展理念为引领，由从事数字产品制造、数字产品服务、数字技术应用、数字要素驱动、数字化效率提升的企业主体及其相关机构等组成的，具有较强核心竞争力的企业集群，以上关于数字产业集群的定义对应了五大数字经济核心产业。

在现有研究的基础上，本书将数字产业融合与集群概括为：“在一定的地理空间或者网络空间，通过集群方式组织数字经济产业，推动数字产业与其他传统产业在技术、产品、市场层面上的互动与融合，发挥产业集聚带来的技术溢出、空间集聚、协同发展等优势，促进数字技术、人才、资金等关键生产要素的汇聚，最终形成技术扩散、知识溢出、产业升级的产业生态系统。”

第二节 数字产业融合与集群的意义

新时代新征程，大数据、互联网、人工智能、云计算、5G、区块链等数字技术加速演进，成为推动经济持续增长、构建国家竞争优势的关键力量，促进数字产业融合与集群发展，是推动产业转型升级、赋能经济高质量发展的重要支撑，是推动我国现代化建设的必然选择。

从全球产业转型升级的路径来看，产业集群化发展是解决区域发展不平衡、创新水平不高等问题的有效途径。通过数字技术驱动数字产业融合与集群发展，一是通过技术和产业的深度融合，提高产业的创新应用能力，弥补传统产业技术水平低、资本规模小等短板，解决部分领域大而不强、核心技术受制于人等问题。二是通过产业的集群化，能够更好地发挥集聚效应以及数字技术创新的外溢效应，实现技术、人力、资本的效用最大化，推动有关产业深度嵌入全球价值链中，推动有关产业嵌入国际分工合作中，提升产业在全球价值链中的地位，不断向高端化迈进。

一、数字产业融合与集群发展是经济高质量发展的重要载体

从需求侧来看，数字产业融合与集群发展有助于消费升级。一方面，数字经济通过提高居民收入促进消费升级。数字技术的广泛应用能够促进社会生产效率的提高，降低生产成本，提高人力资本的回报率。此外，随着云计算、物联网等数字技术的发展，平台经济、直播经济等新业态不断涌现，摆脱了时间和空间的限制，创造出许多新型的灵活就业岗位，一定程度上提升了居民的收入水平。随着居民收入水平的不断提高，消费需求逐步转向服务性消费，更加注重精神层面的消费体验，追求情感和享受等精神需求的满足。另一方面，数字经济驱动消费内容往多元化发展，数字技术能够创造丰富的应用场景，为人们提供更高效、更智能的消费产品和消费体验，从而更好地满足多元化、个性化的多层次消费需求。

从供给侧来看，数字产业融合与集群发展有助于产业结构的升级。数字经济的发展可以促进产业结构的优化。首先，作为关键性的生产要素，数据要素已经广泛融入社会生产的各个领域，通过推动数字技术和产业的深度融合、重塑产业链结构等方式，很大程度上提升了资源的配置效率，创造了新的需求，并不断催生新的商业模式。其次，数字化的基础设施为各类资源要素的集聚、精准匹配和快速流动创造了条件，有助于实现供应链的高效整合与协同，进而引导产业结构的转型升级。此外，数字技术通过改造企业生产经营流程、优化传统产业的生产模式等，推动传统产业向智能化、数字化方

向发展。

从国内国际双循环来看，数字产业融合与集群发展有助于打通经济循环的堵点。打通经济循环的堵点是构建新发展格局的重要基础，在经济发展过程中应该注重疏通产业发展的堵点，释放经济发展的更大动能。传统产业通过将数字技术应用到生产、销售、流通、管理等各个环节，持续降低交易成本、打破市场信息壁垒、疏通产业发展堵点，进一步促进国内外市场的商品流通。以电子商务为例，过去中小企业在地理位置上距离市场较远，在供应链多个中间环节的间隔下，面对产业链上游的供应商完全没有议价能力，所以制造业企业只能给海外品牌进行代工生产，处于产业链底层的生产加工环节。而电子商务平台的出现，将海量的消费者和制造业企业连接起来，除去代理、分销、零售等中间环节，运用数字技术实现了市场资源要素的优化配置。

二、数字产业融合与集群发展是破解传统产业“集群病”的有效途径

产业集群是工业化进程中常见的产业组织形态，进入新发展阶段，我国产业集群面临着增长动力不足、创新能力较弱、空间布局僵化等发展难题，不符合新时代经济社会高质量发展的要求。从产业集群的增长动力来看，我国产业集群深度嵌入国际分工体系中，外需导向是其主要特征之一，外贸成为促进产业集群发展的重要支撑，尤其是我国东部沿海地区的产业集群，主要围绕出口订单形成生产的分工合作。当前由于全球经济不确定性增多、贸易摩擦加剧、产业链重构等因素的影响，我国外向贸易面临着巨大的挑战和压力，导致产业集群的发展动力不足、增长空间有限，因而需要加快传统产业集群的转型升级，转变外需导向的发展方式。从产业集群的创新能力来看，我国大部分产业集群属于出口订单带动的发展模式，本质上是市场力量主导下企业间的分工协作，然而，市场驱动下的创新是边际式的创新，在新兴技术革命下数字技术的发展降低了边际式创新的价值，且由于缺乏创新激励导致创新投入不足、创新水平较低，产业集群在关键领域、关键技术等方

面的创新能力较弱。从产业集群的空间布局来看，我国的产业集群主要集中在经济较为发达的东部沿海省份，虽然产业集群能够起到要素集聚的效果，但也导致资源要素禀赋在区域分布上的固化。随着资源禀赋条件的变化以及产业结构的不断演进，产业将会在不同地区之间发生转移，形成更为均衡的空间布局。

在当前的经济发展形势下，以数字技术的应用推动产业集群的转型升级，是解决传统产业“集群病”的重要路径，通过数字化加快供给与需求的高效匹配，带动产业集群的增长。数字产业集群具有共享资源、协同创新、降低成本等优势，能为集群内外的企业和机构创造产业联动效应。

三、数字产业融合与集群发展有助于发挥数据要素的价值

数字经济时代，数据要素是一种重要的生产要素。生产要素是指社会生产活动中所需用到的各种资源禀赋，在不同的社会发展阶段，关键生产要素有所不同，谁掌握了关键生产要素，谁就掌握了主动权。在农业社会，劳动力和土地资源是关键生产要素；在工业社会，资本和劳动力是关键生产要素；在信息社会，技术和资本是关键生产要素；而随着数字技术的发展，步入数字经济时代，关键生产要素是数据和技术，谁掌握了数据和技术，谁就能在数字产业发展过程中占据优势地位。数据是促进生产资源优化配置、构建社会新型生产关系、提高社会经济生产力的新动能，更是推动数实融合、促进经济高质量发展的重要基础。但是，分散化的数字技术和数据要素难以发挥巨大作用，必须走产业化的发展道路，通过数字产业化，才能充分释放出数据要素的最大价值。

虽然我国数据要素市场的发展潜力广阔，但是仍然面临着“黑暗数据”“数据孤岛”等问题。处于黑暗状态的数据量较多，这些数据的价值没有被完全挖掘出来。“黑暗数据”是指尚未被企业发现、识别和利用的数据资源，是一种未被充分使用的数据资产。企业往往忽略了“黑暗数据”所蕴含的商业价值，没有充分发挥这些潜在数据要素的价值，从而造成不必要的资源浪费和成本增加。此外，由于缺乏有效的信息共享，导致出现“数据孤

岛”。“数据孤岛”是指由于信息不对称，政府与企业之间、企业与企业之间、个体与企业之间出现信息交流壁垒和缺失信息共享渠道的现象。“数据孤岛”导致跨部门、跨领域间使用数据要素的成本上升，降低了数据要素整合的效率。

数字产业融合与集群为数字技术和数据要素的整合提供了有利条件，有助于数据要素充分释放新动能。同时，通过数字技术和数据要素的运用，能够加速推动产业融合与集群化发展，促进产业集群的转型升级，提高产业集群的竞争力。数据作为社会经济的一种新型生产要素，是我国发展数字经济的重要战略资源，要充分挖掘数据要素的潜力，推动其有效流通利用，为实体经济提供支撑。

第三节　数字产业融合与集群的特征

一、数据化

数字产业融合与集群的特征之一是高度的数据化。数据已经渗透社会生活的各个方面，成为企业进行经营决策的重要资源。在数字经济时代，数据要素是关键的生产要素，也是高级的生产要素。随着信息化建设和移动互联网的不断发展，由互联网、智能终端、物联网等所产生的数据量呈现爆发式增长，超出了人类之前所产生数据量的总和，尤其是智能手机的诞生，使每个消费者成为数据的创造者，能够随时随地生成文字、图像、消费行为等数据，但是，这些杂乱无章、非结构化的海量数据并不具有直接使用的价值，需要运用数字技术对其进行采集、清洗和整理等处理，才成为具有使用价值的数据要素。

随着互联网等数字技术的普及应用，人类的社会活动时时刻刻在产生新的数据，人类的出行、购物、交流等行为都会转化成数据化的信息，数据成为经济发展中必不可少的生产要素。通过对数据进行采集、加工、处理和分析，能够了解消费者的特征和偏好，通过对数据进行挖掘并深入分析，还能了解宏观经济的运行规律。随着数字技术的应用场景不断增多，数据要素的价值越来越高，生产经营活动也越来越离不开数据的分析和应用。

二、平台化

平台是数字产业融合与集群发展的基础。依托于云计算、互联网等新型基础设施的建设，平台通过数据的采集、整理和匹配实现了需求方和供给方的精准对接，从而减少了交易需要的时间和费用。信息沟通不顺畅是阻碍上下游企业协同发展的重要因素，在工业经济时代，经营参与者之间的信息流通被行业巨头垄断，供需双方由于时空距离、信息不对称等，难以形成有效对接。而平台化则有效解决了信息流通不顺畅的问题，大大降低了信息交流成本，提升了交易、业务对接的效率，从而促进资源的优化配置。

平台化的主要目的是更好地服务大众和提高生产效率。其通过搭建连接供给和需求的桥梁，推动产业链的上下游企业协同发展。例如，供应链平台推动线下业务线上化，实现了供应链全品类的数字化建设，对企业来说，通过数字化平台实现了内部系统的集成整合，加强了与上下游主要供应商、客户之间的互联互通。此外，平台化改变了产业集群的协作方式，传统意义上的产业集群通过供应链的互联互通进行一对一的分工协作，而数字产业融合与集群通过数字化平台重塑了具体业务的对接方式，数据对接更加流畅，产业链协作更加精准、更加柔性化。比如通过数字化的生产管理能够提前检测关键零部件短缺情况，及时寻找供应商备货，还可以提前预测市场的波动情况，及时做好库存准备工作，实现合理化的生产。通过平台连接产业集群的上下游企业，有助于建设多方主体协同发展的数字产业集群生态。

随着数字经济和实体经济的不断融合，以平台经济为代表的商业模式不断涌现。以阿里巴巴、京东等为代表的电子商务平台的发展改变了消费者和生产者之间的交易模式，极大地便利了商家和消费者。对于商家来说，开设线上销售平台以及线下实体店铺，能够实现线上和线下销售渠道的融合，能够实时掌控市场销售动态，并通过及时调整缩短对市场变化的反应时间；对于消费者来说，足不出户就能浏览大量商品的数字化信息，购物方式更加便捷，能够节省购物时间和成本，同时，随着可选商品的种类不断增加，消费者的效用不断增加。

三、虚拟化

传统产业集群主要是指产业链上互相关联的企业在邻近的地理位置形成的集聚效应。基于地理位置邻近的产业集群是产业发展的主要形态，是工业化进程中的普遍现象。这种产业集群能够降低企业的采购成本，有助于知识和技术外溢，同时能够促进集群企业的交流与合作。但是，大部分传统产业集群是同一产业中企业在地理位置上的简单集聚，企业之间同质化程度较高，导致集群内部企业之间的竞争尤为激烈，使得产业集群的核心竞争力不强。此外，随着企业数量的不断增多、规模的不断扩大，空间的集聚效应加剧，产业集群的资源压力和空间成本上升。而随着信息和网络技术的发展，突破时空限制的数字产业集群成为产业集群演进过程中的新形态。在数字产业集群下，企业之间基于正式和非正式的契约方式形成相互依存关系，在虚拟网络中实现信息交流、创新合作以及共同发展，进而促进信息跨行业、跨地区的快速整合，实现资源的优化配置。数字产业集群不仅具有传统产业集群的优势，能够降低交易成本、形成专业化知识、促进技术外溢等，同时，还通过网络化的治理摆脱了地理空间、区域范围的限制，实现了企业跨地区的协作。

与工业经济时代的传统产业集群不同，数字产业集群的发展并不强调企业在地理空间的集聚，而是很大程度上表现为企业在网络平台上集聚，是虚拟空间的集聚。例如，依托强大的算力以及人工智能、互联网等数字技术的深度应用，微软与合作商共同创建了微软行业云，全面提升云服务的交付能力，企业能够快速上微软云，微软云通过云端的数字技术和计算能力，帮助企业实现智能化改造，实现转型升级。

第四节 数字产业融合与集群的发展模式

一、以政府为主导的发展模式

以政府为主导的发展模式是指在政府的政策支持下形成，基于总体的发展规划和一定的区位条件，由政府进行统筹安排，确定产业的发展目标和行动计划的发展模式。政府通过制定有助于产业集群发展的相关政策、招商引资等方式，鼓励优质企业入驻产业集群。这种类型的产业集群的主要特点是通过政府的政策引导有效集聚集群发展所需的人才、资本、技术等资源要素，形成具有区域化、多层次特征的产业集群，发挥产业集群的集聚效应以及规模经济效应，促进该产业和区域经济的健康发展。以产业园区、专业镇等为代表的产业发展载体都是以政府为主导培育的产业融合与集群形态。

以政府为主导的发展模式，在短时间内有助于集中力量，通过国家和政府的统筹布局，有计划地发展关乎国家竞争优势的战略性产业；通过集中统一规划的方式，能够有效避免产业重复建设导致的资源浪费和过度竞争；有助于快速聚集人才、资金等产业发展所需的资源要素，为产业集群的发展奠定雄厚的基础，同时带动企业和有关机构共同开展核心技术攻关，充分发挥产学研在人才培养、科技研发等方面的优势，促进产业集群内企业协同发展。但是，以政府为主导的发展模式，可能会导致产业资源更多地向具有发展优势但效率不高的大型企业倾斜，使中小企业受到不公平待遇，发展受到抑制，从而降低产业集群整体的发展效率。

以印度班加罗尔的产业集群为例。在班加罗尔第一个软件园区设立之初，当地电力供应不足，很大程度上制约了信息技术产业的发展。对此，印度政府积极支持信息技术产业的发展，为当地建设通信设施和电力供应设备，并出台了许多扶持信息技术产业发展的优惠政策，极大地促进了信息技术产业集群的发展。在政府的大力扶持下，班加罗尔的产业园区吸引了IBM、微软、华为、英国电信等一批大型企业入驻，集聚了印度大部分的信息技术人才以及高新技术企业，成为全球有名的数字产业融合与集群之一。

二、以市场为主导的发展模式

以市场为主导的发展模式是指在市场利益主导下有关企业向有利于自身发展的地理区域集聚，在形成小范围的产业集群后，进一步发展形成品牌效应，吸引更多的资本进入，带动更多科研机构和企业入驻，产业集群规模往纵深方向发展，能够满足更多的市场需求的发展模式。市场主导的发展模式是以市场为主导、政府为引导的模式，通过企业自由竞争来进行资源的优化配置。在市场主导的发展模式下，企业以利润最大化为目的，自发调整生产资源的分配，实现生产要素的高效配置，而政府通过制定产业政策对产业集群的发展进行引导和扶持。以市场为主导的发展模式有助于激发企业间的竞争活力，促使企业更多地进行研发创新，提高生产效率、降低单位生产成本，进而提高企业的竞争优势。

以美国硅谷为例，硅谷是全球最具影响力、竞争力的数字产业集群之一，集聚了谷歌、苹果、甲骨文等知名高新技术企业。硅谷数字产业集群的形成并没有依赖于政府的统筹规划，而是在市场力量主导下形成。一方面，以市场需求为风向标进行研发创新，以斯坦福大学为代表的高等院校与企业协同开展核心技术攻关以及新产品研发，形成科技创新联合体。另一方面，硅谷充分发挥风险投资的作用，通过风险投资企业的引进，为高新技术企业的研发创新活动提供良好的金融支持。

三、以产学研为主导的发展模式

以产学研为主导的发展模式是指通过企业、高等学校以及科研机构建立起以协同创新为特征的合作体系，进而促进数字产业融合与集群的发展模式。随着新一代信息技术的发展和产业竞争格局的不断变化，高等学校和科研机构在产业发展过程中的重要性日益凸显，其作为产业集群发展的重要主体，参与核心技术和产品的研发过程，成为科技创新的前沿领跑者，主要作用是培养产业发展所需的数字化人才，以及进行数字产业的基础性研究工作。产学研合作模式应运而生。高等学校和科研机构是知识创新的主体，能够为产业集群提供源源不断的知识创新成果，一个产业集群邻近区域内的高等学校和科研机构数量越多，这个产业集群的科技创新活跃度就越高、科技创新能力就越强。高等学校和科研机构具备的人才资源优势和资金聚集效应，能够吸引企业在邻近地理位置上集聚，促进产业集群的产生；或是通过与本地企业开展合作，形成“干中学”“学中用”的产学研合作体系，促进知识的交流和传递、技术创新成果的渗透和扩散以及企业间的相互学习，从而提高区域创新水平，推动数字产业集群的演化。此外，政府在以产学研为主导的发展模式中具有重要作用，如通过研发经费资助等方式，有效扶持科研创新项目和专业人才培养，助力关键技术攻关突破。因此，产学研发展模式的主体有时候也包含政府，引导合作模式往更高层次发展，形成“政产学研”的发展模式。

推动企业、科研机构以及高等学校之间的协同合作，是提高产业集群自主创新能力的必然要求。各个国家都十分注重产学研合作模式在产业集群中的重要作用，基于自身产业发展的实际情况构建了相应的产学研合作体系。英国的剑桥科技园周边拥有剑桥大学、联合实验室等高等学校和科研机构，良好的科技创新环境吸引了越来越多的企业在剑桥大学周边地区集聚，形成了以高等学校、科研机构为创新主体的产学研合作模式。北京的中关村科技园区内拥有北京大学、清华大学等知名高校，还有以中国科学院为代表的各类科研机构，吸引了一大批专业化人才、研发团队和跨国公司入驻，是产学研深度融合的科技园区。

四、以龙头企业为主导的发展模式

以龙头企业为主导的发展模式是指通过发挥龙头企业的带动作用，吸引同类企业集聚，进而促进数字产业融合与集群的发展模式。龙头企业是指在产业链中掌握核心技术、规模较大、占据主导地位的企业，相对于中小企业而言，龙头企业在技术研发、产品生产、渠道控制等方面的能力较强，能够对产业内其他企业产生示范引领作用。龙头企业的形成有助于集群内的知识创造。在以龙头企业为核心的产业集群中，由于企业之间的实力差距较大，需求方对龙头企业的忠诚度较高，龙头企业通过技术创新能够获得较大的利润，而且短时间内其他企业难以进行技术模仿和超越，所以龙头企业有更强的知识创新动力。此外，在龙头企业与其他企业协同合作的过程中，由于地理位置邻近，新知识和新技术更容易在产业集群内快速扩散，知识和技术的溢出效应能够促进产业集群内中小企业的发展。可以说，龙头企业的创新行为，减少了集群内其他企业创新失败的风险，增强了其他企业进行技术研发的动力。

以芬兰奥卢科技园为例。奥卢科技园是在诺基亚公司的带动下形成和发展起来的，随着诺基亚业务的不断发展，奥卢科技园也逐步演变为以软件、信息系统等产业为代表的数字产业集群。在以大型企业为主导的发展模式下，奥卢科技园中的企业大多数属于同一产业，在业务发展上有着密切的交流与合作，同时，企业和科研机构形成了一个专业化的合作网络，协同创新的氛围浓厚。可见，龙头企业对于提升产业集群的创新能力、带动产业集群的发展具有重要意义。

第五节　数字产业融合与集群的发展路径

一、加强核心技术攻关

促进数字产业融合与集群发展的关键在于提升核心技术的自主创新水平，加强核心技术的研发是提升数字产业竞争力的根本路径。我国数字产业集群长期处于产业链底层的加工和代理环节，数字产业大而不强，面临着“缺芯”“少核”等发展难题，根本原因在于核心技术的自主创新水平有待提高。

为了破解核心技术受制于人的困境，需要积极引导产业集群内的企业聚焦芯片制造、数字技术研发，以国家发展战略为指引，进行人工智能、5G、基础软件等关键数字技术的研发和创新，提高数字产业的核心竞争力。同时，以数字产业集群为重要载体，推动企业间的交流与协同创新，促进数字技术的共享，充分发挥市场机制的作用，加强对关键领域核心技术研发的支持，推动新一代信息技术在产业集群中的运用。另外，数字技术的突破还离不开专业型人才的培养。加强产学研合作力度，推动高等学校、科研机构和企业合力培养数字化人才，以实用创新为目标，改革高等学校的课程体系，积极开展各种科研竞赛活动，提高学生的实践能力，不断完善高校的人才培养体系；通过建设培训基地、合作实验室等方式，打通高等学校、科研机构和企业之间的信息壁垒，促进信息的互联互通，进一步深化产学研合作。

二、推进产业数字化

数字技术和传统产业的深度融合是数字经济的重要内涵，也是数字技术和数字产业发展的价值基础。产业数字化的发展，为数字产业化提供了广阔的市场空间，数字产业集群的发展需要在数字经济和实体经济的融合中借力，进一步释放数据要素的生产力，充分发挥数字企业在数据、技术等方面的资源优势，促进传统产业的转型升级。

一是进一步加强工业互联网建设，加快制造业和数字技术的融合，推动制造业往智能化、数字化方向发展，全面提升工业企业在研发、生产、流通和管理等方面的数字化水平。通过工厂之间、设备之间的连接，加快建设智能制造工厂，提升企业的生产效率，积极引导行业龙头企业搭建高效运作的行业平台，推动制造业全方位转型升级，构建更加完善的工业互联网体系。二是把握绿色低碳发展的重要机遇，深入挖掘大数据、人工智能等数字技术在绿色低碳产业中的应用场景，加快绿色制造体系、绿色工厂的建设，大力促进传统产业的数字化改造，加快低碳技术的攻关，加快高耗能行业的绿色化发展，实现生产运营过程的低碳化。三是积极扶持中小企业进行数字化转型，加快推动中小企业上云用云，引导企业应用云服务实现智能生产、数字办公以及远程合作，由点线面向全流程数字化延伸。

三、优化空间布局

作为产业发展的高级形态，数字产业集群能够摆脱传统产业集群在地理空间上的限制，辐射范围更广、空间溢出效应更强。目前，数字产业集群的发展呈现出区域化、多元化的特征，各地区因地制宜，结合自身产业基础和资源禀赋条件，有选择地发展数字产业。比如在龙头企业科大讯飞的引领下，合肥打造了智能语音产业集群；武汉依托电子信息制造业的发展优势，打造了光电子信息产业集群；杭州积极推动视觉智能产业的发展，打造了数字安防产业集群；等等。所以，充分利用独特区位优势发展差异化的数字产业集群，明确各地区数字产业的定位，推动数字产业的统筹布局，深入推进特色数字产业的发展，能够有效避免同质化竞争的压力，实现数字产业的健康发展。不论是数字基础设施的建设，还是数字产业集群的空间布局，都要坚持整体性、系统性的思维，构建全国算力“一张网”，统筹规划数字产业的全国一体化布局，协调各地区发展具有特色的数字产业集群，避免数字产业集群过度重复建设，合理布局数字产业集群。通过数字化平台的搭建，推动跨地区数字产业集群互联互通，促进数字产业的区域协调发展。

四、培育链主企业

在数字产业集群的发展过程中，链主企业发挥着重要的引领带动作用，具有强大的号召力，能够带动产业链上下游企业的技术创新，引领产业链实现技术的自主可控，提高产业集群的核心竞争力。竞争优势理论认为，企业竞争的动力主要来源于本土市场以及国际市场的竞争，本土市场的竞争能够提高国内企业的运作效率，且最优的市场结构是有两家或者三家占据一定市场份额的龙头企业，发挥规模经济效应，具备与国外企业竞争的优势。所以，推进数字产业融合与集群发展，从国内来看要积极培育链主企业，从国际来看要扩大数字产业集群的对外开放。

一方面，积极扶持数字标杆企业的发展。孵化一批自主可控、研发能力强的数字龙头企业，支持现有数字科技企业做大做强，以龙头企业为核心，吸引产业链上下游相关企业和机构集聚，形成多方面协同发展的联合体，促进数字产业集群发展。同时，鼓励数字产业集群的龙头企业牵头搭建协同创新共同体，推动数字人才、资金、技术等重要生产要素集聚，促进产业集群内大中小企业相互合作、协同发展。另一方面，扩大数字产业集群的对外开放。深化数字产业的多边交流与合作，加快推进产业集群中具有竞争力的数字产品和数字企业走向国际市场，积极开展国际合作，推动数字技术标准与国际标准衔接，为国内数字产业的技术创新争取更大的发展空间。加快发展跨境电商、数字外贸等新兴业态，提高对外贸易的便利化水平，构建开放的数字贸易体系，推动数字产业升级和服务贸易发展。

五、创造政策环境

要积极为数字产业融合与集群发展创造良好的政策环境。在数字产业的发展过程中，政府能够给企业的生产经营活动提供所需资源，在人才培养、融资渠道、税收减免等方面给企业提供帮助，为企业创造良好的市场环境。数字产业融合与集群发展是大势所趋，政府需要加强规划引领，为数字产业的发展创造良好的环境。一是根据不同产业的发展情况制定集群数字化转型的行动路线，联合产业集群内的企业、科研机构，明确集群数字化转型的方向和目标，厘清各方主体的主要职责，形成数字化转型的广泛共识。二是加大力度扶持中小企业转型升级。推动互联网平台、产业园区和集群网络平台等对中小企业延展服务边界，加强数字载体建设、数字化转型培训、标准化服务供给等，赋能中小企业数字化改造。三是加强基础设施建设，为数字产业集群奠定基础。新型基础设施建设是数字产业集群发展的重要支撑，也是数字经济发展的重要推动力。要加快人工智能、物联网、大数据等数字基础设施建设，推动建设卫星互联网、5G基站等新型网络通信基础设施，为数字产业融合与集群提供基本支撑。四是持续优化数字产业发展的营商环境，以公平竞争推动数字企业的健康发展。

第六节　数字产业融合与集群的发展趋势

一、数字基础设施建设提速

近年来，我国持续布局新型基础设施建设，以人工智能、5G基站、工业互联网等为代表的基础设施建设取得初步成效。网络基础设施日益完备，截至2023年我国累计建成5G基站337.7万个；卫星互联网、物联网等基础设施的应用加速落地；算力基础设施建设发展迅猛，全国算力产业布局初步形成。随着新型基础设施与各行各业的深度融合，行业加速转型升级的同时，将推动新型基础设施建设。数字基础设施是数字产业融合与集群发展的重要载体，在赋能工业制造、农业生产、生活治理等方面不断取得显著成效。未来，随着全国数字基础设施加速建设，数字政府治理、数字化转型等应用场景不断增多，数字基础设施的应用价值越来越高，各地区将积极布局区块链、物联网、人工智能等数字基础设施建设，以支撑数字产业的发展。在以云计算为代表的算力基础设施的支撑下，将加快推动企业上云、产业链上云，为数字产业融合与集群发展奠定坚实基础。区块链基础设施在北京、上海、广州等发达城市开始加快建设，区块链具有不可篡改、去中心化等特点，保障了数字交易的可信度，支撑数字信用体系的建设，金融信用评估、版权保护、企业信用评级、工商注册等将会是区块链重点应用的领域。

二、协同推进数字化与绿色化发展

随着新一轮科技革命的深入推进，数字技术快速发展，在赋能传统产业转型升级中发挥了重要作用，同时，“双碳”发展目标对我国产业提出了绿色化、低碳化的发展要求。随着数字技术和实体经济的深度融合，传统产业加速数字化改造，为产业低碳转型提供了新路径。通过数字技术赋能绿色化发展，绿色化拓展了数字技术的应用空间，二者相辅相成，不断促进数字产业发展。一方面，数字技术为绿色生产提供支撑。数字技术可将生产过程系统化、数据化，通过数据分析掌握生产环节的资源损耗情况，在线监测能耗情况，并依据数据反馈及时调整生产运营方式，有助于减少生产过程的资源损耗和浪费，实现生产全过程的低碳化。另一方面，数字技术能够缓解企业与企业之间、企业与市场之间的信息不对称，降低企业开展科技研发的风险，为企业的研发创新活动创造更好的市场环境，有助于降低企业单位产值碳排放量。所以，数字化转型为实现“双碳”发展目标、推动产业绿色低碳发展提供了重要解决方案。

未来在能源、交通、建筑、工业等重点领域，将会加快数字技术和污染治理、碳封存等低碳减排技术的深度融合，涌现出更多数字化和绿色化协同发展的应用场景，并逐步形成两者融合发展的生产模式。具备发展条件的企业，也会在自身业务中兼顾绿色化和数字化的融合发展，借助人工智能等数字技术红利，加速企业的数字化转型、绿色化转型。

三、AI大模型成为新引擎

自2022年底以来，ChatGPT、Sora等人工智能大模型的发布，标志着人工智能技术进入了一个新的发展阶段。AI大模型是具有复杂结构和大规模参数的人工智能大模型，随着计算能力提升、训练量扩大以及模型增大，AI大模型在图像处理、语音识别、自然语言处理和内容生成等方面取得了重大进展。

大模型与各行各业深度融合是未来产业发展的一大趋势。AI大模型以其强大的深度学习能力和计算能力，正在改变各行各业的业务运营模式。AI大模型的应用主要有通用大模型和行业大模型两类：以文心一言、ChatGPT等为代表的通用大模型，具有较强的通用性，适用于多个场景、多种任务，打造了跨行业通用的人工智能平台，加速从娱乐、办公向工业、医疗、教育等领域渗透；针对特定应用领域的行业大模型，能够较好地解决医疗、金融等专业领域的问题，但在其他领域的适用性较差，应用范围比较局限。AI大模型的发展有助于夯实数实融合的基础，未来各行各业将迎来更深入的AI变革，亟须推动AI大模型和实体经济的融合创新，抓住产业发展的机遇和红利。

随着AI大模型技术的不断成熟，未来可能会形成以AI大模型为核心的产业集群。以ChatGPT为代表的大模型产业快速发展，并在金融、工业、医疗等各个领域广泛应用。随着算力、语料和技术的不断发展以及大模型应用场景的深入挖掘，可能会出现以数字设施为基础、以模型为核心、以物联网为纽带的数字产业集群。

总 体 篇

第二章

广东省数字产业融合与集群发展概况①

第一节　广东省数字产业融合与集群发展现状

一、广东省数字产业融合与集群发展历程

（一）20世纪90年代至2002年：以信息化带动工业化

20世纪90年代，信息化浪潮来袭，发达国家凭借在通信技术、信息技术等方面的优势，迅速占领信息产业发展的制高点。广东省把电子信息产业作为经济发展的重点突破口，在电子信息产业的发展初期，通过制定优惠政策以及建设高新技术产业园，引导电子信息相关企业入驻（见表2-1）。随着产业园内电子信息企业的不断集聚，已经初步形成了软件产业、计算机产业和通信产业等各类电子信息产业集群。信息技术不断渗透到社会生活的各个领域：在工业方面，广东省大约有40%的工业企业在生产经营中应用了信息技术；在农业方面，建立了专业信息网络，将信息技术推广到农业生产中；在服务业方面，大部分银行建立了计算机系统，信息技术在商业、旅游等服务业上得到了积极推广，政府政务的信息化建设也在同步开展，并于1996年建成政府大院通信网络。2000年初，随着电子信息产业的不断发展，中兴通讯、华为等电子信息企业通过技术攻关，具备了一定的自主研发能力，占据了我国电子信息产业较大的市场份额。电子信息产业成为广东省的支柱产业之一，2002年，广东省电子信息产业产值约3900亿元，连续多年位居全国第一。

① 本章第一执笔人为暨南大学产业经济研究院陈春婷。

表2-1　广东省关于数字产业的政策文件（2001—2002年）

序号	发布时间	政策文件
1	2001年	《广东省利用信息技术改造传统产业的实施方案》
2	2002年	《2002年广东省信息化工作意见》

（二）2002—2012年：规范电子商务发展，布局新一代信息技术

从2000年开始电子商务发展迅速，据CNNIC（中国互联网络信息中心）数据统计，2000年中国网民约为2250万人，广东省网民约为218万人，占全国网民的9.69%[①]。广东省是全国最早开始发展电子商务的地区之一。彼时有关电子商务的法规政策并不完善，导致域名抢注、内容管制、合同有效性等法律问题不断凸显，电子商务立法越来越紧迫。2002年，为了规范电子商务的交易活动，促进其平稳发展，广东省出台了第一部地方性电子商务法规《广东省电子交易条例》，从电子签名、电子合同、认证机构、服务提供商、法律责任等方面作出了规定，使电子商务交易活动做到有法可依，对广东省电子商务的发展具有重要意义。2004年底，广东省企业信用信息网正式开通，有效实现了企业间的信息整合，促进了跨部门、跨地区的信息共享。《中华人民共和国电子签名法》《电子认证服务管理办法》等政策法规相继发布，基本消除了交易活动在支付、物流、诚信等方面的障碍，基础设施不断完善。同时，随着互联网技术的不断发展，广东省对于信息化建设的方针政策往纵深化发展，聚焦推动新一代信息基础设施和信息技术的快速发展，即数字产业化的发展。一方面，在新一代信息基础设施的建设上，随着国家推出宽带发展战略，广东省积极落实宽带网络基础设施的建设工作，通过建设城市光纤网络、扶持农村地区的宽带网络建设、改善低收入群众的宽带接入条件等措施，使得信息技术惠及人民；另一方面，开始了对于物联网、大数据、云计算等新兴技术业态的总体布局，广东省相继推出了《关于加快发展物联网建设智慧广东的实施意见》《关于加快推进我省云计算发展的意见》等政策文件（见表2-2），为以后推进产业数字化的发展奠定了基础。

---

① 中国互联网络信息中心：《中国互联网络发展状况统计报告（2001/1）》，https://www.cac.gov.cn/files/pdf/hlwtjbg/hlwlfzzkdctjbg007.pdf。

表2-2　广东省关于数字产业的政策文件（2002—2012年）

序号	发布时间	政策文件
1	2002年	《广东省农业科技发展纲要（2001—2010年）》
2	2002年	《广东省电子交易条例》
3	2006年	《关于2006年至2010年广东省信息化发展纲要的实施意见》
4	2010年	《关于加快发展物联网建设智慧广东的实施意见》
5	2012年	《关于加快推进我省云计算发展的意见》
6	2012年	《关于加快推进我省宽带网络建设发展的意见》
7	2012年	《广东省人民政府办公厅关于加快发展电子商务的意见》

（三）2012—2018年：以“互联网+”为引领，推动传统产业数字化转型

“互联网+”概念的提出最早可以追溯到2012年，2015年3月，“互联网+”一词首次出现在我国政府工作报告中，意味着“互联网+”被提升到我国发展战略的高度。2015年，广东省出台“互联网+”行动计划，积极推进互联网与传统产业的融合发展，重点推进互联网的创新成果在创业创新、先进制造、现代农业、现代金融、现代物流、现代商务、现代交通、节能环保、政务服务、公共安全、惠民服务、便捷通关、城乡建设等13个领域的具体应用，充分发挥互联网的支撑引领作用，不断增强实体经济的创新力和竞争力，加快构建网络经济与实体经济协同互动的发展新格局。其中制造业是“互联网+”重点发展的领域，2016年印发《广东省人民政府关于深化制造业与互联网融合发展的实施意见》，加快推进制造业和互联网的融合渗透，发展互联网制造的新模式，可见这一时期广东省数字经济政策的重点在于加快以互联网、大数据、云计算为代表的数字技术在传统产业上的融合应用，促进传统产业的转型升级，即发展产业数字化。2016—2018年，在广东省人民政府印发的多项与互联网有关的政策文件中（见表2–3），推广范围包括工业制造、现代农业、现代物流、现代医疗、政务服务、经济金融、教育、社会服务等多个

细分领域，基本构建了较为完善的“互联网+”应用体系，极大地促进了传统产业的数字化转型。

表2-3　广东省关于数字产业的政策文件（2012—2018年）

序号	发布时间	政策文件
1	2014年	《广东省人民政府办公厅关于印发广东省云计算发展规划（2014—2020年）的通知》
2	2015年	《广东省人民政府办公厅关于印发广东省“互联网+”行动计划（2015—2020年）的通知》
3	2016年	《广东省人民政府办公厅关于印发广东省促进大数据发展行动计划（2016—2020年）的通知》
4	2016年	《广东省人民政府办公厅关于印发广东省深入推进“互联网+流通”行动计划实施方案的通知》
5	2016年	《广东省人民政府关于深化制造业与互联网融合发展的实施意见》
6	2018年	《广东省深化“互联网+先进制造业”发展工业互联网的实施方案》
7	2018年	《广东省支持企业“上云上平台”加快发展工业互联网的若干扶持政策（2018—2020年）》

（四）2018年至今：顶层设计持续强化，全面优先发展数字经济

发展数字经济是广东省把握新一轮科技革命的重要战略规划。广东省拥有丰富的科研资源、良好的营商环境、发达的电子信息制造业，具备发展数字经济产业的良好基础。从2018年开始，广东省陆续推出数字经济相关政策，数字经济政策体系不断完善，逐渐形成了涵盖数字产业发展各环节、各领域的政策框架。在此阶段，广东省大力推进人工智能、大数据、5G等数字经济核心产业的发展，“数字化”“工业互联网”“数字政府”“5G”“人工智能”等多次被提及，数字产业化、产业数字化已成为广东省经济发展的重要战略目标。

广东省产业经济的发展走在全国前列，消费市场规模巨大，区域创新能力不断增强，具备强大的产业竞争优势，但是也存在核心技术研发不足、关键领域受制于人、产品竞争力不强等问题，尤其是“缺芯”“少核”等问题亟须攻关突破。产业集群是提升产业竞争力的重要形式，2020年，《广东省

人民政府关于培育发展战略性支柱产业集群和战略性新兴产业集群的意见》立足广东省的发展实际，明确提出培育二十大战略性产业集群，建设具有国际竞争力的产业体系，其中十大战略性支柱产业的集群化发展具备一定基础，是广东省经济发展的重要支撑，而十大战略性新兴产业的集聚效应初步形成，拥有巨大的增长潜力，是广东省经济发展的重要推动力。2021年，广东省“十四五”规划纲要把数字经济列为单独章节，全方位助力经济转型升级，明确提出大力发展数字经济，把广东省建设成为数字经济强省，到2025年广东省数字经济核心产业增加值占地区生产总值的比重提升至20%。2021年，《广东省数字经济促进条例》的颁布，完善了广东省数字经济的地方立法，将数字产业化和产业数字化作为广东省数字经济发展的两大核心（见表2-4）。

表2-4　广东省关于数字产业的政策文件（2018—2021年）

序号	发布时间	政策文件
1	2018年	《广东省人民政府关于印发广东省新一代人工智能发展规划的通知》
2	2019年	《广东省人民政府办公厅关于印发广东省加快5G产业发展行动计划（2019—2022年）的通知》
3	2020年	《广东省人民政府关于培育发展战略性支柱产业集群和战略性新兴产业集群的意见》
4	2021年	《广东省人民政府关于加快数字化发展的意见》
5	2021年	《广东省制造业数字化转型实施方案（2021—2025年）》
6	2021年	《广东省数字经济促进条例》

《2022年广东省数字经济工作要点》提出优化信息网络、存储和计算等基础设施的建设，提升基础设施的数字化水平；完善数据法规制度体系，促进数据交易流通，从而更好地发挥数据要素的作用；加快半导体、智能传感器等项目的落地实施，全面开展“广东强芯”工程和核心软件攻关工程，大力推动数字产业化；加快制造业、农业、商业等的数字化转型升级，深入推进产业数字化等。不难看出，面对经济发展的多重压力，数字经济已经成为保障经济稳定增长的重要引擎。通过数字技术和实体经济的深度融合，促进

制造业向数字化、智能化方向发展，推进新业态、新模式的演进，广东省在数实融合上朝着协同化方向发展，同时，基础雄厚的电子信息制造产业推动了云计算、人工智能、大数据等数字经济新兴产业的率先突破。

二、广东省数字产业融合与集群发展现状

（一）数字经济规模不断扩大

近年来，数字经济产业是广东省经济发展的重要支撑，在云计算、物联网、大数据、人工智能、工业互联网等数字技术领域率先发展，数字经济总体规模不断增长，数字经济增加值占广东省地区生产总值的比重持续上升。数字经济规模由2021年的5.9万亿元上升至2022年的6.41万亿元，同比增长8.6%，占广东省地区生产总值比重由2021年的47.5%上升到2022年的49.7%，连续多年位居全国第一。

从数字产业化方面来看，2022年广东省数字产业化规模约为2万亿元，占数字经济总体规模的31.2%。从数字经济核心产业来看，广东省电子信息制造业规模为4.67万亿元，已连续多年占据全国第一；软件与信息服务业规模连续多年保持全国前两位。同时，人工智能、大数据、超高清视频、区块链等数字经济新兴产业的发展走在全国前列，拥有一批技术先进、高水平的国家级先导区、示范区。

从产业数字化方面来看，2022年广东省产业数字化规模已经达到4.38万亿元，占数字经济总体规模的比重为68.3%。近年来，广东省积极推动工业互联网建设，促进制造业企业的数字化转型，2022年已推动25000家规模以上工业企业数字化转型，并带动70万家中小企业上云上平台。此外，广东省培育了腾讯、华为、美的等大型工业互联网平台，与工业互联网相关的企业数量处于全国领先水平。

（二）数字产业融合深入推进

1.工业数字化

广东省是制造业强省，制造业是推进数实融合的重点领域。通过数字化技术的应用，广东省制造业实现高质量发展。广东省是最早开启制造业数字化转型的省份之一。2018年，广东省率先提出加快工业互联网的发展，2021年，广东省出台了首个支持制造业数字化转型的省级方案，以数字化引领制造业提质增效，2022年开始传统产业集群的数字化转型工作。在省政府的统筹带领之下，各地市积极做好落实工作，例如：广州市积极开展“四化”平台的赋能工作，分领域打造一批典型的工业互联网应用场景，推动数万家企业上云用云，实现降本增效；佛山市出台制造业产业集群的转型方案，聚焦智能家电、汽车、先进材料等优势产业，推动产业集群的数字化转型；东莞市着力打造数字化转型赋能中心，聚焦智能装备等重点领域，深入推动工业软件的技术攻关，支持智能工厂、智能车间的建设。

数字化转型是企业在激烈竞争中取胜的“法宝”。在数字化转型的过程中，部分中小企业存在着转型意识不足、资金人才短缺以及不会转、不敢转等问题。对此，广东省近年来积极探索推动企业数字化转型的新路径，制造业数字化转型初见成效。在促进中小企业数字化转型方面，广东省在广州市、佛山市、珠海市等14个城市开启中小企业数字化转型的试点工作，分批次、分领域打造中小企业数字化转型样本，通过示范和推广活动，加快中小企业的数字化转型步伐。在具体内容上，支持各试点地区因地制宜，聚焦优势产业和重点发展的细分行业，推动中小企业在研发、生产、销售等环节进行数字化改造。在政策资金支持上，由各试点城市统筹安排具体的资金支持方案，通过供给方减免、政府补贴等方式降低中小企业的数字化转型成本。2023年，广东省推动超5000家规模以上工业企业数字化转型，并在14个城市铺开中小企业数字化转型城市试点，累计推动2.9万家规模以上工业企业数字化转型，带动超75万家中小企业上云用云，形成制造业数字化“链式转型”的广东样本。

2.农业数字化

在农业数字化上，2020年广东省提出“三创建、八培育”的行动计划，以数字农业发展联盟作为发展数字农业的重要支撑，实现信息技术和人才资源的快速集聚；以数字农业试验区作为发展平台，通过政府引导和市场运作，积极推动数字技术企业和产学研机构入驻；以数字农业合作峰会作为交流平台，通过成果展示、数据分享等形式，就农业数字化转型过程中的技术难题和解决方案进行深入探讨，推动大数据、人工智能、区块链等新兴技术在传统农业的创新应用；以建设数字农业产业园区作为重点，推动产业的集聚化发展，提升产业园区的数字化水平和竞争力。此外，广东省积极培育一批数字乡村重大项目，开展农产品数字化营销，培育农产品出村进城工程；对接粤省事等公共服务平台，打造农村大数据基础工程；进行运营中心和信息社建设，开展信息进村入户工程等。

从具体实践上来看，广东省农业数字化硕果累累。2020年，广东省出台荔枝产业高质量发展行动计划，指出要调整荔枝的生产结构，推进生产低效果园的转型升级，提高果园的建设标准；加快建设荔枝加工产业园以及产业监测预警平台，重点培育荔枝产业的龙头企业，加强荔枝栽培技术、保鲜加工技术的攻关研发。作为全国荔枝的重要产区，广州市从化区积极探索“5G+AI”发展模式，并成功入选2022年全国智慧农业建设优秀案例。从化区拥有广州市目前最大的荔枝种植面积（30万亩，约占广州市的54%）。在荔枝园的智能化生态建设上，从化区积极探索荔枝智慧化生产，成功打造“5G+AI”发展模式，先是以物联网体系为依托，通过环境感知和经验训练搭建荔枝生长模型，驱动设备实现自动化生产，实现智能化机械设备对大部分人工的替代；通过搭建数据标准体系，综合服务园区各类主体的生产和运营活动，提高荔枝园区的数字化经营水平；综合应用农业航空管理技术、监测技术、大数据技术与人工智能技术，打造荔枝果园的无人化生产模式，实现信息技术对荔枝种植、生产、加工全过程的赋能。

此外，广东省积极推进电商进农村。发展农村电商是助力农村经济增长的重要手段，能够有效解决农民的就业增收问题。广东省基于各地区的特色产业，重点推进农村电商工程，分批次打造农村电商产业园，完善农村电商培训体系，重点培育一批农业电商人才，同时对需要重点发展农村电商的地区给予专项资金扶持。2023年出台《广东省发展壮大农村经营主体若干措施》，提出深入实施农产品出村进城工程，打造农副产品直播电商基地，开展农产品数字化营销的培训工作。

3.服务数字化

在服务数字化上，围绕与人民日常生活密切相关的数字商贸、数字金融、智能交通等八大服务领域，加快推进数字技术与八大服务领域融合，构建一个为民服务、惠及人民的智慧服务网络。在数字商贸领域，近年来广东省不断推进贸易主体数字化转型，正成为引领我国服务贸易转型升级的重要力量，率先创建了数字贸易示范区，在条件允许的地区开展数字贸易试点。同时，广东省高度重视贸易新业态和新模式的培育，积极推进跨境电子商务综合试验区和数字服务出口基地的建设，在数字贸易领域培育一批独角兽企业，通过发挥龙头企业的示范作用，带动全省贸易服务的数字化转型。在广州和深圳两个城市开启服务贸易创新发展试点建设，支持腾讯、华为、汇丰等一批龙头企业做大做强，引领广东省数字贸易不断发展。2022年，广东省服务贸易总额不断扩大，同比增长8.3%，其中数字贸易进出口额增长至821亿美元，占广东省服务贸易总额的52%，发展尤为迅速。

在发展智慧医疗和智慧养老方面，出台“互联网+医疗”行动计划，推进新兴信息技术和医疗服务的深度融合，支持医疗机构或者第三方机构搭建在线服务平台，开展在线预约、在线问诊、在线结算、药品配送等网络医疗服务；同时，依托大数据、人工智能等数字技术，不断挖掘智慧养老的应用场景，致力于为个人和家庭提供多层次、多元化的智慧养老服务。2023年，广东省提出加快建设基本养老服务体系，在明确基本养老服务对象的基础之上，采用补贴等方式对特殊的老年人家庭实施帮助，提高家庭的养老承担能力，同时鼓励优化社区的供养服务设施，提高养老机构的服务保障能力，扩大农村养老服务的供给，不断满足老年人的养老服务需求。

在发展智慧教育方面，网络化、智能化技术正成为推动教育创新性发展的重要动力。广东省积极开展“智慧教育示范区”建设，坚持以技术应用为主线，不断探索数字技术与教学方式的深度融合。广东省教育研究院牵头开展“5G+智慧教育”研究工作，通过“5G+直播课堂”，解决了视频直播卡顿、延时高、画面不清晰等问题，提升了教学内容的线上传输速度以及学生在直播课堂中的学习体验；探索“5G+VR”的教学方式，利用虚拟现实的交互性，把教学过程中不易理解的教学难点通过“5G+VR”的教学平台进行教学辅导；通过“5G+教育监测”，构建“5G+智慧教育”的质量评估体系，制定有针对性的评估办法，深入分析学生的学习过程，并将其以可视化的方式呈现，作为评价学习表现的依据，从而发现课堂教育中的教育问题，预测学生的学习成就。

在发展智慧旅游方面，广东省积极发展以数字化为特征的智慧旅游，《广东省“十四五”旅游业发展规划实施方案》提到要加快智慧旅游发展，推进数字技术和旅游业的深度融合，开展旅游线上宣传，推进在线预约服务，普及语音导览、电子线路推荐等智能化服务，以科技赋能旅游业的创新发展。

在发展智慧交通方面，推进智慧交通示范区建设，大力发展智能网联汽车；同时，推广电子站牌等智慧化设施，为公众提供准确的到站信息，实现城市出行的数字化。

（三）数字产业集聚效应初步显现，增长潜力巨大

广东省依托自身在技术、经济和人才方面的综合优势，积极引导数字产业基地和园区建设，重点培育新一代电子信息、软件与信息服务、超高清视频显示、半导体与集成电路、人工智能、区块链与量子信息、数字创意等数字产业集群，数字产业集聚效应初步显现。

1.数字经济核心产业

在新一代电子信息方面，电子信息产业是广东省的战略性支柱产业，广东省是我国最大的电子信息产业集聚地。近年来，随着信息技术与制造业的深度融合，以大数据、人工智能、5G、物联网为代表的新一代信息技术迅猛发展，为广东省电子信息产业的创造性发展带来了前所未有的机遇。近几年

来，面对新冠疫情的冲击以及百年未有之大变局，广东省电子信息产业展现出极强的韧性，2019年广东省电子信息产业营收4.3万亿元，占全省工业营收的29.4%，2022年广东省电子信息产业营收4.67万亿元，占全省工业营收的26%，连续多年位居全国第一，是广东省经济发展的重要基础和支撑。从电子空间布局来看，信息产业主要分布在珠三角地区，目前依托于惠州、东莞等市的生产规模，以及广州、深圳两市的研发能力，初步形成珠江东岸电子信息产业集聚区，在网络通信、智能终端等细分领域具有良好的产业基础，通信设备、智能手机、计算机、彩色电视机等产品的产量领先全国。2022年广东省智能手机产量约为6.27亿台，占全国智能手机产量的40%；2022年广东省彩色电视机产量约为1.08亿台，占全国彩色电视机产量的55%。虽然广东省电子信息产业在产业规模、研发创新等方面的发展速度较快，但是仍然存在关键技术领域受限、部分领域处于产品价值链中低端以及产业结构发展不平衡等问题，从而制约了新一代电子信息产业的发展。

在软件与信息服务产业方面，广东省作为科技创新强省，拥有雄厚的软件基础资源和人才优势，产业体量大，有广州天河软件园、深圳软件园等软件产业集聚区，已经形成以广州、深圳为引领，珠三角地区梯队式协同发展的产业格局。目前广东省不断强化广州和深圳两市的产业集聚效应，通过示范引领带动珠三角软件产业的发展，支持东莞依托工业互联网、信息制造等产业优势发展嵌入式软件系统，支持珠海继续壮大集成电路、办公软件等优势产业，支持中山、惠州围绕智能家电、装备制造等特色产业，与第三方平台企业合作发展新兴的平台软件。在产业发展规模以及综合实力上，广东省软件与信息服务产业保持全国领先，2022年广东省软件产业营收1.74万亿元，同比增长11.1%，其中信息技术服务营收占软件产业营收的比重超60%，软件产品营收占比达19.8%，嵌入式系统软件营收占比达12.7%。工业和信息化部发布的《2019年中国软件业务收入前百家企业发展报告》显示，广东省共有18家企业入选；“2024年中国互联网综合实力前百家企业”榜单，广东省共有15家企业入选。此外，广东省创新能力不断提升，软件专利申请量连续多年居全国前列。随着产业结构的不断优化，大数据、云计算、区块链等数字技术的融合发展，广东省将涌现出一批自主创新能力强的软件企业。2023年，广东省出台了有关软件与信息服务产业集群发展的行动计划，对软件与信息服务产业集群的发展现状进行了阐述，并提出到2025年广东省软件业务营收达2万亿元的工作目标，针对企业规模不够大、核心技术被“卡脖子”、品牌缺乏影响力等问题，通过建设基础软件、突破工业软件、培育新兴技术、推动软件名城提质升级、引育龙头企业等方式解决。

在超高清视频方面，得益于制造业的发展，广东省超高清视频产业链条初步形成，产业规模位居全国第一，产业集聚效应明显，超高清视频企业主要集中在深圳、广州，其中深圳企业数量占全省的比重超过60%，是广东省超高清视频产业的主要聚集地。广东省积极推进超高清视频产业的发展，将超高清视频产业作为重点发展的战略性支柱产业之一，并在4K领域率先取得突破，成功举办多个国家级和世界级超高清视频产业发展大会，且成功开播首个4K频道。同时，广东省超前布局超高清视频领域的8K赛道，积极推动“5G+8K+AI”等技术落地应用，在8K视频的核心技术、设备、算法等方面都有一定的积累。2022年，广东省超高清视频产业营收超6000亿元，电视面板、机顶盒、4K电视机等产量处于全国前列。尽管广东省在超高清视频产业方面取得先发优势，但是在设备、芯片和传感器等方面和国际市场相比仍存在一定差距，还存在市场应用模式不完善、4K领域内容匮乏等问题。2023年，广东省出台有关加快建设超高清视频产业试验区的行动计划，提出加快芯片、高端显示材料、操作系统等关键产品和技术的研发，加快推动AVS2等标准的研发和普及，加强内容的版权保护，扩大4K和8K领域的内容供给。

2.数字经济新兴产业

在半导体与集成电路产业方面，作为信息产业第一大省，广东省在消费电子、汽车、通信等领域拥有巨大的半导体与集成电路应用市场。半导体产业链可以分为上游的材料和设备，中游的芯片设计、制造和封装，以及下游的应用领域三部分。与上海、江苏等省（市）相比，广东省在半导体芯片设计和下游应用市场等方面处于领先地位，拥有华为海思、比亚迪微电子、国微电子等芯片设计龙头企业，但是在芯片制造和材料方面存在短板，产业布局不平衡，从产业规模来看广东省也落后于上海市和江苏省。近年来，广东省致力于发展半导体产业，通过一系列政策和大量资金投入，加速推动半导体与集成电路产业的发展。2019年，广东省集成电路业务营收1200亿元，2022年达到2200亿元，同比增长83%，其中集成电路设计业务营收占总营收的比重超过45%，基本形成以深圳、广州和珠海为核心，辐射带动东莞、佛山等其他地区协同发展的产业格局。广东省不断加强“广东强芯”工程建设，重点突破产业链的核心技术。《2022年广东省数字经济工作要点》提出全面实施“广东强芯”工程，明确了加快半导体产业发展的目标，推出多项重磅政策，如设立基金支持半导体产业发展、加速建设12英寸晶圆产线等，尤其是智能传感器产业，在政策扶持下获得了优先发展。2023年上半年，随着多个集成电路重大项目的建成投产，包括首条12英寸晶圆产线，集成电路产业规模增长迅速，产量同比增长80%，占全国总产量的28.1%。未来，广东省力争通过增强半导体产业链条，填补产业短板，进一步巩固其在全国半导体产业的地位。

在人工智能产业方面，广东省经济活跃、市场化程度高，拥有丰富的人工智能应用场景和科技创新资源，产业基础扎实，平台算力领先，企业数量持续增加。目前广东省已经逐步建立起人工智能全产业链，形成以广深为引领，珠三角为核心，其他地区协同发展的产业格局。2022年，广东省人工智能核心产业规模超1500亿元，相关企业注册数量约17万家，核心企业注册数量900多家，位居全国第一。从企业的区域分布来看，广东省人工智能相关企业超过九成分布在珠三角，其中超过七成分布在广深两市，拥有人工智能相关企业数量最多的前三个城市是广州、深圳、东莞。作为发展人工智能产业最具有代表性的城市，广州、深圳把建设国家新一代人工智能创新发展试验区和创新应用先导区作为重要着力点，部署建设了广州南沙国际人工智能价值创新园以及深圳湾科技生态园等11个省级人工智能产业园，发挥腾讯、华为等龙头企业的示范作用，带动人工智能产学研机构和优质企业向产业园集聚，积极推动人工智能产业发展。算力是人工智能产业的重要基础，广东省平台算力领先，截至2023年广东省拥有7家国家级新一代人工智能开放创新平台，“鹏城云脑Ⅱ”是我国最具代表性的AI模型训练平台之一，能够支撑近千个AI模型的训练工作。ChatGPT的发布，引起了社会各界对生成式AI、AI大模型等人工智能技术的广泛关注，对此广东省制定人工智能产业的专项政策，超前布局算力基础设施。广东省出台“通用人工智能发展22条”，提到进一步夯实智能算力底座基础，通过大模型核心技术攻关突破，构建自主可控的软硬件生态，明确到2025年力争实现算力规模全国第一。

在区块链与量子信息方面，近年来，广东省初步形成涵盖上游基础设施、中游通用技术和底层平台，以及下游应用生态的区块链全产业链，基本形成以广州、深圳为核心，东莞、珠海、佛山等地联动发展的区域格局。在技术创新上，广东省区块链专利申请数量占全国总数的1/5，区块链信息服务备案项目有572个，占全国总数的15%，覆盖了产业链的各个环节，随着技术的不断完善，区块链在金融、民生、政务等服务领域有了更广泛的应用场景。此外，广东省积极推进区块链产业园区建设，首个区块链发展先行示范区在广州市创建，黄埔区拥有多个区块链产业园和孵化载体。在底层基础平台上，广东省涌现了FISCO BCOS、BaaS、TrustSQL和迅雷区块链等各具特色的底层基础平台，但是，由于技术路径的影响，国内区块链服务技术大多数是基于国外原有技术的进一步改造，比如FISCO BCOS早期是在以太坊C++的基础上优化而来。可见区块链产业技术尚未成熟、底层基础平台较为分散，产业整体仍处于起步发展阶段，技术间互联互通不足，缺乏一套规范、可兼容的区块链技术体系。总体而言，对区块链行业的整体认知不够，产业链布局单一，尚未形成人才、技术、平台等产业要素集群。随着区块链技术的不断突破，未来产业将进入爆发增长的阶段，2024年，广东省出台区块链产业集群行动计划，指出要推动底层核心技术、通用技术等一批区块链技术的创新突破，加强关键技术的攻关，孵化一批独角兽企业，做好企业梯队的培育工作。

在数字创意产业方面，文化产业是广东省的支柱产业，2023年前三季度，广东省规模以上文化产业企业营收1.63万亿元，同比增长5.7%，约占全国规模以上文化企业营收的18%。广东省高度重视文化产业的数字化转型，重点打造数字文化发展高地，随着大数据、人工智能、5G等新技术和文化创意产业的深度融合，应用场景不断丰富，为数字文化内容的创作和传播提供了广阔的发展空间。2022年，广东省数字创意文化产业规模达5728亿元，相关发明专利数量达6521件，处于全国领先地位。其中数字出版产业营收超2100亿元，动漫产业营收超600亿元，游戏产业营收约占全国游戏总产值的80%，电竞产业营收占全国比重超过70%，数字音乐产业营收规模名列前茅，短视频、直播、电竞等新兴业态迅速涌现，数字创意产业生态格局日趋完善。

三、广东省重点城市的数字产业融合与集群发展概况

深圳数字经济规模近万亿元，广州数字经济规模超过3000亿元，两个城市在数字新基建上的投资也高达数千亿元，数字产业链条粗具规模，是广东省乃至全国数字化发展水平最高的城市；东莞、佛山、珠海、惠州的数字经济增加值超过了千亿元，属于广东省数字经济发展的第二梯队，处于快速发展的阶段；中山、江门、肇庆、韶关、茂名等城市的数字经济规模为80亿～900亿元，属于广东省数字经济发展的第三梯队，处于起步追赶的阶段。

（一）广州：数字底座更加坚实，数字新业态蓬勃发展

数字基础设施底座更加坚实。2021年《广州市加快5G应用创新发展三年行动计划（2021—2023年）》出台，明确提出到2023年广州累计建成5G基站超8万座，5G用户约1200万户，实现5G网络全覆盖，大幅度提升5G网络使用效率；重点建设100个以上示范应用项目，推动5G技术和其他行业融合应用；重点突破5G中高频芯片等关键技术瓶颈，实现5G模组等产品的规模化量产。截至2023年6月，广州新增5G基站1.52万座，累计建成5G基站达9.17万座，位居广东省第一，5G用户超1400万户。2023年底，国家超级计算广州中心发布了新一代国产超算系统“天河星逸”，其与“天河二号”相比，在通用计算、存储、应用服务等方面具有显著优势。

产业数字化转型加快推进。在数字化转型的顶层设计上，广州以工业互联网为抓手，积极打造数字化转型的服务平台，引导企业上云用云。2020年出台《广州市深化工业互联网赋能　改造提升五大传统特色产业集群的若干措施》，针对箱包皮具、纺织服装等五大特色产业集群，通过建设工业互联

网平台、打造标杆企业、推动多家企业上云等途径，促进集群内企业转型升级，截至2022年，五大产业集群工业互联网平台累计服务企业8812家。2022年，广州推动超过2850家规模以上企业开展数字化转型，企业“上云上平台”扩面提质。广州启动“四化”平台赋能行动，2023年5月，《广州市工业和信息化局推进“四化”平台赋能企业实施方案》通过，明确提出分类分级培育50个左右技术水平高、支撑能力强、服务范围广的“四化”平台，打造200家左右“四化”试点示范企业，带动广大中小企业上云用云。

数字核心产业持续壮大。广州持续推进产业数字化和数字产业化发展，2022年数字核心产业增加值占广州地区生产总值的13%，拥有数字经济相关高新企业6100多家。作为中国软件名城，广州积极推动软件与信息服务产业高质量发展，2022年广州软件和信息服务业产值规模为6463.9亿元，同比增长10.2%，发展成效显著。2023年出台《广州市进一步促进软件和信息技术服务业高质量发展的若干措施》，对重点研发项目给予资金支持，加大对核心软件技术的攻关力度，不断提高软件和信息服务业的自主创新能力；对开展软件和信息技术服务的企业给予补贴，积极培育软件和信息服务龙头企业，支持企业做大做强。此外，广州市加快打造“世界显示之都”，积极发展内容制作、超高清视频显示产业。2022年，广州超高清视频显示产业营收超2000亿元，显示面板产能位居全国第一，拥有乐金显示、维信诺等显示领域的代表性企业。广州拥有丰富的内容供给，超高清节目储备超过1.9万小时，是全国超高清视频显示产业的内容制作中心和主要聚集地。此外，智能汽车、集成电路等重点产业实现跨越式发展。

数字新业态新经济蓬勃发展。近年来，广州在电商领域持续发力，通过打造直播电商基地等方式促进直播经济的发展，在淘宝、天猫等主要电商平台中，广州的开播场次、主播数量均居全国首位。从2013年获批跨境电商试点城市以来，广州市持续推动跨境电商产业的发展，拥有12个省级、3个国家级电商示范基地，跨境电商进口规模连续多年位居全国第一，2022年跨境电商进出口规模达1375.9亿元，占外贸比重达12.6%，增速是全国的8.7倍。广州积极建设全球跨境电商“三中心”，帮助跨境电商中小品牌出海，建设具有代表性的跨境电商产业集群。2024年，《广州市进一步推动跨境电子商务高质量发展若干政策措施》出台，提出加强建设跨境电商产业园区、培育引进跨境电商龙头企业，推动跨境电商产业高质量发展。

（二）深圳：数实融合引领发展方向，数字集群强化国际竞争力

在数字基础设施建设方面，截至2023年6月，深圳累计建成5G基站超7万座，5G用户超1300万户，5G网络覆盖密度居全国各大城市前列，为深圳数字经济产业的发展提供了重要支撑。深圳在5G领域坚持高标准、高投入，2022年出台《深圳市加快推进5G全产业链高质量发展若干措施》，积极优化5G网络布局，重点突破5G网络设备芯片的技术攻关，实现芯片的自主可控，搭建5G产业公共服务平台，支持鹏城实验室等5G创新平台开展核心技术研发。深圳是我国5G产业发展的创新高地，也是广东省5G产业链最完备的集聚区，拥有中国联通、大富科技、中兴通讯等5G全产业链企业，是推动5G创新应用的标杆，支持企业深化5G技术应用，积极打造5G+智能网联汽车、5G+智能终端、5G+超高清视频、5G+工业互联网等应用场景。深圳统筹布局千兆光网建设，推进重点工业园区网络升级改造，对网络质量达标的电信企业给予资助；在基础算力方面，推动区域算力基础设施优化布局，加快构建数智融合、多元协同的算力体系。

数实融合引领产业发展新方向。近年来，深圳陆续出台了许多方针政策支持工业互联网发展。2021年印发《深圳市推进工业互联网创新发展行动计划（2021—2023年）》，积极打造工业互联网行业的应用标杆，针对中小企业数字化转型的痛点，支持云服务商推出低成本、高效率的云服务应用，扶持中小企业上云用云。此外，2023年，深圳对包括云镝智慧科技有限公司在内的多个企业给予资助，总金额为7420万元。龙岗区作为深圳工业强区，依托华为等工业互联网创新平台，深入实施中小企业上云行动，积极推动工业企业数字化转型，2022年规模以上工业企业超2400家，累计扶持1215家中小企业上云，龙岗区被评为2021年推进中小企业数字化转型典型案例之一，并成功入选广东省工业互联网产业示范基地。

数字新业态打开就业新空间。深圳积极推动平台经济、直播经济等新兴

业态发展。平台化是未来数字经济产业发展的重要趋势，在数字化转型过程中发挥着重要作用。深圳具备发展平台经济的制度优势、产业优势和技术优势，拥有腾讯、货拉拉、乐信等具有代表性的平台企业，2023年货拉拉的内地订单量持续增长，为社会提供了大约90万个灵活就业岗位。近年来，深圳电商发展速度不断加快，2022年深圳拥有电子商务企业2万家，直播带货主播7583个，直播带货场次296.5万场，直播商品的网络销售量8.8亿件，位居全省第一。得益于时尚产业、跨境电商等业务优势，深圳已经形成龙华大浪时尚小镇、华强北、水贝万山珠宝文化产业园等具有代表性的直播基地，越来越多的企业通过直播带货的方式，实现了营业收入的增长。2023年出台的《深圳市推进直播电商高质量发展行动方案（2023—2025年）》指出，要壮大直播电商主体，加快直播电商基地建设，鼓励电商平台做大做强，同时，积极拓展直播电商应用场景，引导汽车、旅游等行业开展直播业务。

数字产业集群助力强化国际竞争力。深圳拥有发展数字经济产业的良好基础，软件与电子信息制造业处于全国领先地位，产值规模持续扩大，企业竞争力不断提高。2022年，深圳电子信息制造业产值规模为2.48万亿元，约占全国电子信息制造业产值的1/6。从细分行业来看，智能终端产业营收规模过万亿元，半导体与集成电路、超高清视频显示产业等位居全国前列。2022年6月，深圳市政府提出以电子信息制造业为支柱产业，发展壮大包括软件行业在内的"20+8"产业集群，推动产业高质量发展。深圳是中国软件产业发展的主要聚集地之一，软件业务营收规模位于全国城市前列。2023年，深圳软件产业营收规模为11636.1亿元，同比增长15.4%，占全国软件产业营收的9.4%，在日常使用的应用软件中，超过1/10的软件是深圳企业研发的。此外，深圳也是国产软件出海的主要地区，2022年软件业务出口规模为227.3亿美元，腾讯、中兴通讯、华为等一批企业积极开拓海外业务。为了提升操作系统软件技术的自立自强水平，2023年深圳发布推动鸿蒙欧拉产业发展的行动计划，围绕鸿蒙原生应用的产业集聚、供给能力、产业生态等方面作了有关部署，提出加强鸿蒙、欧拉系统软件的技术攻关，打造以鸿蒙、欧拉为核心的软件园区，进一步提高深圳整体的科技创新水平。

第二节　广东省数字产业融合与集群发展存在的问题

一、区域发展不平衡

从数字经济的总体规模来看，由于各地区在资源禀赋、经济基础等方面的差异，广东省数字经济规模存在区域分化现象。2022年，深圳的数字经济规模在全国城市中位居第三，广州位居第五，东莞位居第十九，可见数字经济产业主要集中在深圳、广州两个城市，其他城市数字经济规模较低，差距较大。

从创新投入来看，广东省的创新投入不均衡，部分城市投入不足。2022年，广东省的研发投入为4200亿元，占地区生产总值的3.26%，区域综合创新能力连续6年全国领先。广东省的创新投入居全国之首，但是各市不均衡，深圳所占的比重较大，其他城市较小。

从数字技术创新水平来看，虽然近几年广东省数字技术创新水平提升较快，但是，总体来看，不同城市之间的创新能力差异较大。2022年，深圳拥有数字经济发明专利54833件，位居广东省第一位；东莞超越广州，以19627件位居第二；广州拥有数字经济发明专利7416件，位居第三。仅从排名前三位的地区来看，数字技术创新的产出能力存在一定差距，相比之下其他地级市的科技创新水平较低，创新活跃度不高。此外，广东省具有带动性的链主企业数量较少，除了深圳之外，其他地区缺乏像腾讯、华为那样的大型数字企业巨头。

二、数字创新要素供给不足

广东省作为全国数字经济发展最活跃的地区之一，数字创新要素的供给远远跟不上数字产业发展的需要，创新要素不足很大程度上限制了数字经济产业的发展。

在核心技术的自主可控方面，广东省消费电子、智能终端、集成电路等电子信息产业发达，拥有广泛的芯片应用场景，是全国最大的芯片应用市场，但是高端芯片的自给率仅仅为14%。在智能终端产业方面，广东省东莞市是全国最大的智能终端产业集群，但是在芯片、操作系统以及电子元器件等方面过度依赖进口，可见广东省数字技术自主可控能力低，“缺芯”“少核”问题仍然突出。

在创新环境和创新资源方面，广东省各城市存在一定差距。深圳是广东省数字经济最发达的地区，科研转化能力强，拥有华为、中兴通讯等数字龙头企业，但是缺乏创新能力强、科研实力雄厚的科研机构和高等学府；广州科研资源丰富，拥有中山大学、华南理工大学等科研能力强的高校，但是与深圳相比，企业整体的创新能力不强，缺乏大型数字龙头企业的带动，存在科研成果转化率低等问题；其他城市在数字创新资源的供给上落后于广州和深圳，面临着数字化发展困境，数字创新能力有待提高。

在数字人才供给方面，随着大数据、互联网、人工智能等数字技术和实体经济的深度融合，数字人才成为影响企业数字化转型的重要因素之一。广东省具备发展数字经济产业的良好基础，但是在前沿的基础性研究、核心技术团队建设、人才储备等方面存在一定的短缺。近年来，广东省在引进数字人才、打造数字人才发展高地方面做了很多工作，但是相对来说，数字人才供给依旧达不到企业数字化发展的要求。企业迫切需要既精通数字技术，又深入理解具体业务，同时了解制造业发展痛点并具备互联网思维的综合型人才，但是招聘具备丰富经验的复合型人才难度较大。

三、数实融合程度有待提高

作为工业大省，广东省工业门类齐全，工业规模约占全国的1/8，是工业综合实力最强的省份。工业数字化转型是数实融合的重要领域之一，但是，制造业企业在数字化转型过程中存在较多难点。数字化转型不是数字技术的简单应用，而是企业组织结构、战略规划、经营管理等方面的全方位变革。

一方面，在数字经济蓬勃发展的同时，中小企业的数字化转型却依然不足。大多数中小企业的数字化转型意识不强，认为数字化转型就是人工智能、大数据等数字技术的简单引入，对于解决企业实际问题的作用有限，存在自身“不想转”的现象。数字化转型需要一定的资金投入，而中小微企业的上云成本普遍偏高。据广东省新一代信息与人工智能协会反馈，该协会虽拥有 500 余家中小微企业会员，但2022年实际完成上云的企业占比不足50%，这一数据还未涵盖未加入协会的其他企业。由于不同云平台的服务内容存在差异，收费标准也各不相同，企业往往需要支付10万元至50万元不等的上云费用，较高的成本导致部分中小企业在上云过程中积极性不足。同时，融资能力不足等问题限制了中小企业对于数字资源的投入，大多数中小企业在经营管理中尚未普及应用企业云等数字技术，信息化水平仍停留在初级阶段，数字化程度较低。

另一方面，相比于中小微企业，大型企业对数字化转型的评价更高、更准确，但是缺少长期的战略规划和实施路径，转型路径不够清晰。由于制度转型的成本较高，因此大型企业的数字化转型主要聚焦于生产环节的信息化改造，而在与之相匹配的组织结构、制度设计等方面的变革却难以实现。除此之外，中小企业对于数字化转型升级的解决方案有着特殊的需求，它们更多地需要一些小型化、精准化的数字化转型服务和产品供给，普通的数字化提供商一般较难满足中小企业的个性化需要。

四、产学研融合效果不佳

广东省缺少数字经济的融合创新平台，研究机构、企业以及高校之间的高效率合作机制尚未形成。研究机构、高校聚集了大量各领域、各学科的专业人才，是重大理论创新、科技成果研发的主要发源地，在数字技术创新中发挥着重要作用。

广东省的有效发明专利数量居全国首位，但是在科研成果转化落地过程中，受到人才短缺的影响，转化率较低，存在高校的人才培养模式和产业实际发展不匹配的问题。广东省高校关于硕士、博士等高端人才的培养模式较为传统，主要聚焦于授课、发表论文以及基础性研究等理论能力的培养，难以跟上产业实际发展的需要。高校的教学模式主要是基于某个具体的技术领域，学校的创新更多是某个技术点的创新，而企业需要的是能够把技术研发落实到产品的具体生产过程。好的产品研发往往需要对多个技术层面进行考量，需要考虑后续产品的质量控制、量化生产以及销售体系等，是一个整体的“面”的考量，需要综合性的思维模式。这导致高校培养的人才和企业需要的人才不适配等问题，高校培养的专业人才一般都去高校教学，在高端人才短缺的情况下，企业需要花费较多的时间和资金来重新培养人才。

此外，广东省的高校及科研机构本地化严重，缺少国际合作办学、合作科研，存在国际合作创新成果少等问题。

五、数据的潜在价值难以释放

一是不同行业、不同部门的数据格式不统一，标准化程度低，导致兼容性差。企业内部资源分布在人力、财务、生产、销售等各个业务部门中，由于不同部门对数据的需求不同，数据无法完全共享集成，形成“数据孤岛”。不同企业之间由于产品制造流程、销售渠道等方面的差异，导致数据标准不统一，企业间的连接性较差。企业和平台之间，数据共享技术规范尚未统一，对接难度较大。

二是数据的开放程度、共享程度不高。数据是保持企业竞争力、支撑企业发展的重要资源优势，数据的开放共享可能会带来企业商业信息泄露、客户隐私泄露等重大问题。在广东省推动企业数字化转型的过程中，由于担心核心数据泄露带来安全隐患，中小企业上云意愿不强，即使上云了，也只是在云端存储一些不重要的边缘数据。因此，推动服务商继续加大对云服务安全建设的投入、提高云平台的安全性显得尤为重要。同时，数据的开放共享也意味着放弃数据垄断的资源优势，所以大多数企业不愿意共享数据，尤其大型企业的数据垄断问题更加突出。大型平台企业拥有海量的数据，而许多基于大数据分析技术的企业却不得不依靠这些大型垄断平台，为它们提供服务，因此中小企业的数据生产效率没有完全释放出来。随着传统交易平台获取客户的成本不断提高，私域流量的价值开始显现，通过精准营销和个性化服务能够有效提升用户黏性和转化率，有助于打破公域平台的数据垄断局面，但是私域流量也会面临新型的数据壁垒。

第三章

国内外数字产业集群发展案例[①]

20世纪60年代至80年代，以半导体微电子工业和计算机工业为代表的现代信息技术蓬勃发展，成为数字经济的新材料载体。随着经济社会数字化水平的提高，在经历了起源、萌芽、发展之后，数字经济的内涵与外延得到了进一步拓展，数字技术、服务、产品等在各种经济活动中的渗透与扩散的途径越来越多样化，生产力与生产关系也在不断地发生着变化，而数据资源正日益成为重要的生产要素。

数字经济是一种以数据为核心生产资源、主要依托现代信息网络，并以信息通信技术的高效应用为驱动力的经济活动。“十四五”规划将云计算、物联网、大数据、工业互联网、区块链、人工智能以及虚拟现实和增强现实确定为数字经济的七个关键领域。随着数字经济的发展，产业集群成为推动生产要素协同优化配置的重要场域，也成为促进数字经济发展的重要抓手之一。数字产业集群的形成是多因素综合作用的结果，涉及技术、资本、人才、政策等多个方面的相互作用和支持。这些集群不仅促进了区域经济的发展，也推动了全球经济的进步。

本章将结合国内外典型的数字产业集群进行分析，具体涉及旧金山湾区、纽约湾区和东伦敦科技城三个国外数字产业集群，以及上海、苏州和合肥三个国内数字产业集群。通过对它们的发展概况、空间布局以及发展经验进行深入研究，可以更好地了解数字产业集群的形成机制、运行模式以及对区域经济和全球经济的影响，为数字经济发展提供有益的参考。

① 本章第一执笔人为暨南大学产业经济研究院刘佩瑶。

第一节　国外数字产业集群典型案例

根据世界银行的调查资料，全球经济总量的60%左右来自港湾地带。施罗德发布的《2023年全球城市指数报告》将世界上30个最具影响力的城市按地域分布划分，发现其中大部分城市都位于湾区。由此可以看出，全球已经步入“湾区时代”。本节将会对旧金山湾区、纽约湾区和东伦敦科技城这三个数字经济最发达的地区进行详细的介绍，以期为我们构建数字产业集群提供借鉴和参考。

一、旧金山湾区：高校科研催生数字科技创新生态

位于旧金山湾区南部的硅谷，作为全球科技创新与数字经济发展的标杆，以斯坦福大学和加州大学伯克利分校为核心，构建了一个蓬勃发展的高科技研发和企业孵化生态系统。在软件、互联网服务、人工智能、云计算和大数据等核心领域，硅谷拥有明显的竞争优势，助力电子商务、智能制造、数字媒体和在线服务等关键行业的迅速崛起。依托丰富的高校资源和活跃的风险投资环境，硅谷不仅推动了技术创新和商业化进程，也促进了新兴业态的蓬勃发展，持续推动全球数字经济的增长。在这个地区涌现的科技巨头，如谷歌、苹果和Meta，不断树立起全球数字经济发展的新标杆，彰显着硅谷在全球数字经济中的领导地位。

（一）旧金山湾区数字产业集群发展概况

硅谷的发展史可以追溯到二战后的20世纪50年代。当时美国政府为了加强军事实力，推动计算机技术的发展，设立了一些研究所，如斯坦福研究所、贝尔实验室等。这些研究所吸引了众多的科学家和工程师前来研究和工作，为计算机技术的发展奠定了基础。随着时间的推移，硅谷的技术公司越来越多，而且在竞争中不断崛起。例如，英特尔公司的芯片技术、苹果公司的个人电脑、谷歌公司的搜索引擎和广告平台等，这些技术和产品成为全球行业的标杆，深刻地改变了人们的生活和工作方式。

旧金山湾区数字产业集群的发展经历了一个产品演进式的迭代过程，

并围绕各阶段的主要产品展开。旧金山湾区数字产业集群的发展可以分为六个阶段：萌芽期、晶体管阶段、集成电路阶段、个人计算机阶段、因特网阶段、移动互联网阶段。表3–1列出了每一阶段的重要事件。

表3–1 旧金山湾区数字产业集群发展历程

发展阶段	时间	发展情况
萌芽期	1891—1938年	1891年，斯坦福大学成立； 1909年，联邦电报公司成立； 1925年，特曼加入斯坦福大学； 1933年，海军建立NAS基地； 1937年，瓦里安公司成立，后成为世界上研究开发科学仪器和真空产品的先驱之一
晶体管阶段	1939—1958年	1939年，惠普成立； 1946年，斯坦福研究所成立； 1951年，斯坦福工业园完成规划； 1956年，“晶体管之父”肖克利在硅谷成立公司； 1957年，仙童半导体公司成立
集成电路阶段	1959—1970年	1959年，平面集成电路问世； 1965年，摩尔定律提出； 1968年，英特尔公司成立； 1969年，AMD公司成立； 1970年，施乐硅谷研发中心成立
个人计算机阶段	1971—1990年	1971年，英特尔推出全球第一款商用微处理器； 1976年，苹果电脑公司成立； 1977年，甲骨文公司成立； 1981年，第一台便携式电脑问世
因特网阶段	1991—2006年	1991年，万维网在互联网上首次出现； 1993年，第一款可显示图片的浏览器Mosaic推出； 1998年，eBay上市，谷歌问世； 2001年，维基百科问世； 2003年，特斯拉成立； 2004年，Facebook问世； 2006年，Twitter问世
移动互联网阶段	2007年至今	2007年，iPhone问世； 2010年，iPad问世；智能手机年增长55%，全球销售2.6亿部； 2011年，谷歌收购摩托罗拉智能手机业务； 2012年，Facebook上市成为历史上最大的高科技公司IPO（首次公开募股）

（二）旧金山湾区数字产业集群空间布局

经过一个世纪的发展，旧金山湾区已经成为具有数字经济产业基因与良好创新生态的产业集群，构建了从知识创新、产业融资到规模化生产与品牌打造的全链条生产体系，并吸引了生物科技、人工智能等产业聚集，形成了数字经济的发展高地。

产业空间规划成为产业集群资源配置中的重要一环。表3-2为旧金山湾区数字产业集群的空间布局，分类有科技类企业、风险投资类企业、创业加速器和其他机构。

表3-2 旧金山湾区数字产业集群空间布局

类别	代表性企业
科技类企业	苹果、阿尔法、安卓、网飞、脸书、谷歌、特斯拉、优步、来福车、宝马集团等
风险投资类企业	红杉资本、纪源资本、伯克利天空甲板、创始人基金、淡马锡、德雷珀联合、雪峰资本、门洛风险投资、梅菲尔德基金、日立、瑞士创新中心、硅谷意大利中心、三菱商事、住友商事等
创业加速器和其他机构	动态365、丹麦创新中心、瑞士创新中心、硅谷意大利中心、金融科技孵化实验室、日本创新园区、以色列驻西海岸经济办事处、巴西贸易与投资促进局、丝绸之路创新中心、日本新能源产业技术综合开发机构、北欧创新之家、欧洲创新与技术研究院

旧金山湾区的地区功能结构呈现出分层次特征。旧金山湾滨水地区作为休闲游憩带，提供了多种水上运动项目，如冲浪和帆船，同时配备高尔夫等高档商务休闲设施。紧邻休闲游憩带的科研产业区与企业总部以组团方式布局，呈现出合理的疏密程度和规模差异，并保留了一定比例的未开发土地。科研产业区外围是住宅区，其外侧是山地区，生态环境良好，拥有多个国家公园，为高科技人才提供良好的休闲场所。律师事务所、投资风险公司、财务会计公司、企业孵化中心以及人力资源猎头服务公司围绕斯坦福大学设立办公场所，合作密切，并形成了公共交际走廊，配备咖啡馆、餐厅等，成为硅谷人才社交、商务洽谈和创意碰撞的主要场所。

湾区周边的三大交通主干道以海湾为核心并行分布，紧密连接着各个城市集群，形成一个完整的交通网络。中央的主要干道贯穿城市中心，为交通枢纽，设置了公共交通站点，沿路布设商业区和科研区，周边配备了住宅区和工业用地，空间结构有序且合理。生活性主干道与交通性主干道交会于此，成为城市间交通和社区生活的纽带，既提供了便利的交通条件，又促进了商业和科技创新的发展。这种布局充分体现了城市规划的智慧，将生活、工作和生态结合，营造出宜居、宜业的城市环境。同时，这种交通和空间布局还为湾区的可持续发展奠定了基础，保障了人们的出行便利性和居住舒适度，为区域的综合发展注入了新的活力。

（三）旧金山湾区数字产业集群发展经验借鉴

1.产学研深度融合

斯坦福大学、加州大学伯克利分校等34所公立大学、49所私立大学和众多一流科研机构聚集于旧金山湾区，成为硅谷登顶世界级科创中心的重要推手，硅谷50%以上的高科技产业收入来自斯坦福大学的衍生企业。仅在硅谷，就有超过100万科技人员，此外，美国科学院院士在硅谷任职的就有近千人，获诺贝尔奖的科学家达30多人。

旧金山湾区信息通信、电子制造产业尤为发达，依托硅谷，湾区拥有苹果、谷歌、Meta、微软、特斯拉、思科等上千家科技公司，世界500强公司中就有10家将总部设在旧金山湾区，同时这些企业都有在大学设立企业实验室专注于实用型研究。例如谷歌、Meta都是斯坦福大学虚拟现实实验室等大学实验室的常客。此外，旧金山湾区还拥有劳伦斯伯克利国家实验室、斯坦福直线加速器中心等五个国家级实验室，这些实验室既为政府服务，也为企业服务，从而实现产学研无缝对接。粤港澳大湾区拥有一批在业内享有良好声誉的高校、科研院所，可借鉴旧金山湾区经验，推动大学、科研机构、高科技企业之间的合作共生，打造融科学、技术、生产为一体的数字科技创新生态。

2.以风险投资为主的资金集群促进了创新创业

主要以风险资本为支撑的资金聚集效应显著促进了创新及企业初创阶段的发展。硅谷，作为全球最大的风险资本市场之一，提供了一个充满活力的平台，促使创业者和新兴企业能够共同筹集资金。充裕的资金支持使得许多新兴企业得以参与创业加速器和孵化项目，从而获得财务上的支持。这不仅促进了初创企业的发展，也为投资者带来了回报。创业公司通过天使投资、风险投资等途径获得了多方面的资金支持，实现快速增长和扩张。随着企业达到成熟阶段，它们利用股权融资和债券发行等手段募集了大量资本，进一步激发了行业创新和进步的动力。在硅谷地区，大量投资公司和基金会通过投资流通和创新项目孵化，推动了产业和创新生态的发展。2021年，硅谷的风险投资接收总额高达441亿美元，创下了257笔单笔交易超过1亿美元的纪录。同年，对硅谷及旧金山湾区的天使投资额大幅增至12亿美元，其中硅谷的天使投资年增长率达到12%，参与这些投资活动的天使投资者和投资团体数量增长了近40%。这种高度发展的资金生态系统极大地提升了创新和创业成功的可能性，加速了硅谷地区的产业成长和经济繁荣。

3.开放创新、宽容失败的创新氛围

在加州，法律特别禁止签署非竞争协议。区别于那些将基础研究、应用研究、开发及商业化过程集于一体的传统创新模式，硅谷推崇的是一种开放式创新模式。在这种模式下，知识的创造和应用通过大学与企业的合作、企业间的共同研发，以及其他组织形式之间的边界流动来实现。知识产权在硅谷备受重视，针对商业机密侵权等问题，其诉讼机制已相当完善。美国专利商标局硅谷办公室经常举办系列知识产权保护专题讲座，以加强对知识产权保护的宣传。硅谷创业失败的工程师们还能够在当地再找一份新工作，他们既能应聘一家新科技公司，又能成为创业顾问，还能再创业，不管创业是否成功都能从创业过程中积累很多经验，而这些创业经验的汇集使硅谷滋生成功公司的概率大大提高。这样一大批成功或失败的创新行为，形成了硅谷创新文化。

二、纽约湾区：抢抓资本融合数字科技与应用场景

纽约湾区，作为全球金融中心之一，近年来逐渐崛起为重要的科技和数字产业集群。这一区域以其多元化的产业结构和开放的文化氛围，吸引了大量科技创新企业和人才，成为数字经济发展的新热点。从曼哈顿的创新办公空间到布鲁克林的工业复兴区，纽约湾区的产业空间布局分布广泛，涵盖了金融科技、数字医疗等多个领域。在这个多样化的生态系统中，新兴科技公司与传统行业之间展开了密切合作，促进了跨行业的融合与创新。政府在推动科技创新和经济发展方面也发挥了积极作用，为数字经济的发展提供了政策支持和资金保障。纽约湾区涌现的科技企业和创新项目，不断推动数字经济的蓬勃发展，展现了纽约湾区在全球数字经济格局中不可忽视的地位。

（一）纽约湾区数字产业集群发展概况

纽约湾区位于美国东北部大西洋海岸平原上，是美国东北部大西洋海岸城市群的核心，其北部与波士顿接壤，南部与华盛顿相连，是波士顿、纽约、费城、巴尔的摩和华盛顿这一系列主要城市的中心。纽约湾区位于纽约州、康涅狄格州、新泽西州三州交会的地带，陆地面积2.15万平方千米，人口约2340万，城市化水平达到90%以上，是美国人口密度最高的地区。纽约湾区，作为美国和全球经济最繁荣的区域，以其相对较小的土地面积，创造了美国的8%～9%的GDP。2022年，纽约湾区的生产总值达到了2.16万亿美元，这一数字占据了美国GDP的8.48%，使其在全球湾区中排名首位。这里还是全球金融中心，纽约湾区有全球市值第一和第二的纽约证券交易所和纳斯达克证券交易所，还拥有摩根大通银行和花旗银行的总部。

另外，纽约湾区也是历史悠久的经济聚集区，从产业发展来看，纽约湾区主要经历了五个阶段的演变。得益于便利的港口区位，纽约湾区从15世纪开始就形成了产业聚集；随着19世纪的交通革命夯实湾区发展的交通基础，湾区主要发展港口贸易和制造业；19世纪70年代到20世纪中期，纽约湾区作为世界制造业的发展中心而受到世界的瞩目；20世纪60年代至80年代，制造业逐步衰退，整个产业结构向第三产业迁移，金融业飞速发展；20世纪90年

代至今，纽约湾区主导发展科技密集型产业，如金融业、创意产业等，同时积极进行数字产业化与产业数字化的高端化、智慧化、绿色化发展。纽约湾区发展历程如表3-3所示。

表3-3　纽约湾区发展历程

发展阶段	时间	发展情况
港口城市	1492—1820年	纽约原是印第安人的居住地，直到1686年纽约建市。作为进入北美殖民地和加勒比海地区的重要港口，纽约吸引了庞大的资本随殖民者涌入，发展成颇具规模的港口城市
国家级经济中心	1820—1870年	纽约通过交通革命凭借地理优势成为美国东北部最重要的口岸和棉花贸易中心；1850年纽约成为仅次于伦敦和巴黎的世界第三大城市，是美国首屈一指的大都市和最大的商业中心
世界级制造湾区	1870—1960年	受益于两次世界大战，纽约获得快速发展良机。第二次世界大战后，美国成为世界上经济最强大、最发达的国家，在世界经济体系中的地位达到顶峰，而纽约也进入了鼎盛时期
制造业衰退	1960—1990年	二战后，纽约经济结构发生了很大的变化，制造业急剧衰落，金融、服务业等第三产业崛起，纽约在20世纪60年代经历了城市衰退，在20世纪70年代经历了财政危机，在20世纪80年代经历了缓慢复苏
产业转型与再发展	1990年至今	纽约在20世纪90年代迎来了经济的繁荣。此后纽约成为继伦敦之后第二个全球金融中心，重点发展金融、广告、媒体、娱乐等产业

（二）纽约湾区数字产业集群空间布局

纽约湾区的数字经济发展突出表现为数字产业与金融业、医药业的融合。数字产业的分布依托行业基础而呈现较为明显的区域定位差异：数字产业与金融业的融合集中在纽约，而与医药行业的融合主要布局在新泽西州。

1.纽约金融业赋能数字产业发展

在纽约湾区，金融服务起到了核心的推动作用，它为纽约湾区带来了最大的经济贡献，占据2022年当地生产总值的30%。纽约不仅是全球市值排名第一和第二的证券交易所（纽约证券交易所和纳斯达克证券交易所）的所在地，还是美国最大和第三大的银行（摩根大通银行和花旗银行）的总部所在地，同时，纽约还聚集了超过2000家全球金融、证券、期货和保险机构。

根据科尔尼发布的《区域分化的城市发展机遇：2023年全球城市指数报告》，纽约居2023年全球城市综合排名第一位（见表3-4），同时，纽约不仅在商业活动和人力资本维度上领先（见表3-5），还在资本市场指标上领先。可见，纽约的城市发展潜力较大，在全球经济发展中保持持续领先优势。

表3-4　全球城市指数历年排名情况

城市	2023年排名	2022年排名	排名变化
纽约	1	1	0
伦敦	2	2	0
巴黎	3	3	0
东京	4	4	0
北京	5	5	0
布鲁塞尔	6	11	+5
新加坡	7	9	+2
洛杉矶	8	6	-2
墨尔本	9	8	-1
香港	10	10	0

资料来源：《区域分化的城市发展机遇：2023年全球城市指数报告》。

表3-5　《区域分化的城市发展机遇：2023年全球城市指数报告》评估维度

评估维度	领先城市
商业活动	纽约
人力资本	纽约
信息交流	巴黎
文化体验	伦敦
政治事务	布鲁塞尔

资料来源：《区域分化的城市发展机遇：2023年全球城市指数报告》。

金融业的繁荣给纽约的研发创新提供了雄厚的资金支持，推动大量科技型企业在此聚集，更是形成了“硅巷”这样著名的数字经济街区。这里聚集了谷歌、Meta、苹果等科技巨头的业务中心，具有比肩硅谷及波士顿的实力，推动纽约湾区成为美国三大湾区之一。

纽约，作为一个全球性的商业和文化中心，已经发展出了独特的“东岸模式”。这一模式与硅谷的科技产业发展模式有所不同，它不那么侧重于芯片、半导体等硬件设备的开发，而是更多地专注于利用信息技术为其他行业提供创新解决方案，从而促进科技与时尚传媒、金融商业等领域的深度融合。这种模式的典型体现是数字产业的多样化，其涵盖了人工智能、互联网、新媒体、金融科技、加密货币、生物技术、游戏设计等多个领域。

2.新泽西州医疗产业数字化转型正在进行

生物制药产业也是纽约湾区的优势产业，在《基因工程与生物技术新闻》杂志公布的2022年美国十大生命科学集群中，纽约及新泽西州居第三位，其中纽约及新泽西州的NIH（美国国立卫生研究院）资助金额位列全美第一。湾区79%的生物医药就业岗位分布在新泽西州，该州集聚了强生、默克、辉瑞等全球顶级制药企业的总部。

医药产业的雄厚实力赋予了当地卫生部搭建数字化医疗系统的能力，疫情也推动了医疗行业的变革与创新。医疗与物联网技术的融合，促进了新泽西州数字化医疗系统的建立与完善。新泽西州政府的卫生部专门成立了数字医疗部门，确立远程医疗行业的企业准入规则与审核标准。同时，在医疗康养行业领先的新泽西州通过规范远程医疗、部署人工智能等一系列措施，推动远程医疗行业进一步发展，促进纽约湾区的医疗产业实现数字化转型升级（见表3–6）。

表3–6　新泽西州政府医疗产业数字化转型措施

时间	措施	主要内容
2021年4月	新泽西州发布远程医疗登记规范	明确“远程医疗”的含义，即使用信息通信技术提供临床医疗保健、医疗咨询、患者和专业健康相关教育、公共卫生、卫生管理和其他服务；明确远程医疗组织申请制度
2023年8月	部署人工智能	新泽西州最大的医疗保健系统HMH与Google Cloud展开合作，开发生成式AI技术，旨在通过Cloud基础设施减轻临床医生的负担，提高管理效率
2023年9月	新泽西州政府通过《家庭医院法案》	允许护理团队进行远程医疗，提供虚拟护理、远程监护等服务，以满足健康、成像和测试以及药房和康复需求

资料来源：新泽西州政府网站（https://nj.gov）。

（三）纽约湾区数字产业集群发展经验借鉴

纽约湾区数字产业集群的特色在于经历了产业结构的转型升级。纽约湾区以港口贸易和制造业发家，又经历了“去工业化”浪潮带来的制造业衰退。冲击之下，纽约湾区抓住机遇推动产业升级，最后形成了以知识经济为主导，涵盖数字金融、数字科技、数字创意、生物科技等产业的数字产业集群。

1.金融资本助力数字产业发展

纽约湾区依托全球最大的科技创新证券交易所——纳斯达克证券交易所，作为世界级金融中心，通过大金融优势聚集全球人才与资本要素，形成高效的资源配置能力和发达的国际交往网络，吸引了苹果、亚马逊、微软、谷歌、Meta等全球顶级科技巨头，这些科技公司也纷纷布局纽约，推动纽约成为美国的“东部硅谷”。同时，纽约湾区以风投、创投等金融资源推动产业数字化转型升级，实现了数字科技在金融商业、生物医药和文化创意等场景的创新应用。粤港澳大湾区也拥有港交所和深交所两大证券交易所，尤其是香港金融服务业发达，可借鉴纽约湾区经验借助资本市场吸引集聚数字科技企业，同时通过风投、创投促进数字技术与其他产业深度融合。

2.立足发展需求，及时调整城市规划

纽约湾区之所以能够实现如此高效和科学的区域规划，一方面得益于纽约区域规划协会（RPA）的特殊运作模式，另一方面归功于其历次规划方案的科学性和合理性。

RPA从私人机构发展为非政府组织，其独立性源于其作为第三方组织的性质——不依赖官方支持，其资金来源于会员会费和社会捐赠。这种独立性和对市民参与的强调为其规划工作带来了独特的优势。

自成立以来，RPA已经提出了四次针对纽约湾区的规划方案，这些方案极大地推动了该区域的持续发展（见表3-7）。RPA的规划工作不仅关注基础设施建设和区域经济发展，还涉及环境保护、住房公平、交通改善等多个方面，旨在为纽约湾区的居民创造一个更加宜居、可持续和公平的生活环境。

表3-7　纽约湾区四次规划方案调整

区域规划	背景	问题	措施及目标	影响
第一次区域规划（1929年）	纽约湾区凭借港口优势、科技进步以及政策扶持等有利条件，城市规模不断扩张，人口数量激增，而城市与区域的规划和建设却相对落后	交通拥堵，环境恶化	把城市功能布局的原理用于大都市圈规划，重新规划和设计市政中心，加强湾区公路、铁路以及桥梁等道路的建设以形成圈内公路、铁路等交通网络系统，将工业迁出城市中心，并推动居民向周边地区转移，以加快CBD（中央商务区）的建设	首次对大都市地区进行全面、长远规划，为区域规划开辟了新思路。这一举措推动了数十亿美元的基础设施和城市建设投资，为纽约贡献良多
第二次区域规划（1968年）	由于汽车的普及，城市的零售业以及房地产业快速向郊区扩散，形成了“铺开的城市”的格局	无序的郊区化导致郊区环境恶化，同时中心城区逐渐衰退	一是要建设新的城市中心；二是重新划分新住宅区；三是提高旧城的基础设施水平，改善城市环境；四是要保护城市未开发地区的生态景观；五是进行配套的交通网络建设	对区域交通运输线路进行了比较正确的规划，并将城市建设扩展到了社会、生态等多个方面
第三次区域规划（1996年）	1990年经济衰退，发展持续性不足	经济增长缓慢，种族矛盾突出	关注经济、公平与环境，提出绿地方略、中心发展方略、区域畅通方略、劳动力方略和治理方略五项措施	平衡不同群体利益，奠定发展基础
第四次区域规划（2017年）	2008—2009年的金融危机后，纽约经济复苏，但未来的经济发展前景仍面临不确定性	收入差距较大，种族隔离，基础设施衰败	为了应对交通基础设施老化、环境恶化和收入不平等的挑战，公共机构正在进行改革	—

通过分析四次对纽约湾区的规划可见，每一次规划都聚焦于优化区域内产业分布，旨在促进城市的错位发展。最初的规划便着手于分析区域内各地区间的相互作用和联系，以此为基础规划工业在不同地区的布局。在第二次规划中，强调了创建新的卫星城市和城镇中心的重要性。而第三次和第四次规划则更加重视强化中央商务区的建设。

三、东伦敦科技城：旧城焕发数字化生机

东伦敦科技城，位于伦敦的老街、肖尔迪奇和霍克斯顿地区，是欧洲

科技创新和数字经济发展的重要中心，以文化多样性和创意产业基础闻名。自2008年金融危机以来，东伦敦科技城利用其丰富的资源，迅速发展成为欧洲最重要的科技创新中心之一。在这里，政府和企业共同推动着科技创新和经济发展，为数字经济的蓬勃发展提供有力支持。东伦敦科技城不仅集中了大量初创企业、技术孵化器和共享办公空间，还拥有优秀的高等教育机构和研究中心，为科技人才的培养和创新活动提供了良好的环境。政府在推动科技创新和经济发展方面积极发挥作用，通过提供资金支持、优化监管环境和推动产学研合作，为数字经济的持续发展注入了新的动力。这些努力使东伦敦科技城成为欧洲科技创新的引领者，为全球数字经济的进步作出了重要贡献。

（一）东伦敦科技城数字产业集群发展概况

东伦敦科技城的空间范围并没有明确的界定，以肖尔迪奇和霍克斯顿的“硅环岛”为核心，沿老街向东扩展至剑桥希思路，通过轨道交通与斯特拉福德的奥林匹克公园连接，形成科技创新走廊。东伦敦科技城是英国戴维·卡梅伦首相执政时期的重点旧城改造和产业发展项目，目前已经是世界上仅次于美国硅谷和纽约的第三大科技企业集群。

伦敦东区早期作为伦敦城东城墙外的郊区，发展缓慢。18—19世纪，由于处于泰晤士河下游，伦敦东区发展出了航运业和制造业。受到产业发展的驱动，东区吸引了大量的码头工人，给这个充斥着大量移民的地区塞进了更多工人阶层的居民。但由于早期缺乏运营监管，制造业污染严重，低收入人群混杂，不同于伦敦西区的高贵典雅、整齐恢宏，东区从过去到现在大部分时间都处于疏于管理、杂乱无章的状态，街道狭窄、住房拥挤、卫生状况恶劣，一度是伦敦最贫困的地区。社会科学家查尔斯•布思曾经绘制过伦敦贫困区地图，伦敦西区以闪耀的金色矩形标示，而东区则打满黑色补丁，写着“最低阶层”。然而，恰恰是这样一个中心城区“灯下黑”区域，乘着城市更新这股东风，一路“逆袭”，孕育出一个又一个新的创新社区。

东伦敦科技城的发展历程大致可以分为三个阶段，即自发聚集期、政府引导期和外扩增容期（见表3-8）。20世纪90年代，伦敦东区相对便宜的地价吸引了一批苏格兰、爱尔兰以及少数伦敦本地的视觉艺术家以及新锐设计师，他们将废弃厂房改装成艺术工作室，文化创意产业的聚集地在这里形成。

随后，伦敦实施“迷你硅谷”计划，旨在把科技企业重新吸引回都市，将东区发展成世界级科技集群，即“欧洲的硅谷”。这一宏伟目标得以实现，主要依赖于政府在改善交通和城市基础设施、优化生活和工作环境方面的努力。通过投资公共科学研究空间，提供会议室、实验室、办公区，并组建专业的投资招商团队，改善优惠政策，成功吸引了包括谷歌、英特尔、苹果等行业巨头在内的企业来此设立分部。这不仅增强了产业的集聚效应，也吸引了包括戴森、蒙佐、DeepMind在内的众多创业企业。伦敦东区已聚集了大量数字信息技术公司，成为伦敦数字经济产业发展的核心区域。

表3-8　东伦敦科技城发展历程

发展阶段	时间	发展模式	发展情况
自发聚集期	1990—2009年	低廉租金+共享空间吸引科创企业集聚	1990年，伦敦东区霍克斯顿周边区域以时尚创意产业闻名； 2000年，互联网创业热潮时期，区域内低廉的租金和共享式的创意办公场所吸引到一些科创企业和新媒体机构； 2008年，第一次提出“硅环岛”概念，指以伦敦东区老街为中心的一个小型科技和设计公司聚集区
政府引导期	2010—2015年	伦敦数创名号打响，引导资本龙头集聚	2010年，首相戴维·卡梅伦推出英国科技城项目，宣布将伦敦东区打造为全球顶级科技集群； 2011年，伦敦政府拨款1亿英镑打造超高速宽带和公共Wi-Fi； 2012年，7层楼的谷歌孵化及共享办公空间开放使用； 2015年，伦敦政府提高针对初期中小科技企业投资的税收优惠力度
外扩增容期	2016年至今	举国之力打造数创拓展空间吸引人才	2016—2017年，科技公司数量呈百倍增长，导致租金上涨、网络质量下降，创业企业向伦敦以外地区扩散； 2018年，伦敦科技城战略升级为“科技国”（Tech Nation），战略内容包含英国各大主要城市科创人才签证计划额度翻倍，国家政府拨款2100万英镑支持各地数字科创人才培养计划和企业家联盟

（二）东伦敦科技城数字产业集群空间布局

位于霍克斯顿、肖尔迪奇和老街地区的东伦敦科技城，集聚了近3000家专注于信息技术、数字媒体和移动应用领域的初创企业，包括思科、英特尔、亚马逊、X（原推特）、高通、Meta、谷歌等国际著名公司。附近的顶级大学——牛津大学、剑桥大学、伦敦大学、帝国理工学院等，持续为该区域输送优秀人才。同时，TechHub、Entrepreneur First、Seedcamp和Founders Factory等孵化器和加速器集中于此，为初创企业提供必要的办公设施、资金支持和发展指导。东伦敦科技城已成为伦敦数字经济发展的关键区域，截至2024年大约聚集了4万家数字信息相关公司。

如今，东伦敦科技城以"硅环岛"为核心，打造出一个没有边界的高科技园区。2024年，美国政策咨询和研究机构创业基因（Startup Genome）发布的《全球创业生态系统报告2024》显示，伦敦在业绩、融资、市场覆盖度、人才与经验、知识等方面都遥遥领先，在创业生态系统综合排名上紧随硅谷，位居全球第二（见表3-9）。

表3-9　2024年全球创业生态系统综合排名情况

排名	创业生态系统	评分				
		业绩	融资	市场覆盖度	人才与经验	知识
1	硅谷	10	10	10	10	9
2（并列）	伦敦	10	10	10	10	10
2（并列）	纽约	10	10	10	10	8
4（并列）	特拉维夫	10	8	9	10	7
4（并列）	洛杉矶	9	10	9	9	6

资料来源：《全球创业生态系统报告2024》。

（三）东伦敦科技城数字产业集群发展经验借鉴

1.政府打造平台引领创业企业发展

东伦敦科技城的发展离不开政府的扶持政策。2010年11月，首相戴维·卡梅伦推出了英国科技城区域政策。该政策在硅环岛中心发起，行业领袖、初创公司创始人以及谷歌和Meta等全球科技巨头的代表在场。英国政府利用该集群日益受欢迎及其与美国硅谷相似的优势，计划将其发展成全球顶级科技集群。

首先是提供资金扶持。英国贸易投资总署招募科技领域企业家（如诺基亚全球主管Gerard Grech），成立科技城投资集团（TCIO），主要目的是筹集资金，支持孵化数字科技产业集群。资金来源主要是伦敦金融城融资平台。创业初期，英国政府投资5000万英镑用于扶持初创企业，同时，英国贸易投资总署支持投资者获得50%的税收减免，将投资金额提升至10万英镑，吸引和撬动社会资本、海外风投资金进入市场流动，为不同阶段的初创企业提供不同支持。

除了在资金上提供帮助外，政府还针对初创企业打造了多种孵化平台与项目，引入了谷歌、亚马逊等数字经济领域巨头和巴克莱银行等国际金融机构，为当地发展数字科技产业背书，也为当地科技企业创业提供技术、资源支持。

2.头雁企业多层次带动产业发展

东伦敦科技城在培育初创企业的同时也注重数字行业龙头的招引与交流平台的建设，推动知名大企业与中小企业合作，发挥头雁企业在技术创新、产业升级中的带动作用。雷文斯本数字育成中心安排入驻中心的中小企业与本地知名国际企业合作，如思科和奥美实验室，已经有超过120家企业入驻该中心。另外，产业集群中的龙头企业通过并购等市场行为，推动业内先进科技的发展。2014年，谷歌收购DeepMind，以谷歌的计算资源为后盾，将人才资源进行整合，大大加快了龙头企业在人工智能方面的进展。2016年，微软以2.5亿美元高价收购SwiftKey公司，入局人工智能输入法赛道。这些创业企业都是伦敦数字经济行业里的佼佼者，通过并购对行业内的资源进行整合与优化配置，从而带动行业发展。

3.注重人才引进与培育，营造良好创新氛围

东伦敦科技城吸引了大量来自欧洲各国的高科技人才。英国政府鼓励创

业的政策措施不仅包括面向高科技人才的杰出人才签证，还包括企业家签证以吸引创业人才。数据显示，东伦敦科技创业企业的从业人员达到150万人，其中外籍雇员占比高达53%。与此同时，东伦敦科技城与当地知名院校合作培训人才，如剑桥大学贾奇商学院和伦敦大学学院合作推出的数字商业学院，已为超过17000名英国居民提供数字经济领域的培训。此外，东伦敦科技城还定期举办行业交流活动，打造高科技、人性化的园区。以老街为中心的“硅环路”不仅有共享工作室、咖啡馆和书店，还经常举办各类专业领域的非正式交流活动，成为物联网和交互式科技的实验场所。

第二节　国内数字产业集群典型案例

一、上海集成电路产业集群：夯实数字经济硬件基础

上海作为中国最大的城市之一，汇聚了大量的科技创新资源和人才资源，成为集成电路产业的重要聚集地。上海的集成电路产业集群以张江、浦东新区和徐汇等区域为核心，涉及集成电路产业链的上游、中游、下游，具体包括芯片设计、制造、封装测试等环节。在这个集群中，国内外知名企业如华为、中芯国际、上海华虹等纷纷落户，并与当地的高校和研究机构开展合作，加速了技术创新和产业升级。同时，政府通过提供资金支持、优化政策环境等措施，积极推动集成电路产业的发展。上海的集成电路产业集群为中国数字经济的快速增长提供了坚实支撑。

（一）上海集成电路产业集群发展概况

上海作为国内集成电路产业的领军地区，拥有最完整的产业链、最高的技术水平和最强的综合竞争能力。上海集聚了超过1200家关键行业企业，吸引了全国40%的行业精英和50%的创新资源，使得上海在全国集成电路产业的发展中占据领先地位。2021年，集成电路产业在上海的销售收入达到了2579亿元，年增长率为24.5%，占全国集成电路产业销售总额的25%。2022年，销

售额突破3000亿元（见图3–1），在全国市场的份额超过了25%。

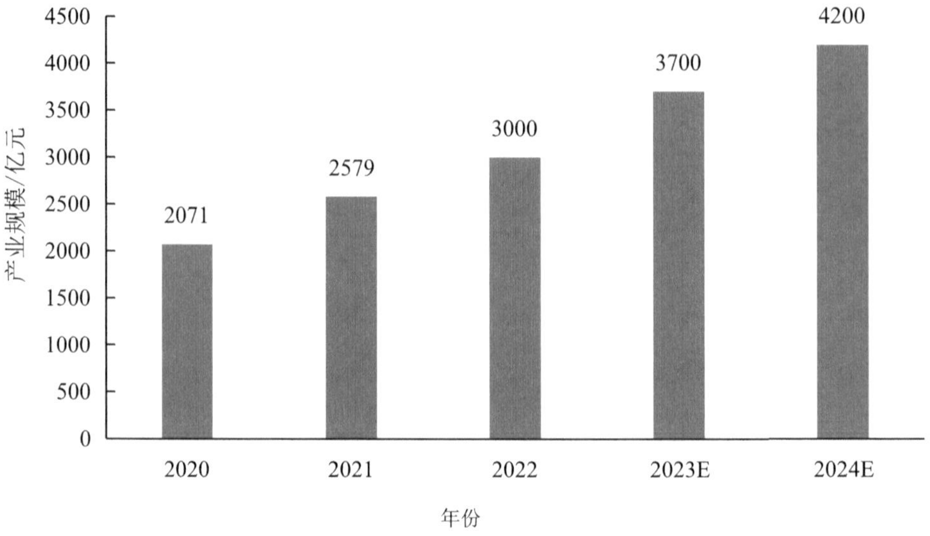

图3–1　2020—2024年上海集成电路产业规模

资料来源：中商产业研究院。

注：2023E、2024E分别表示2023年、2024年的预测数据。

上海集成电路产业的显著增长得益于政府的积极支持和引领（见表3–10）。“十四五”期间，上海明确指出要以集成电路产业为核心先导，构建“一核三基四前五端”的电子信息产业体系。上海通过加强顶层设计，发布《上海市战略性新兴产业和先导产业发展“十四五”规划》，明确将面向电子信息等制造型企业推动智能化转型。同时，还发布《上海市先进制造业发展“十四五”规划》，指出要推进电子信息制造高端化发展，进一步向研发设计、中高端制造、市场营销等价值链高端环节延伸。另外，在《上海市电子信息制造业发展“十四五”规划》中确定发展目标：到2025年，上海集成电路产业规模倍增，形成国际一流、技术先进、产业链完整、配套完备的集成电路产业体系。

表3-10 上海集成电路产业相关政策一览表

时间	名称	主要内容
2023年12月	《集成电路产业监管创新实施办法（2.0版）》	扩大集成电路产业监管范围，全面覆盖芯片设计、芯片制造、封装测试、设备制造和物流供应等全部环节以及各类企业主体
2023年10月	《普陀区加快发展集成电路产业的实施意见（试行）》	依托上海清华国际创新中心，聚焦集成电路设计环节，重点对高端芯片研发、芯片设计、EDA设计工具开发等环节进行帮扶，加快打造“苏河芯湾”创新高地
2022年11月	《上海市集成电路和软件企业核心团队专项奖励办法》	为加快推动上海集成电路和软件产业高质量发展，充分发挥企业核心团队在产业发展中的引领作用，激励企业做大做强产业规模，制定本办法。核心团队奖励总金额按照上一年度经核定的主营业务收入情况分级计发
2021年12月	《上海市电子信息产业发展“十四五”规划》	着力推动集成电路自主创新与规模发展，加快核心关键技术攻关、先进制造工艺研发、生产能力升级，提升芯片设计、制造、封装、装备材料全产业链能级，形成国际一流、技术先进、产业链完整、配套完备的集成电路产业体系，为电子信息产业的持续创新发展夯实基础
2021年12月	《新时期促进上海市集成电路产业和软件产业高质量发展的若干政策》	优化研发设计人员和企业核心团队奖励政策。鼓励集成电路企业和软件企业做大产业规模，对于首次突破相关年度主营业务收入条件的集成电路装备材料、EDA、设计企业和软件企业，由市、区两级政府给予企业核心团队分级奖励
2021年7月	《上海市先进制造业发展“十四五”规划》	以自主创新、规模发展为重点，提升芯片设计、制造封测、装备材料全产业链能级
2021年6月	《上海市战略性新兴产业和先导产业发展“十四五”规划》	“十四五”期间，集成电路产业规模年均增速达到20%左右，力争在制造领域有两家企业营收稳定进入世界前列，在设计、装备材料领域培育一批上市企业。到2025年，基本建成具有全球影响力的集成电路产业创新高地
2021年1月	《上海市国民经济和社会发展第十四个五年规划和二〇三五年远景目标纲要》	努力打造完备产业生态，加快建设张江实验室，加强前瞻性、颠覆性技术研发布局，构建以上海集成电路研发中心等为主要支撑的创新平台体系

数据显示，上海集成电路相关企业注册量由2017年的724家增长至2021年的6513家，年均复合增长率达73.2%。2022年，受宏观经济发展影响，相关企业注册量下降至5470家，同比减少16%。中商产业研究院分析师预测，2023

年，上海集成电路相关企业注册量将增长至7480家（见图3-2）。

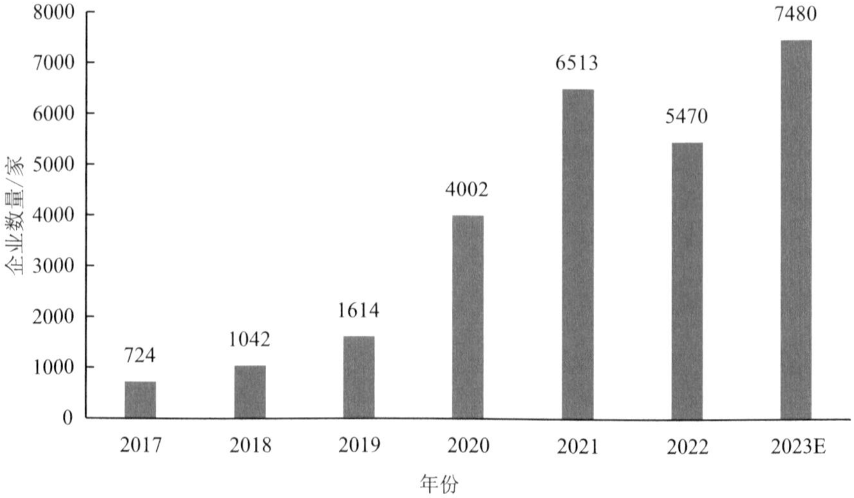

图3-2　2017—2023年上海集成电路行业企业数量

资料来源：《【产业图谱】2023年上海市集成电路产业链、布局、现状、发展方向分析（图）》，https://www.askci.com/news/chanye/20230822/180814269269889375406728_3.shtml，2023年8月22日。

（二）上海集成电路产业集群空间布局

近年来，上海对集成电路产业集群空间布局进行持续优化，致力于打造以浦东新区为核心的“一体两翼”格局，向南北两个方向进行拓展（见表3-11）。

表3-11　上海集成电路产业集群空间布局

“一体两翼”格局	地区	产业
一体	浦东新区	芯片设计、芯片制造、封装测试、设备材料
南翼	松江区	芯片制造、设备材料
	金山区	设备材料、电子化学品、新型显示
	奉贤区	材料
	青浦区	封装测试、材料
北翼	嘉定区	芯片设计、芯片制造
	徐汇区	芯片设计
	普陀区	芯片设计
	宝山区	装备材料

资料来源：和达产业研究院。

“一体”指浦东新区主要承担芯片设计与研发创新的任务，集中在金桥、张江、康桥、惠南、临港等经济开发区与产业园。这些区域聚集了众多国际龙头企业，如英伟达、高通、AMD、博通等，以及国内领军企业，如韦尔股份、晶晨股份、中微半导体、安集微电子等。其中，张江科学城研发创新能力处于国内领先地位，其汇聚了约2.2万家创新型企业，拥有170余家外资研发中心。截至2021年，临港新片区的工业总产值超过1000亿元，年均增幅达到30%。

北翼包括嘉定区、宝山区、徐汇区、普陀区，重点集群有智能传感器产业园、宝钢基地、桃浦智创城、漕河泾新兴技术开发区等，产业体系较为健全，聚集32家知名企业，主营业务从电子信息产业基础层、技术层到应用层均有所布局。

南翼包括松江区、金山区、奉贤区、青浦区，布局有青浦工业园区、工业综合开发区、碳谷绿湾产业园等园区。在设备材料与封装测试等关键环节持续发力，吸引了亚士创能、希悦尔、赫格纳斯、英威达等新材料产业企业入驻。

（三）上海集成电路产业集群发展经验借鉴

1.龙头企业带动，形成全产业链布局

上海张江地区早期为集成电路产业链的核心区域，以中芯国际等晶圆制造领军企业为主导，发挥产业链的集聚效应。这条产业链主攻芯片生产，从晶圆制造，到芯片设计，再到成品检测，实现了全流程覆盖。受益于上海的区位优势，本地和外资企业充分参与全球价值链的分工合作，在多轮资源整合后，形成了各企业分工明确的生产体系。在芯片设计、芯片制造、设备材料等环节涌现出一批国内领先的企业，为上海乃至全国制造业数字化转型中的芯片需求提供了有效的支撑，推动了晶圆从简易封装到成品等多元销售模式的转变。

2.政策保障业内高端人才资源

为了刺激科技创新人才的创新动力，上海已陆续推行诸如“人才20条”“人才30条”等一系列人才政策，致力于科技创新人才的培育和扶持。这标志着科技创新人才已成为推动创新驱动发展战略的关键。

2022年，上海开展了面向集成电路行业紧缺人才的专项培训计划，该计划针对高年级非微电子专业学生及在职社会人士，通过产业合作方式进行专业转换培训。通过建立上海集成电路紧缺人才（张江）产教基地，该项目有效推进了产教融合的人才培养机制，为产业的高质量发展提供持续支持。

2023年1月，浦东新区宣布实施“1+1+N”人才政策体系，该体系覆盖人才政策制度、人才队伍建设、人才发展平台和人才宜居生活四大领域，提出了一系列重点任务和进展措施，包括在通行居留、工作准入等六大领域内创新人才政策，推行一项人才计划和五大人才项目，旨在建立世界级的科技支撑平台和高能级的产业创新平台等五种人才创新创业平台，同时提高住宿、教育、医疗等的服务品质。

3.注重科研创新，搭建校企合作平台

上海是中国顶尖科研机构和知名理工科研究生院的聚集地。其中，上海科技大学致力于前沿科技领域的探索与突破，其信息科学与技术学院在芯片科技创新方面处于领先地位。复旦大学在微电子学和计算机科学领域拥有卓越的研究成果，其软件学院和微电子学院不仅在学术研究上具有突出表现，还与众多企业开展深度合作，推动了芯片技术的实际应用与产业化。上海交通大学信息安全工程学院、西安交通大学微电子学院、北京大学上海微电子研究院和清华大学微电子学研究所等机构，也在芯片研发和科技创新方面拥有卓越的能力和丰硕的成果。这些学校和研究所在芯片领域的研发工作中，重视校企合作，积极与企业开展合作研究项目，共同推动了芯片科技的发展和应用。这种紧密的校企合作模式，促进了科研成果的转化和产业化，推动了上海乃至全国芯片产业的持续发展。与此同时，上海的集成电路产业创新平台十分丰富，有将近500家平台，校企合作渠道便利，已经形成了我国乃至全球规模最大、种类最全、综合能力最强的科研设施集群。上海代表性集成电路产业创新平台如表3-12所示。

表3-12　上海代表性集成电路产业创新平台

上海代表性集成电路产业创新平台
国家智能传感器创新中心
国家光刻设备工程技术研究中心
上海硅知识产权交易中心
传感技术联合国家重点实验室
信息功能材料国家重点实验室
上海大学微电子研究与开发中心
上海集成电路技术与产业促进中心
国家微电子材料与元器件微分析中心
上海集成电路研发中心
国家集成电路设计生产力促进中心
复旦大学专用集成电路与系统国家重点实验室
张江芯片测试公共服务平台
国家集成电路创新中心

二、苏州人工智能产业集群：抢占数字经济发展新赛道

苏州，作为中国数字经济发展的重要节点城市之一，正在以其鲜明的特色和独特的优势，积极参与人工智能产业的蓬勃发展。苏州工业园区作为其核心，已经成为数字经济与人工智能产业融合创新的重要阵地。在这里，数字经济与人工智能技术相互交融，推动了各领域的数字化转型与升级。苏州依托丰富的人才资源和浓厚的创新氛围，吸引了大量人工智能企业落户，形成了集聚算法研发、智能制造、数据分析等产业的一体化产业链。这不仅促进了当地数字经济的快速发展，也为全球数字经济的演进注入了新的活力。苏州数字经济的蓬勃发展，与其人工智能产业集群的繁荣息息相关，共同构筑了苏州在数字经济领域的独特地位，并为未来数字经济的创新与发展探索了新的路径。

（一）苏州人工智能产业集群发展概况

作为科技变革新时代的推动力，人工智能正在促进传统产业的革命性升级，并展现出广阔的发展潜力及市场潜力。苏州凭借其科技创新实力、研发

资金投入以及人才综合竞争能力，在全省智慧城市的发展中遥遥领先。其地理优势明显，毗邻上海，这在人才吸引和产业对接方面赋予了苏州独特的优势。至今，苏州已经为人工智能的发展奠定了坚实的基础。

2023年，苏州人工智能产业规模突破2000亿。元。2024年，苏州人工智能产业实现营收2362亿元，增长超20%，聚集人工智能核心企业667家，其中，上市企业32家、全球独角兽企业7家、专精特新“小巨人”企业81家、国家级高新技术企业477家，产业链上下游相关企业超2100家。

2023年，全市上下聚集了近1000家人工智能相关企业，其中，人工智能产业链重点企业有50家，上市企业有16家，全国人工智能百强企业有2家。苏州累计16个项目入围国家人工智能创新任务揭榜挂帅榜单，140个项目入选江苏省人工智能融合创新产品和应用解决方案，数量均居全省第一。

当前，苏州正聚力攻克“卡脖子”难题，注重上下游产业的聚集，不断完善产业链，持续推进大模型在多个细分优势赛道开拓创新应用，全力打造一流的AI大模型应用创新高地。截至2023年12月，苏州全市重点培育的大模型已有18个，涵盖通用语言、垂直工业、垂直教育、垂直医疗等多个维度。值得一提的是，思必驰、智慧芽、企查查、东吴证券等8个大模型的参数量都达到了百亿级。

此外，从业内龙头企业与优势企业的角度来看，华为、微软、科大讯飞、曹操出行、苏州巨量引擎（抖音全资子公司）和西门子等国内外知名企业，已入驻苏州。而苏州也成功将思必驰、企查查和科沃斯等本土企业培育成了行业龙头。从园区企业成绩来看，2023年，追觅科技、思必驰、镁伽科技、天瞳威视、智慧芽、云学堂共6家企业入选胡润2023全球独角兽榜单；企查查、携住科技、良医汇、派迅智能、艾利特机器人、金仕生物成功登上由胡润研究院首次发布的“全球猎豹企业榜”；魔门塔、智加科技、图达通、企查查等9家公司被纳入国家独角兽企业榜单；思必驰、聚合数据、华兴致远、清睿智能、荣旗科技、企查查还获评吴文俊人工智能科技进步奖。

苏州近年来通过多项政策文件和行动计划，积极支持和推动人工智能产业发展。这些文件包括支持产业创新、提升算力、建设试验区等方面的内容，旨在加速人工智能与实体经济深度融合，打造具有国际竞争力的人工智能产业集群（见表3-13）。

表3-13 苏州人工智能产业相关政策一览表

时间	名称	主要内容
2023年9月	《市政府关于加快培育未来产业的工作意见》	支持电子信息、人工智能等元宇宙相关软硬件企业与高校院所开展产业创新协同攻关，开展类脑智能、新型显示、虚拟数字人、沉浸式人机交互、AR/VR、图像渲染引擎、智能算法、三维化、虚实融合沉浸影音等产业关键技术研究
2023年8月	《苏州市关于推进算力产业发展和应用的行动方案》	到2025年，实现市人工智能算力中心统筹智算算力不少于3000PFLOPS（FP16）。推动形成以吴江区“东数西算”算力枢纽节点起步区、虎丘区中国移动云能力中心、相城区“苏州市人工智能算力中心”为核心，以苏州工业园区、常熟市、太仓市为支撑的城市算力集聚区
2023年5月	《关于进一步支持国家新一代人工智能创新发展试验区、国家生物药技术创新中心、国家第三代半导体技术创新中心（苏州）的若干政策》	支持苏州工业园区打造苏州国家新一代人工智能创新发展试验区核心区，推动其他县级市（区）结合本地资源禀赋，建设一批人工智能特色产业集聚区，培育形成各具特色、优势互补的人工智能产业发展格局
2022年12月	《苏州市人工智能产业创新集群行动计划（2023—2025年）》	抢抓人工智能推动新一轮科技革命和产业变革的战略机遇，坚持以新一代人工智能与实体经济深度融合为核心主线，加快推进苏州人工智能科技创新和产业集聚发展
2022年6月	《苏州市电子信息产业创新集群建设实施方案》	聚焦电子信息产业细分行业领域，开展产业专利导航分析，研判产业发展现状，绘制产业创新专利地图，指引产业发展规划。推动集成电路、人工智能重点产业知识产权运营中心建设
2021年4月	《苏州市建设国家新一代人工智能创新发展试验区实施方案》	坚持新一代人工智能与实体经济深度融合，结合产业发展基础和特色优势，依托人工智能产业载体和科研机构，充分发挥重点企业的示范引领作用，构建苏州人工智能产业“十全十美”发展格局

（二）苏州人工智能产业集群空间布局

苏州的人工智能产业重心主要集中在苏州工业园区内的人工智能产业园。苏州人工智能产业园位于苏州工业园区桑田岛北部、金鸡湖大道北侧，紧邻吴淞江南侧。其交通极为便利，不仅紧邻苏州园区站，而且与上海、杭州、南京等长三角主要城市的连接十分便捷，使得该园区成为连接这些重要城市的关键节点，拥有极佳的区域优势和地理优势。

苏州人工智能产业园的总建筑面积达到42.84万平方米，其空间设计具备高度适应性和灵活性的特点，既考虑到当前的定位需求，也兼顾了未来招商运营的不确定性。该园区拥有宽敞的办公基地，可以满足园区内大、中、小型公司的办公及研发需求。

苏州人工智能产业园作为苏州工业园区的核心项目之一，致力于推动人工智能及相关领域的科技创新和产业发展。该园区专注于发展人工智能、新一代信息技术、集成电路、软件及信息服务等关键领域，旨在打造一个全方位的人工智能产业集群。该园区自2018年开园以来迅速发展，取得了令人瞩目的成绩。苏州人工智能产业园已经聚集了众多处于行业前沿的公司，包括科大讯飞、树根互联以及云从科技等，这些企业在人工智能领域具有显著的领导地位和创新能力。园区不仅吸引了众多国内外知名企业和研究机构落户，还通过引进诸如微软创新赋能计划人工智能产业加速器、华为人工智能创新中心等重点项目，为企业提供技术支持和创新平台，加速人工智能技术的应用和产业化。同时，园区内还设有多种科研和孵化机构，旨在提供全方位的创新支持和服务，共同推动以人工智能为核心的全新创新生态系统的初步建立。

此外，苏州人工智能产业园通过与苏州超级计算中心及中国科学院计算技术研究所等顶尖研发机构紧密合作，加强了科研力量和产业发展的融合，推动了高端人才集聚和技术创新。这不仅为园区内企业提供了强大的技术研发支撑，也促进了苏州乃至整个长三角地区人工智能产业的快速发展。

作为苏州工业园区人工智能领域的创新和孵化中心，苏州人工智能产业园已经成为推动地区经济结构转型和升级的重要力量。通过构建开放合作的产业生态系统，园区不断吸引更多的投资和项目落地，为苏州乃至全国的人工智能产业发展贡献了巨大力量。

（三）苏州人工智能产业集群发展经验借鉴

1.抢抓先发优势，鼓励企业投身标准化研制

截至2022年10月，苏州企事业单位主导或参与制修订ISO、IEC等各类国际标准累计102项和国家、行业标准超7000项，荣获“中国标准创新贡献奖”共18项，并实施了41项国家级标准化试点示范项目。此外，苏州还承担了24个国际专业标准化技术组织和全国标准化技术委员会及其分支机构的工作，培养了超过100名国际专业标准化技术组织注册专家①。标准的制定和支持对于人工智能产业的发展至关重要，因此，众多人工智能企业积极参与到相关领域的标准化工作中。

据统计，在国家人工智能相关领域已经发布和正在研究的210项标准中，苏州参与了25项标准的制定工作，其中包括与智能机器人相关的12项标准，覆盖智能机器人的应用规范、性能和安全能力的评价评估等方面。在国家人工智能各个领域标准的制定中，苏州企业的参与度高达45%。特别是在物联网领域的唯一标准中，苏州有所贡献；在智能农业的3项标准中，苏州参与了全部；在智能制造领域的11项标准中，苏州参与了6项，占比55%；在智能语音领域的13项标准中，苏州参与了6项，占比46%。此外，苏州企业还参与编写了27%的智能机器人标准和25%的智能终端及人机交互标准。截至2022年，近十家苏州企业加入了国家人工智能标准化总体组成员单位，参与相关标准化工作。同时，超过二十家人工智能企业拥有标准化工作的经验，并参与过标准编制工作，其中近十家企业还拥有牵头起草其他领域标准的经验。这些都为人工智能技术的标准化及其推广提供了坚实的基础。

可见，苏州在人工智能产业领域的广泛涉猎，加之其完善的人工智能产业链和强大的领军企业，为标准化工作提供了广阔的发展空间。通过标准化工作，苏州不仅引导市场向良性竞争方向发展，还显著促进了当地企业的高质量发展。随着标准化工作的不断深入，相关企业积累了丰富的经验。

---

① 《苏州市企事业单位主导或参与制修订国际标准累计达102项》：https://www.suzhou.gov.cn/szsrmzf/szyw/202210/6ccff1359c134c4b8fd909810101b09b.shtml，2022年10月14日。

2.搭建一流产业生态圈，推动业内技术交流合作

2023年，ChatGPT未来大会、2023全球人工智能产品应用博览会、苏州元宇宙生态大会、工业元宇宙创新发展峰会和“i创杯”互联网创新创业大赛等重大活动及赛事相继在苏州举办，累计吸引了1万多人次参加。同时，为帮助本地企业加强垂直领域攻关并加快重点场景应用突破，苏州市工业和信息化局组织举办了“强链赋能·智启未来”苏州市AI赋能产业发展大会、人工智能大模型和银行金融系统对接交流会等一系列活动。另外，为了协同推进人工智能场景开发应用，赋能企业创新发展，苏州市人工智能行业协会挂牌成立，加速了苏州细分领域企业与大模型研发机构的生态协作进程，优化了资源配置。

一系列交流会议和活动的举办，畅通了人工智能领域的交流渠道，为构建良好的人工智能产业融合生态，推动重点技术实现突破与创新提供了坚实基础。

三、合肥智能语音产业集群：“中国声谷”龙头奏响数字经济时代强音

合肥智能语音产业集群是中国中部数字经济蓬勃发展的典范。这一集群集聚了众多创新型企业和科技团队，涵盖了从语音识别、自然语言处理到智能语音交互等领域的全产业链。在合肥“中国声谷”，企业间不断展开合作与交流，共同推动智能语音技术的不断创新和应用，探索数字经济发展的新路径。这一产业集群的形成，不仅为当地经济注入了新的动力，也为中国智能科技的崛起作出了重要贡献，展现了合肥在数字经济时代下的活力与潜力。

（一）合肥智能语音产业集群发展概况

合肥的智能语音产业集群主要构建在“中国声谷”的基础之上，其核心区域设在合肥高新技术产业开发区，是依托中国科学技术大学和科大讯飞等关键力量共同营建的智能语音产业的重要集聚地。凭借“中国声谷”的引领，合肥在智能语音产业方面的集聚效应得到了国家的认可，2021年被工业

和信息化部评选为首批先进制造业集群决赛的15个优胜集群之一，这标志着安徽省在打造产业集群领域获得了显著成就。“中国声谷”自2012年设立，作为我国首个专注于语音技术及人工智能的国家级产业基地，发展至今已超过十年时间，到2023年，其在智能语音领域的产能规模已跃居全国首位，展现出强劲的发展潜力。2022年，入驻“中国声谷”的企业数量已经超过了2000家，且创造的营业收入突破了2000亿元大关。2020—2022年合肥智能语音产业集群发展情况如图3-3所示。

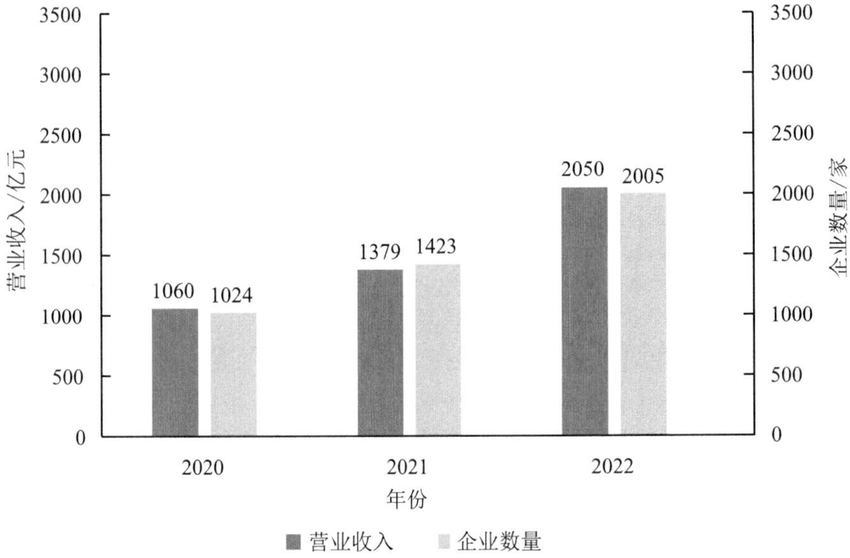

图3-3 2020—2022年合肥智能语音产业集群发展情况

资料来源：合肥市人民政府网站。

“中国声谷”设立以来，合肥市政府高度重视人工智能领域，特别是智能语音产业的发展，出台了一系列扶持政策，为产业发展扫除人才、资金等一系列障碍，为合肥智能语音产业发展打下坚实的基础（见表3-14）。

表3-14 合肥人工智能行业相关政策一览表

时间	名称	主要内容
2023年10月	《安徽省通用人工智能创新发展三年行动计划（2023—2025年）》	持续研制更大规模参数的认知智能大模型、通用语音大模型以及基于文本、图像、语音的多模态大模型，保持在文本生成、语言理解、知识问答、逻辑推理、代码能力及多模态理解与生成等方面能力领先
2023年10月	《打造通用人工智能产业创新和应用高地若干政策》	在省级科技攻关计划中支持通用大模型、行业大模型、安全可控技术以及通用人工智能其他路径探索的应用研究，按照不超过项目研发费用的20%予以资助，单个项目最高5000万元
2022年1月	《合肥市“十四五”新一代信息技术发展规划》	“中国声谷”实现“双千双线”目标，智能语音国家人工智能开放创新平台成为全球最大规模的人工智能公有云之一
2021年7月	《中国声谷创新发展三年行动计划（2021—2023年）》	2021—2025年，省政府每年安排2亿元人工智能及智能语音产业发展和推广应用扶持资金，合肥市每年安排6亿元资金，主要通过后奖补、股权投资、贴息等方式，撬动社会资本，放大政府资金使用效应，鼓励、支持、引导中国声谷智能语音及人工智能和信息技术应用创新产业创新发展
2021年5月	《合肥市人民政府办公室关于印发“城市大脑”建设方案的通知》	充分利用云计算、大数据、物联网、人工智能、区块链等新一代信息技术，促进城市数据资源汇聚融合，优化再造政务业务流程，推动城市治理体系和治理能力现代化
2021年2月	《合肥市进一步促进科技成果转化若干政策（试行）》	实施重大专项协同攻关：通过“定向委托”“揭榜挂帅”等方式，支持领军企业联合高校、科研院所，聚焦量子技术、集成电路、人工智能、高端装备、生物医药等重点领域组织开展“卡脖子”技术关键核心技术攻关项目，单个项目给予最高1000万元补助

（二）合肥智能语音产业集群空间布局

合肥的智能语音产业聚集在合肥高新区的“中国声谷”，对周边区县形成带动作用。合肥高新区正在打造以“量子中心”为标志的园区品牌，而中国科学技术大学高新园区、中国科学技术大学先进技术研究院以及科大讯飞等高校院所与领军企业，则是“中国声谷”发展的核心动力。合肥智能语音产业集群功能分区如表3-15所示。

表3-15　合肥智能语音产业集群功能分区

<table>
<tr><th>“1+N”园区</th><th>功能定位</th><th>优势产业</th></tr>
<tr><td>合肥高新区</td><td>核心承载区</td><td>人工智能、智能语音</td></tr>
<tr><td>蜀山区</td><td rowspan="3">发展区</td><td>大数据、存储设备、芯片、算法</td></tr>
<tr><td>庐阳区</td><td>大数据、存储设备</td></tr>
<tr><td>长丰县</td><td>机器人</td></tr>
<tr><td>芜湖市</td><td rowspan="2">联动区</td><td>装备制造</td></tr>
<tr><td>蚌埠市</td><td>传感器</td></tr>
</table>

合肥智能语音产业集群的中心，即中国（合肥）国际智能语音产业园，远期规划用地6000亩（一亩约合666.67平方米）以上，其中首期孵化园A区规划用地68亩，总建设规模约16.7万平方米。园区功能布局以研发办公为主，同时包含生产、产业服务及生活配套等综合性功能。

该产业园以中国科学技术大学与科大讯飞为核心，周边设有中国科学技术大学孵化企业以及智能语音产业园等创新平台和载体，区域交通出行便捷，产业集群态势已经形成。2021年底，合肥地铁四号线通车，从“中国声谷”核心区通往合肥市中心以及交通枢纽合肥南站的时间约为40分钟，而驱车前往新桥国际机场的时间约为90分钟。

从产业链分布来看，合肥智能语音产业集群在产业链的位置靠后，主要依托中国科学技术大学、科大讯飞、神州泰岳、新华三等高校和龙头企业，已基本覆盖智能语音产业链，但在基础层的AI芯片、大数据方面仍有提升空间（见表3-16）。

表3-16　合肥智能语音产业集群的产业链功能分布

<table>
<tr><td rowspan="3">基础层</td><td>数据</td><td>合肥目前大数据企业较多，但多聚焦于特定行业的数据智能应用，缺少覆盖智能语音领域的大数据企业</td><td rowspan="3">大数据：科大国创、新华三、品策信息、爱科农等。
云计算：华云数据、新华三等。
量子计算：本源量子、类脑智能技术及应用国家工程实验室等。
AI芯片：寒武纪、芯智科技等</td></tr>
<tr><td>算力</td><td>AI芯片缺少本土企业，目前多是深圳企业在合肥布局，如寒武纪等。但是在云计算、服务器、量子计算领域已经有较强的先发优势</td></tr>
<tr><td>算法</td><td>在中国人工智能领域，中国科学技术大学占据半壁江山，在算法领域有较大影响力</td></tr>
</table>

续表

技术层	科大讯飞是合肥技术层的企业代表，是国内智能语音行业的龙头，市场占有率达到60%，在语音识别、自然语言处理、知识图谱、AI开放平台等领域都有布局。 科大讯飞建有认知智能全国重点实验室，已建立自然语言处理的开放平台，在感知智能（语音识别等）以及认知智能（自然语言处理等）方面都有基础	语音识别：科大讯飞、神州泰岳、声讯技术等。 自然语言处理：科大讯飞、神州泰岳等。 知识图谱：科大讯飞等。 AI开放平台：科大讯飞、科大国创、新华三等
应用层	已建立智能写作、智能办公等公共服务平台，在智能办公、智能教育、智能医疗等领域前景较好	智能教育：科大讯飞、方正北斗等。 智能医疗：科大讯飞、中电国康等。 智能办公：科大讯飞、金山软件、咪鼠科技等。 智能生活：华米科技等。 智能工业：科大智能、合肥赛为智能等

（三）合肥智能语音产业集群发展经验借鉴

1.产投转创投，及时调整招引策略

作为一座位于中国中部，既不靠近江河大流，也不紧邻海岸线的城市，合肥成功搭乘了数字经济发展的快车，晋级为新一线城市。这座城市凭借一系列在全球范围内领先的创新成果，如墨子传信项目、悟空探秘项目、热核聚变技术、铁基超导技术以及九章计算机等，展现了其在科技领域的强大实力。这些成就的取得，离不开合肥市政府科学而有力的招商引资政策。

合肥的发展模式依托于以国有资本开展股权和风险投资的创新思维，通过将产业引入本地，并利用投资银行的模式来培育和扩大当地产业链，有效创造了更大的市场增量，为智能语音产业等本地产业的快速发展提供了强劲动力。

随着产业发展需求的持续变化，合肥的投资策略正逐渐从传统的产业投资转向创新驱动的创业投资，重点从培养行业龙头企业转变为支持产业链的前沿技术和领域发展，精确识别产业链各环节及新兴领域内的投资和创业机会。2023年10月，创业投资母基金已经实现市场化运作，成功形成37只子基金，汇集了1035亿元的社会资本，政府资金的杠杆效应高达6.5倍，建立了包含种子期、天使期、成长期等多个阶段的全生态政府投资基金体系，全面促

进了合肥市产业多元化和高质量发展。

2.持续发力做强行业龙头，打造地方产业名片

作为合肥“中国声谷”的核心企业，科大讯飞从行业的开拓者逐渐演变为引领者，在“中国声谷”的发展中发生了翻天覆地的变化，并引领着整个产业的崛起。2018年，合肥高新区管委会与科大讯飞签署了战略合作协议，随后在2021年再次达成深化合作协议，推动创建人工智能产业的创新发展环境，强化科大讯飞在行业中的龙头企业地位，推动合肥高新区新一代信息技术产业的集聚，为合肥高新区的科技创新和经济发展提供服务。随着智能语音产业在合肥逐渐扎根，华米科技、金山软件、龙芯中科、四维图新等一系列领军企业也纷纷会聚于此，进一步培育了合肥中科类脑智能、推想医疗等独角兽企业。

在持续发展的过程中，科大讯飞逐渐改变了智能语音市场的格局。《2020—2021中国智能语音产业发展白皮书》显示，科大讯飞占据了60%的市场份额。在智能语音及人工智能国际核心赛事上，科大讯飞荣获40余项世界冠军，其讯飞翻译机可翻译超过50种语言，智能手环出货量位居全球第一。科大讯飞成功研发了超过2000款智能语音及人工智能软件产品，其中有超过100款首次推出的智能创新产品成功进入市场。在技术创新方面，人工智能肺部辅助诊断系统、全色激光工程投影机、运动健康数据库等产品均处于全球领先地位，而类脑智能开放平台则聚集了180项全球领先的工程算法和150项高价值数据集。至于知识产权方面，合肥“中国声谷”企业已拥有超过10000项著作权，其中科大讯飞等龙头企业持有的有效专利数量更是超过了1000项。这些技术创新成果已成为产业发展中不可或缺的重要推动力。

第四章
广东省数字产业融合与集群发展思路与对策①

第一节　发展思路

为贯彻落实国务院印发的《“十四五”数字经济发展规划》，广东省出台了一系列政策，通过深化数字基础设施建设、加大数据要素的开发利用力度、构建并完善数字经济全要素发展体系、营造良好的数字环境等措施，加快数字产业化发展以及产业数字化转型。现如今，广东省在数字产业化与产业数字化方面取得了长足的进步，数字经济规模不断扩大，2022年数字经济生产总值为广东省生产总值贡献了约50%的份额，已成为广东省经济发展的重要支撑。据中国民营经济研究会与北京上奇数字科技有限公司联合发布的2024年中国民营经济百强产业集群研究报告，广东省的深圳新一代信息通信产业集群、深圳新能源汽车产业集群、深圳高端医疗器械产业集群、深圳新型显示器件产业集群、广州集成电路产业集群、广州前沿新材料产业集群、东莞智能移动终端产业集群、东莞泛家居产业集群、佛山泛家居产业集群、惠州超高清视频和智能家电产业集群、惠州新能源电池产业集群、中山智能家电产业集群等12个产业集群入选中国百强产业集群。其中深圳新一代信息通信产业集群（全国排名第二）、东莞智能移动终端产业集群（全国排名第五）进入全国五强，惠州超高清视频和智能家电产业集群（全国排名第七）与深圳新能源汽车产业集群（全国排名第八）进入全国十强。

未来，广东省将继续聚焦新一代电子信息、绿色石化、智能家电、汽车、先进材料、现代轻工纺织、软件与信息服务、超高清视频显示、生物医

① 本章第一执笔人为暨南大学产业经济研究院潘露华。

药与健康、现代农业与食品等10个战略性支柱产业集群，以及半导体与集成电路、高端装备制造、智能机器人、区块链与量子信息、前沿新材料、新能源、激光与增材制造、数字创意、安全应急与环保、精密仪器设备等10个战略性新兴产业集群，充分发挥各市区资源禀赋，加快5G、大数据、人工智能、云计算、物联网、区块链等数字技术迭代升级，不断夯实数字经济底座，赋能广东省数字产业融合与集群发展。

一、指导思想

以习近平新时代中国特色社会主义思想为指导，全面贯彻落实党的二十大精神，坚持以人民为中心，立足新发展阶段，贯彻新发展理念，构建新发展格局，推动广东省数字产业化和产业数字化高质量发展。在此基础上，坚持制造业立省不动摇，聚焦广东省十大战略性支柱产业集群与十大战略性新兴产业集群的培育与壮大。以深化数字技术与制造业融合发展为主线，以工业互联网的创新应用为抓手，精准施策，大力推进制造业向数字化、智能化转型，实现高质量发展，为加快建设数字经济强省、打造新发展格局的战略支点与重要引擎注入强劲动力。

二、基本原则

（一）市场主导，政府有为

坚持以市场为主导。市场是反映数字经济供需关系、发展状况的载体，市场主导的数字经济发展能提高资源分配效率，通过价格机制和竞争机制可以激发企业创新活力、提高生产效率、满足消费者多样化的需求。

坚持政府引导。聚焦重点领域，通过财政补贴、税收优惠等方式助推特定重点产业发展，汇集数字经济发展需要的资金、人才、技术等资源要素，制定相关政策引导产业进行结构调整、升级，鼓励核心技术攻关。推动有效市场与有为政府更好地结合。

（二）因地制宜，产城融合

树立全省数字经济发展“一盘棋”理论，立足区域优势与产业特点，统筹推进各市区和各园区差异化、特色化、协同化发展，利用财税政策引导、财政资金支持、示范试点推广等手段，激发数字经济多元主体活力，形成多点联动、跨区域的数字经济发展新格局。

（三）创新驱动，激发活力

推动制造业企业深入开展“双创”（创新创业），建立创新机制，营造创新氛围。调动企业和其他社会力量与资源，持续推进技术、产品、管理、流程、模式等全方位创新，提升制造业创新发展水平。通过创新驱动，激发制造业与数字技术融合发展的内在活力，推动产业转型和升级。

（四）跨界融合，聚合优势

推动制造业企业与互联网企业开展跨界合作，聚合互联网新理念、新技术、新产品、新服务、新应用、新模式。通过跨界融合，将互联网技术与制造业深度融合，提升制造业供给质量与效率。实现制造业与数字技术的优势互补，促进制造业提质增效。

（五）聚焦重点，精准施策

聚焦战略性支柱产业集群和战略性新兴产业集群，以深化新一代信息技术与制造业融合发展为主线。针对不同行业、不同规模的企业，制定差异化的数字化转型策略和政策措施。确保数字技术与制造业的融合发展能够精准对接行业需求和企业实际，实现高质量发展。

三、发展定位

广东省作为全国经济大省和科技创新的前沿阵地，其数字产业融合与集群发展的总体定位应聚焦于“全球数字产业创新高地”和“数字经济强省”的建设目标。通过深度融合数字技术与实体经济，推动产业集群化、高端化、国际化发展，形成具有国际竞争力的数字产业生态体系。广东省数字产业融合与集群发展定位是以创新驱动为核心，通过跨界融合、产业链协同和区域协同发展等手段，推动数字技术赋能战略性支柱产业集群和战略性新兴产业集群实现高质量发展，进一步提升广东省数字产业竞争力。

（一）以创新驱动为核心，以跨界融合、产业链协同和区域协同发展等为手段

广东省注重通过创新驱动数字技术与制造业的深度融合，推动制造业向智能化、网络化、服务化方向发展，这包括支持企业开展技术创新、产品创新、管理创新和服务模式创新，提升产业核心竞争力。推动制造业与互联网、大数据、人工智能等新一代信息技术的跨界融合，促进制造业的转型升级，通过聚合互联网企业的新理念、新技术、新产品、新服务、新应用和新模式，为制造业注入新的活力。同时加强产业链上下游企业的协同合作，构建数字化、网络化、智能化的产业链体系，通过整合产业链资源，提升整体竞争力，推动产业集群化发展。广东省高度重视区域间的协同发展，以“一核引领、多点支撑”为发展策略，推动数字产业在全省的均衡分布与协调发展。在这一战略中，广州人工智能与数字经济试验区被赋予了高标准建设的重任，旨在成为引领全省乃至全国数字经济发展的核心引擎。同时，珠江沿岸的高端产业园、遍布全市的数字化园区、行业领军企业（链主企业）以及标杆性智能制造工厂（灯塔工厂）等多元化支点，也被充分调动起来，发挥其在技术创新、产业升级、产业集聚等方面的支撑作用，共同推动广东省数字经济的蓬勃发展。

（二）大力推动数字技术赋能双十产业实现高质量发展

在战略性支柱产业集群方面，《2024年广东省数字经济工作要点》指出，要抓好新一代电子信息战略性支柱产业集群培育，前瞻布局建设具备国际竞争力的未来电子信息产业集群。广东省聚焦新一代电子信息、软件与信息服务、超高清视频显示等战略性支柱产业集群，通过政策引导、资金支持、技术创新等手段，推动这些产业集群的快速发展。战略性新兴产业集群方面，在数字创意、人工智能、区块链等新兴领域，广东省也积极布局，推动这些产业集群的培育和发展。《广州市数字经济高质量发展规划》强调，要大力发展数字创意产业，依托游戏、动漫、电竞、直播、短视频等领域的特色优势，大力推动网络文学、影音、资讯在电商、教育、生活等领域实现精品化发展。

四、可行路径

（一）政策引导与规划布局

制定详细规划。结合《2024年广东省数字经济工作要点》等政策文件，明确数字产业融合与集群发展的目标、任务和路径。通过科学规划，引导数字产业合理布局，形成优势互补、协同发展的良好格局。

加强政策扶持。出台一系列政策措施，如税收优惠、资金补贴、人才引进等，为数字产业融合与集群发展提供有力支持。同时，加强对政策执行情况的监督和评估，确保政策落到实处。

（二）加强基础设施建设

完善信息网络。加快5G、物联网、数据中心等新型基础设施建设，提升信息网络的覆盖率和传输速度，为数字产业融合与集群发展提供坚实的信息网络支撑。

推动数据中心建设。依托韶关等数据中心集群，构建高效、安全的数据中心体系。支持数据中心与云计算、大数据等技术的深度融合，为数字产业提供强大的数据存储和计算支撑。

（三）促进产业融合创新

推动传统产业数字化转型。聚焦传统优势产业和战略性新兴产业，推广产业链供应链数字化转型模式。通过数字化手段提升传统产业的生产效率、产品质量和市场竞争力。

加强跨行业合作。鼓励数字产业与其他行业深度融合，如制造业、农业、服务业等。通过跨界合作，推动数字技术在各行业的应用和普及，形成新的增长点。

支持创新创业。加强创新孵化平台建设，为数字产业领域的创新创业提供全链条服务。支持中小企业和初创企业在数字产业领域开展技术研发和商业模式创新。

（四）打造产业集群优势

培育特色产业园区。依托省级以上各类园区，培育若干个新一代电子信息特色产业园区。通过园区建设，集聚优质企业和资源，形成规模效应和协同效应。

推动产业链上下游协同发展。加强产业链上下游企业的合作与协同，推动产业链各环节的紧密衔接和高效运转。通过产业链整合，提升整个产业集群的竞争力。

支持龙头企业发展。培育一批具有国际竞争力的数字产业龙头企业。通过政策支持、资源倾斜等方式，支持龙头企业做大做强，带动整个产业集群的发展。

（五）优化发展环境

加强人才队伍建设。加大数字产业领域的人才培养和引进力度。通过高校、企业、研究机构等多方合作，培养一批高素质的数字产业人才。同时，吸引国内外优秀人才来粤发展。

提升服务水平。加强政务服务、公共服务等基础设施建设，提升服务水平和效率，为数字产业融合与集群发展创造便捷、高效的服务环境。

加强国际交流与合作。积极参与国际数字产业交流与合作，引进国际先进技术和经验。同时，推动广东省数字产业“走出去”，开拓国际市场。

推动广东省数字产业融合与集群发展需要政府、企业和社会各方的共同努力。通过政策引导、基础设施建设、产业融合创新、产业集群优势打造和发展环境优化等多方面措施，推动广东省数字产业融合与集群高质量发展大有可为，也必将大有作为。

第二节　空间布局

一、广州：以广州人工智能与数字经济试验区为核心，示范引领广州数字产业融合与集群发展

“十三五”时期以来，广州持续大力推动数字经济发展。建成5G基站

7.64万座、华南唯一的工业互联网标识解析国家顶级节点、区域领先的智能计算中心“琶洲算谷”，成功举办琶洲算法应用国际大赛，不断夯实数字经济算法、算力与数据基础；鼓励规模以上企业上云上平台，加快推动产业数字化转型；广州人工智能与数字经济试验区集聚超10万家企业，其中“四上”企业超2200家，琶洲荣获国家新型工业化产业示范基地（大数据）、国家电子商务示范基地等称号。

奋力打造“万千百”数字产业链群。为实现老城市新活力以及“四个出新出彩”，广州不断筑牢数字经济的根基，大力推进数字产业化与产业数字化发展，推动数字经济与实体经济深度融合，加快数字产业融合与集群发展，充分发挥数字经济的引擎作用。目前，广州集成电路产业集群与广州前沿新材料产业集群均入选全国百强产业集群，集成电路与前沿新材料都属于广东省十大战略性新兴产业。未来，广州将奋力打造“万千百”数字产业链群，即形成软件和信创、智能网联与新能源汽车等8个万亿级数字产业链群，半导体与集成电路、超高清视频和新型显示、人工智能等20个千亿级数字产业链群，以及一大批百亿级新兴产业链群，依托集聚示范效应，推动广州市数字经济高质量发展。

（一）产业基础

数字核心产业不断扩张。广州积极引导数字经济优质企业落地，2023年，全市数字经济高新技术企业达6100家，规模以上数字经济核心企业超4600家，数字经济核心产业增加值达3946亿元，数字产业规模不断扩大。2024年，广州集成电路产业集群与广州前沿新材料产业集群均入选全国百强产业集群，集聚了粤芯半导体、华睿光电等一批龙头骨干企业，辐射带动上下游企业协同发展。

数字化赋能产业转型加快。广州集聚了一大批产业互联网平台以及数字化服务商，能为企业数字化转型提供一体化转型方案，赋能传统企业转型升级。目前，广州数字经济发展的关键在于夯实现有制造业基础，推动数字化赋能传统产业转型升级。花都的箱包、白云的化妆品与日化、番禺的服装与珠宝等产业集群是广州各区重点打造的特色产业集群，也是推动数实融合的重点领域，要利用数字产业与各区优势产业联动，以数字技术赋能产业发展，打造数字化转型标杆，培育或进一步壮大优势产业集群，为广州打造数实融合高地注入新动能。广州各区域现有产业基础如表4-1所示。

表4-1 广州各区域现有产业基础

区域	核心产业园	龙头企业
天河区	广州软件谷、天河中央商务区、广州国际金融城	广州海格通信集团股份有限公司、广州小鹏汽车科技有限公司、广州波视信息科技股份有限公司、广东安居宝数码科技股份有限公司、广东九博科技股份有限公司
越秀区	花果山超高清视频产业特色小镇、国家高新区黄花岗科技园、广电城投686创意园、荣电集团（广州）3U生态中心、粤港澳大湾区生命健康产业创新区、国家商标品牌创新创业（广州）基地	广州中浩控制技术有限公司、讯猫软件集团有限公司、广州中科云图智能科技有限公司、南方环境有限公司
海珠区	小洲云文化艺术创意园、北山广鹰科技创意园、华新科创岛、菲戈工业区、珠江科技创新园、海珠立方、龙四工业区	浩鲸云计算科技股份有限公司、广东庆丰汽车集团有限公司、广州致景信息科技有限公司、青木科技股份有限公司、广州速道信息科技有限公司、广州易尊网络科技股份有限公司、广州珠创超竞投资有限公司
荔湾区	聚龙湾科创总部经济区、白鹅潭商务区、海龙围科创区	广州工业投资控股集团有限公司、广州瑞通增材科技有限公司、广州可意光电科技股份有限公司、广州市科帕电子科技有限公司、广州谦辉信息科技有限公司、广州捷和电子科技有限公司
白云区	白云湖数字科技城黄金围新一代信息技术产业园、华为广州研发中心	天意有福科技股份有限公司、云宏信息科技股份有限公司、广东南缆电缆有限公司、广州海工水下工程技术服务有限公司
黄埔区	广州穗港智造合作区、广州人工智能与数字经济试验区鱼珠核心片区	广州方邦电子股份有限公司、广州信维电子科技股份有限公司、广州粤嵌通信科技股份有限公司、广州视源电子科技股份有限公司、广州广电五舟科技股份有限公司、广州广哈通信股份有限公司、广州大凌实业股份有限公司
增城区	增城国家级汽车零部件制造基地、增城新型显示价值创新园	广汽本田汽车研究开发有限公司、广州赛宝计量检测中心服务有限公司

续表

区域	核心产业园	龙头企业
南沙区	南沙期货金融大数据产业园、南沙穗港产学研基地、广州南沙平谦国际汽车产业园、广东医谷南沙产业园、南沙复旦国际科创园、广州南沙经济技术开发区（汽车）特色产业园区	广东芯聚能半导体有限公司、联晶智能电子有限公司、广东惠威电声科技股份有限公司、广州弘高科技股份有限公司、广州易而达科技股份有限公司
番禺区	番禺区计算科学与大数据产业园、广州天安番禺节能科技园、巨大国际产业园、番禺珠宝服装服饰产业园、德智创意产业园	广州银狐科技股份有限公司、广东奥迪威传感科技股份有限公司、广州视声智能股份有限公司、广东启迪图卫科技股份有限公司
花都区	中国电科华南电子信息产业园、京东粤港澳大湾区（花都）人工智能与数字经济研究院	国光电器股份有限公司、鸿利智汇集团股份有限公司、广州红谷皮具有限公司、马瑞利汽车电子（广州）有限公司、美多绿汽车皮革（广州）有限公司
从化区	中国电信粤港澳大湾区5G云计算数据中心、明珠智慧产业园、苏宁华南电商总部暨苏宁华南绿色冷链总部、新文创电竞产业园	中国电信股份有限公司粤港澳大湾区云计算数据中心、广州广汽比亚迪新能源客车有限公司、广汽领程新能源商用车有限公司、广东苏宁易达供应链管理有限公司、广州金融控股集团有限公司

（二）重点领域

为加快数字产业化和产业数字化转型，推进数字产业融合与集群发展，广州聚焦大数据、人工智能、云计算等数字技术以及工业互联网，赋能产业数字化转型，出台了一系列与数字技术、产业转型升级相关的政策措施，为广州数字产业与产业转型明确了行动路径与数字化转型方向（见表4-2）。

表4-2　广州数字经济重点扶持领域

细分领域	政策
大数据	《关于更好发挥数据要素作用推动广州高质量发展的实施意见》
人工智能	《广州人工智能与数字经济试验区数字建设导则（试行）》《天河区促进人工智能大模型产业高质量发展实施意见（2024—2026年）（征求意见稿）》
云计算	《广州市天河区加快推动软件和信息技术服务业高质量发展的若干政策措施》
区块链	《广州市推动区块链产业创新发展的实施意见（2020—2022年）》
信息安全	《广州市国资委监管企业数据安全合规管理指南（试行2021年版）》
工业互联网	《广州市深化工业互联网赋能　改造提升五大传统特色产业集群的若干措施》

续表

细分领域	政策
半导体与集成电路	《广州市加快发展集成电路产业的若干措施》《广州市半导体与集成电路产业发展行动计划（2022—2024年）》
金融科技	《广州市关于促进金融科技创新发展的实施意见》《广州市加大力度支持科技型企业融资的若干措施》
电子商务	《广州市进一步推动跨境电子商务高质量发展若干政策措施》
智慧城市	《基于城市信息模型的智慧城市基础设施建设和运营技术指引（试行）》
数字文化创意	《广州市关于推进数字文化创意产业高质量发展的实施意见》

资料来源：广州市人民政府网站、广州市工业和信息化局网站。

（三）产业空间布局

构建“一核引领、多点支撑”数字经济空间布局。以广州人工智能与数字经济试验区为核心，市内多个数字化园区、链主企业以及灯塔工厂为支撑点，加快数字基础设施建设，夯实数字经济发展底座，挖掘数字经济全产业链资源，推动产业数字化转型，加强数字创新能力，深入推进数实融合。各区根据当地资源禀赋以及产业特点，围绕数字产业化与产业数字化发展重点产业，依托数字经济园区建设与平台建设，引进培育示范性企业，打造典型应用场景，统筹推进数字经济与实体经济深度融合发展。

以广州人工智能与数字经济试验区为核心，示范引领广州数字产业融合与集群发展。广州人工智能与数字经济试验区由琶洲核心片区（含广州大学城）、广州国际金融城片区以及鱼珠片区组成（见表4-3）。

表4-3　广州人工智能与数字经济试验区空间布局

区域	重点任务
琶洲核心片区（含广州大学城）	打造数字经济与总部经济创新合作区，发展总部经济；建设创新融合拓展区和科技成果转化中心，推动数字成果转化。依托科研院校资源，建设公共实验室，打造科技孵化平台，开展关键核心技术研究，加速新一代信息技术与人工智能产业集聚
广州国际金融城片区	聚焦数字金融、数字文化创新，打造国际一流水平的金融街、金融科技先行示范区，为数字经济发展提供金融支撑
鱼珠片区	重点推进5G、集成电路、AI+软件、信创+区块链、数字贸易的发展，打造数字化转型灯塔工厂，加快形成国家高端智能装备产业基地、信创产业基地、工业互联网示范基地以及基础软件战略基地

以广州珠江沿岸高端产业园以及数字化园区为支撑，结合地区产业特点和资源优势，聚焦数字经济重点领域，完善数字基础设施建设，统筹规划各地区重点发展产业，加快形成数字产业跨区域协同发展格局，大力推进产业数字化转型，打造数字产业融合与集群发展新高地。广州各区域产业发展布局如表4-4所示。

表4-4　广州各区域产业发展布局

区域	产业发展方向
天河区	重点发展软件产业、新业态。聚焦5G、人工智能、云计算、工业互联网、工业大数据等软件领域，将广州软件谷打造成国家级软件产业示范基地，将天河中央商务区打造成国家数字服务出口基地。广州国际金融城重点发展数字金融、数字服务、数字创意等新业态
越秀区	重点发展超高清视频、新一代信息技术、新业态。以花果山超高清视频产业特色小镇的建设为抓手，引进电竞、动漫等新一代信息技术特色产业企业，打造超高清视频产业与新一代信息技术特色产业深度融合样板；聚焦五羊新城创新活力区建设，重点发展数字文创、智慧媒体、科技金融和新零售等行业，助推老城区焕发新活力
海珠区	重点发展数字经济、现代商贸、高端服务。做优新一代信息技术、高端服务、现代商贸等支柱产业；做强产业互联网、消费互联网、都市工业、会展+、泛半导体等新兴产业；前瞻布局脑机智能、大模型等未来产业，加快发展新质生产力。重点布局新一代信息技术、大数据与云计算应用、产业互联网、虚拟现实与增强现实、物联网与车联网、泛半导体、智能制造、AI大模型、纺织服装等产业，打造数字产业化与产业数字化示范场景的“海珠样板”
荔湾区	重点发展现代商贸、工业互联网、智能制造。聚龙湾科创总部经济区重点布局生产性服务业以及商贸服务业，依托内部水系资源与丰富历史文化，打造现代“文商旅创居”融合的新高地；白鹅潭商务区聚焦总部经济、智能制造与现代服务业，推动构建现代化产业体系
白云区	重点发展新一代信息技术、云计算、人工智能。白云湖数字科技城黄金围新一代信息技术产业园重点布局新一代信息技术、云计算，华为广州研发中心聚焦新一代信息技术、5G
黄埔区	重点发展半导体与集成电路、新一代信息技术、生物医药与健康。广州穗港智造合作区重点布局智能制造，广州人工智能与数字经济试验区鱼珠核心片区重点发展高端生产性服务业、人工智能，鱼珠湾片区聚焦数字贸易等新业态
增城区	重点推动智能家居、纺织、食品饮料等传统产业数字化转型，打造国家级汽车零部件制造基地，大力发展人工智能、新能源材料等新兴产业
南沙区	聚焦公共服务、海洋经济、生物医药、人工智能等领域的数字化创新应用，建设粤港澳创新合作示范园，打造粤港澳全面合作示范区
番禺区	重点布局新一代信息技术、数字创意与人工智能等产业集群。人工智能与数字经济试验区广州大学城片区聚焦新一代信息技术、人工智能产业，番禺汽车城、智能制造产业园重点发展新能源汽车与高端装备制造

续表

区域	产业发展方向
花都区	依托中国电科华南电子信息产业园、创美金谷粤港澳数字经济产业园和京东粤港澳大湾区（花都）人工智能与数字经济研究院，重点发展人工智能、大数据与云计算应用、区块链、智能电子、商贸服务业等产业，集聚数字经济创新企业，支撑数字经济创新发展
从化区	重点发展数字创意等新业态，建设湾区首个新文创电竞产业园

资料来源：广州市人民政府网站、广州市工业和信息化局网站。

二、深圳：集中连片，产住分离

深圳高度重视数字经济的发展，深入贯彻党中央关于数字经济战略的部署，积极落实《关于支持深圳建设中国特色社会主义先行示范区的意见》，打造数字经济创新发展试验区，将数字经济产业定为七大战略性新兴产业之一。在“双区”叠加效应以及有力政策的驱动下，深圳数字经济产业迈入了黄金发展期。从数据上看，2022年，深圳数字经济核心产业增加值接近万亿元，生产总值占比超30%，成为经济增长的重要引擎。

（一）产业基础

先进制造业全国遥遥领先。2023年，深圳战略性新兴产业增加值达1.45万亿元，同比增长8.8%。2022年，深圳市新一代信息通信集群、深圳市先进电池材料集群、深广高端医疗器械集群、广深佛莞智能装备集群四大集群上榜45个国家先进制造业集群名单，覆盖通信、材料、医疗器械、智能装备等重点领域；2023年，深圳市新一代信息通信产业集群也是三大国家先进制造业集群典型案例之一；深圳新一代信息通信产业集群、深圳新能源汽车产业集群、深圳高端医疗器械产业集群、深圳新型显示器件产业集群四大集群入选2024年全国产业集群百强名单。深圳各区域现有产业基础如表4-5所示。

表4-5　深圳各区域现有产业基础

区域	核心产业园	龙头企业
南山区	深圳湾科技生态园、深圳市软件产业基地、南山区中科研发园、南山智园、万科云城、鹏城实验室、碳云大厦、神州数码总部、蛇口网谷	中兴通讯股份有限公司、腾讯科技（深圳）有限公司、大族激光科技产业集团股份有限公司、深圳市大疆创新科技有限公司、金蝶软件（中国）有限公司、深圳市优必选科技股份有限公司、创维集团有限公司、康佳集团股份有限公司、深圳市远望谷信息技术股份有限公司、国民技术股份有限公司、飞亚达精密科技股份有限公司
福田区（金融服务业居多）	深港国际科技园、深港金融科技城、高新技术创业中心保税区基地、深圳（福田）国际互联网金融产业园、新一代产业园、福田国际电子商务产业园、香蜜湖新金融中心	深圳长城开发科技股份有限公司、深圳市汇顶科技股份有限公司、中国平安保险（集团）股份有限公司、招商银行股份有限公司、中信证券股份有限公司、深圳证券信息有限公司
龙岗区	启迪协信科技园、大运软件小镇、龙岗天安数码城、龙岗创投大厦	华为技术有限公司、深南电路股份有限公司、深圳市神舟电脑股份有限公司、深圳深爱半导体股份有限公司、深圳市海和科技股份有限公司、深圳电通纬创微电子股份有限公司
宝安区	腾讯“互联网+”未来科技城、美生创谷科技创新园、宝安桃花源科技创新园、新桥东先进制造产业园、创新智慧港产业园、高新奇战略新兴产业园、中粮创芯研发中心、创维创新谷、宏发科技园、汇聚创新园、庭威产业园、沙井西部新兴产业园	立讯精密工业股份有限公司、亚太卫星宽带通信（深圳）有限公司、欣旺达电子股份有限公司、深圳市长盈精密技术股份有限公司、深圳市信维通信股份有限公司
龙华区	九龙山数字城、龙华低空经济产业园、龙华区数字经济（跨境电商）产业园、现代农业产业园、深国际华南物流园	富顶精密组件（深圳）有限公司、深圳市汇川技术股份有限公司、富士康工业互联网股份有限公司、深圳顺络电子股份有限公司、深圳市格瑞普电池有限公司
罗湖区	深圳市互联网产业园、罗湖智慧城市产业园、罗湖网商虚拟产业园、莲塘高新技术产业园、莲塘“四创联动”产业园区	深圳广田集团股份有限公司、深圳市海能通信股份有限公司
光明区	招商局智慧城、联想南方智能制造基地、光明天安云谷、科润大厦、鹏森海纳中心	欧菲光集团股份有限公司、深圳市科陆电子科技股份有限公司、深圳市星源材质科技股份有限公司
坪山区	国家新型工业化产业示范基地、坪山人工智能产业基地、国家新能源汽车产业基地、深圳坪山综合保税区	中芯国际集成电路制造（深圳）有限公司、深圳市佳士科技股份有限公司

续表

区域	核心产业园	龙头企业
盐田区	大百汇高新技术工业园、海鹏工业区、田心工业区、太平洋工业区	盐田国际集装箱码头有限公司
大鹏新区	深圳市新能海洋动力技术研究院、大鹏珠宝产业园、深圳国际生物谷大鹏新区海洋生物产业园	比亚迪股份有限公司、深圳市雄韬电源科技股份有限公司
深汕特别合作区	腾讯深汕云计算数据中心、易能高新产业园	深圳市显控科技股份有限公司、深圳市深汕特别合作区华润电力有限公司

深圳围绕大数据、人工智能、云计算、区块链、信息安全、工业互联网、集成电路、金融科技、电子商务、智慧城市、数字创意以及其他新业态等领域开展重点扶持工作（见表4-6）。

表4-6 深圳数字经济重点扶持领域

细分领域	政策
大数据	《深圳市促进大数据发展行动计划（2016—2018年）》《深圳市算力基础设施高质量发展行动计划（2024—2025）》
人工智能	《深圳市新一代人工智能发展行动计划（2019—2023年）》
云计算	《深圳市推进云计算发展行动计划（2016—2017年）》
区块链	《深圳市推进区块链产业发展行动计划》
信息安全	《深圳经济特区数据条例》
工业互联网	《深圳市推进工业互联网创新发展行动计划（2021—2023年）》
集成电路	《深圳市进一步推动集成电路产业发展行动计划（2019—2023年）》
金融科技	《深圳市关于金融支持科技创新的实施意见》
电子商务	《〈深圳市关于推动电子商务加快发展的若干措施〉实施细则》
智慧城市	《深圳市人民政府关于加快智慧城市和数字政府建设的若干意见》
数字创意	《关于加快文化产业创新发展的实施意见》

资料来源：深圳市人民政府网站、深圳市工业和信息化局网站。

（二）重点领域

聚焦“20+8”产业集群，打造数实融合典范。深圳重点推动20大战略性新兴产业集群建设，前瞻布局8大未来产业集群（见表4-7），并针对20大战略性新兴产业集群出台专项培育发展行动计划，统筹推进产业集群发展。

表4-7　深圳“20+8”产业集群

产业类型	产业	细分产业
战略性新兴产业	新一代电子信息	网络与通信、半导体与集成电路、超高清视频显示、智能终端、智能传感器
	数字与时尚	软件与信息服务、人工智能、数字创意、现代时尚
	高端装备	高端装备与仪器、低空经济与空天、机器人
	绿色低碳	新能源、安全节能环保、智能网联汽车
	新材料	高性能材料
	生物医药与健康	生物医药、高端医疗器械、大健康
	海洋经济	海洋
未来产业	5—10年内产业规模倍增	合成生物、光载信息、智能机器人、细胞与基因
	10—15年内发展成战略性新兴产业	脑科学与脑机工程、深地深海、量子信息、前沿新材料

（三）产业空间布局

（1）集中连片，产住分离。《深圳市20大先进制造业园区空间布局规划》提出按照集中连片、产住分离的原则，在宝安、龙岗、龙华、坪山、光明、盐田、大鹏新区、深汕特别合作区等8个区合理划定20个先进制造业园区，其中宝安区（含前海）4个、龙岗区3个、龙华区3个、坪山区3个、光明区4个、盐田区和大鹏新区合建1个、深汕特别合作区2个，以产业集聚区为载体，系统谋划战略性新兴产业布局，突出先进制造业主体地位，聚焦战略性新兴产业，因地制宜打造产业集群（见表4-8）。

表4-8　深圳20大先进制造业园区

所在区	先进制造业园区名称	重点布局产业集群方向
宝安区	燕罗先进制造业园区	半导体与集成电路、智能终端、网络与通信
	石岩先进制造业园区	半导体与集成电路、超高清视频显示、网络与通信
	新桥东先进制造业园区	工业母机、激光与增材制造、精密仪器设备、智能机器人
	福海-沙井先进制造业园区	激光与增材制造、智能终端、超高清视频显示、网络与通信

续表

所在区	先进制造业园区名称	重点布局产业集群方向
龙岗区	西部先进制造业园区	网络与通信、半导体与集成电路、智能终端
	中部先进制造业园区	智能终端、现代时尚、超高清视频显示
	东部先进制造业园区	半导体与集成电路、新能源、生物医药、超高清视频显示、安全节能环保
龙华区	九龙山先进制造业园区	网络与通信、工业母机、半导体与集成电路、高端医疗器械
	鹭湖-清湖先进制造业园区	智能终端、网络与通信、激光与增材制造、安全节能环保、精密仪器设备
	黎光-银星先进制造业园区	智能终端、新能源、高端医疗器械、工业母机、激光与增材制造
坪山区	金沙-碧湖先进制造业园区	生物医药、高端医疗器械、大健康
	高新南先进制造业园区	半导体与集成电路、智能终端、新材料
	高新北先进制造业园区	智能网联汽车、新材料、激光与增材制造
光明区	凤凰先进制造业园区	超高清视频显示、安全节能环保
	马田先进制造业园区	精密仪器设备、智能传感器、现代时尚
	玉塘先进制造业园区	高端医疗器械
	公明先进制造业园区	新材料、生物医药
盐田区、大鹏新区	东部滨海先进制造业园区	生物医药、高端医疗器械、大健康、海洋产业
深汕特别合作区	鹅埠-小漠先进制造业园区	智能网联汽车、新能源、安全节能环保、新材料、海洋产业
	鲘门先进制造业园区	智能机器人

资料来源：《深圳市20大先进制造业园区空间布局规划》。

（2）打造“6+5”未来产业核心承载区。坚持全市统筹、差异布局、协同发展，以光明科学城、河套深港科技创新合作区、前海深港现代服务业合作区、西丽湖国际科教城、东部滨海国际生物谷、红岭新兴金融产业带和深圳国家高新区南山园区、坪山园区、宝安园区、龙岗园区、龙华园区作为“6+5”未来产业核心承载区，根据核心承载区资源禀赋与产业创新基础，优化整体布局，合理规划产业发展，提升未来产业发展能级。

三、东莞：打造“三极三带七大基地”现代产业体系空间布局

（一）产业基础

智能终端、智能装备、泛家居产业具备竞争力。东莞大力推动产业集群引领发展，智能移动终端、高端装备制造和泛家居产业集群先后入选国家先进制造业产业集群；建设了一批专精特新产业园区，为优质企业提供发展空间，支持企业技术创新、“智改数转”、绿色转型，重点支持产业链的链主和专精特新企业进行技术改造。聚焦分级培育，认定首批94家市级单项冠军企业，拥有54家省级单项冠军企业，排名全省第三。重点扶持包括大数据在内的九大细分领域，并出台相关政策大力推动重点扶持领域的高质量发展（见表4-9）。

表4-9　东莞数字经济重点扶持领域

细分领域	政策
大数据	《东莞市大数据发展实施方案》《东莞市人民政府关于推动数字经济高质量发展的政策措施》
人工智能	《东莞市新一代人工智能发展规划（2019—2030年）》《东莞市发展智能机器人产业行动计划（2023—2025年）》
云计算	《关于加快推进我市云计算发展的实施意见》
工业互联网	《深入推进“筑云惠企”工程发展工业互联网促进东莞产业高质量发展实施方案》
半导体与集成电路	《东莞市关于促进半导体及集成电路产业集聚区发展的若干政策》
智能终端	《东莞智能移动终端先进制造业集群培育提升三年行动方案》
金融科技	《东莞市深入推动科技金融发展的实施意见》
电子商务	《东莞市关于深化智慧城市发展 推进城市全域数字化转型实施方案》
智慧城市	《东莞市关于深化智慧城市发展 推进城市全域数字化转型实施方案》

（二）重点领域

东莞聚焦工业数字化、数字商贸、智慧文旅、数字政府以及智慧城市等五大领域，不断夯实创新要素、数据要素、设施要素三大数字经济发展要素，重点发展半导体集成电路、智能移动终端、电子元器件、新型显示、软

件和信息技术服务业、人工智能、数据服务、平台经济、量子信息以及元宇宙十大产业，力争建成具有国际竞争力的世界级电子信息产业集群，着力打造一批智能制造样板，赋能数字经济高质量发展（见图4-1、表4-10）。

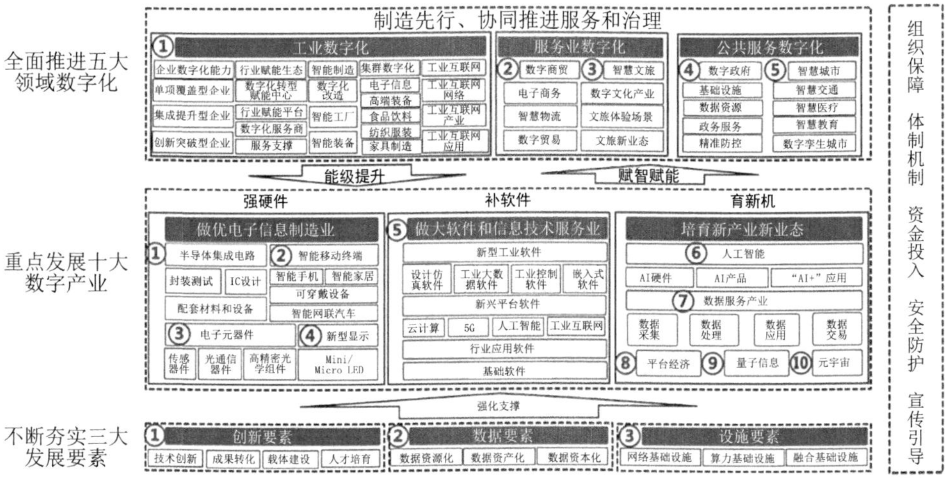

图4-1 东莞市数字经济发展体系

资料来源：《东莞市数字经济发展规划（2022—2025年）》。

表4-10 东莞数字经济发展重点工程

类别	工程名称	重点内容
产业数字化	工业互联网“赋能”工程	打造跨行业跨领域的“双跨”工业互联网平台，赋能一批上中下游企业数字化转型，形成“集群带动、融合发展”的工业互联网产业新格局
	智能制造“赋智”工程	针对制造业重点领域，分行业制定数字化转型路径，推动智能产线、智能车间、智能工厂建设，鼓励制造全过程数字化转型，打造灯塔工厂，树立智能制造行业标杆
	服务业数字化“提质”工程	加快服务业数字化转型，推动文化旅游、电子商务、物流等服务业创新商业模式，鼓励支持传统商贸企业加快线上转型，推广无接触交易等新模式，建设在全球具备影响力和竞争力的电子商务发展高地
数字产业化	电子信息制造“强本”工程	支持新一代电子信息产业强链补链，鼓励企业联动科研机构开展关键核心技术研究，突破“卡脖子”技术难点，打造具有国际竞争力的产业集群
	软件“铸魂”工程	聚焦新型工业软件和新兴平台软件提档升级，协同推动行业应用软件和智能解决方案发展，攻克基础软件领域难题，提高软件产业规模能级，打造数字经济发展新引擎

续表

类别	工程名称	重点内容
数字产业化	新产业新业态“育新”工程	积极布局人工智能、大数据等前沿产业，前瞻布局元宇宙、量子信息等未来产业，培育数字经济新增长点
数字化治理	公共服务“数通”工程	推进数字政府与智慧城市建设，提高数字化服务能力，打造集智慧交通、智慧医疗、智慧教育等场景的数字孪生智慧城市
新型基础设施建设	新型数字基础设施“夯基”工程	不断完善5G、人工智能、云计算等新型数字基础设施建设，夯实数字经济发展基石
	数据价值“激活”工程	推进数据中心、大数据产业园、智能计算中心等载体建设，加快提升算力水平

（三）产业空间布局

东莞以松山湖高新区创新引领极、中心城区服务发展极、滨海湾新区开放合作极构造“黄金三角”；以西部高端高新产业带、中部创新创造产业带、东部智能制造产业带串联六大片区；以东莞数字经济融合发展产业基地、东莞水乡新能源产业基地、东部智能制造产业基地、东莞新材料产业基地、银瓶高端装备产业基地、松山湖生物医药产业基地、临深新一代电子信息产业基地七大战略性新兴产业基地为核心承载平台，打造了“三极三带七大基地”现代产业体系空间布局（见图4-2）。

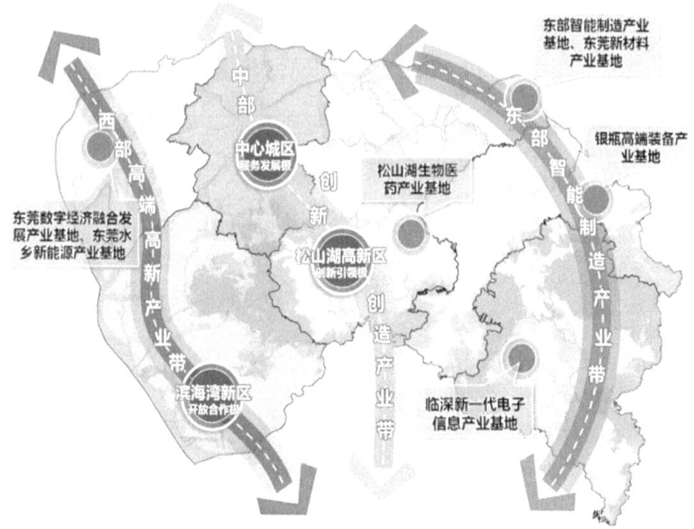

图4-2 东莞“三极三带七大基地”现代产业体系空间布局

四、佛山：以“双十园区”为抓手，推动打造产业集群新高地

佛山位于珠江三角洲腹地，毗邻广州，紧邻港澳，是粤港澳大湾区的节点城市、中国重要的制造业基地以及珠三角地区西翼的经贸中心和综合交通枢纽。“十四五”时期，佛山依托其制造业雄厚基础，做大做强装备制造、泛家居2个超万亿元产业集群，重点布局汽车及新能源、军民融合及电子信息2个超五千亿元产业集群，着力打造智能制造装备及机器人、新材料、食品饮料、生物医药及大健康4个超三千亿元产业集群，以制造业产业集群数字化转型赋能经济高质量发展。

（一）产业基础

佛山泛家居产业集群实力雄厚。2023年，佛山成为广东省第二个“工业三万亿”城市，规模以上工业增加值达6301亿元，增长6.6%。佛山重点布局“2+2+4”产业集群，深入开展“2+2+4”制造业产业集群数字化转型行动，用数字技术赋能制造业转型升级。目前，佛山泛家居产业集群跑出发展加速度，集聚了美的、格兰仕等一批泛家居产业龙头骨干企业，集群产值规模超万亿元，产品出口到世界各地，成为全球泛家居产业高地。佛山各区域现有产业基础如表4-11所示。

表4-11　佛山各区域现有产业基础

区域	核心产业园	龙头企业
禅城区	聚锦科创园、凤翔湾都市产业区、佛山南庄高端精密智造产业园、佛山信息装备先进制造业产业园等	中交城投、国家电投、金盘科技、季华实验室、宜视智联、光显科技（广东）有限公司、季华恒烨（佛山）电子材料有限公司、广东星联精密机械有限公司、广东中科安齿生物科技有限公司等
顺德区	广东省智能制造创新示范园、暨南大学生物医药产业园、佛山北滘机器人谷智造产业园、佛山九龙高端装备及新材料制造产业园、海创大族机器人智造城等	海创大族机器人、宏石激光、埃斯顿、中大力德、拓野、广东利迅达机器人系统股份有限公司、嘉腾机器人、碧桂园等

续表

区域	核心产业园	龙头企业
三水区	佛山高新区三水园、佛高区云东海电子信息产业园、华南汽车智能电子集成产业园、佛山新能源汽车产业园、佛山水都饮料食品产业园、佛山云东海生物医药产业园、南山大健康产业制造区、三水芦苞高端装备产业园等	中南铝车轮、鼎和盛汽车配件、广东博萨汽车部件、一汽大众工厂（南海）、邦普循环、北汽福田整车、永力泰车轴等
高明区	万洋众创城、军民融合产业园、佛山临空经济区智造产业园、高明高端新材料产业园、中南高科高明智汇城等	佛山市德方纳米科技有限公司、广东锦湖日丽高分子材料有限公司、广东溢达纺织有限公司、广东新泰隆环保集团有限公司、佛山市川东磁电股份有限公司等
南海区	腾讯（佛山）工业互联网生态产业园、南海区大数据产业园、广东生物医药产业基地、南海国家生态工业示范园区等	缤纷园艺（中国）有限公司、中基智造（广东）科技有限公司、蓝一（广东）包装科技有限公司、亚海（广东）金属科技集团有限公司、宁生体育科技（佛山）有限公司、广州市百安居减震科技有限公司、森蓝新材料科技（佛山）有限公司、广东兴金然金属制品有限公司、苏米龙环保新材料科技（佛山）有限公司、广东德升科技有限公司等

（二）重点领域

佛山“十四五”规划明确提出打造“4+‘2+2+4+N’+2”产业布局体系（见表4-12）。加快把装备制造、泛家居、汽车及新能源、军民融合及电子信息、智能制造装备及机器人、新材料、食品饮料、生物医药及大健康等打造成为超三千亿元、超五千亿元、超万亿元产业集群，推动生产性服务业和生活性服务业两大现代服务业集群发展。

表4-12　“4+‘2+2+4+N’+2”产业布局体系

四大农业：粮食作物、花卉苗木、特色渔业、畜牧业 “2+2+4+N”制造业： 2个超万亿元产业集群：装备制造、泛家居 2个超五千亿元产业集群：汽车及新能源、军民融合及电子信息 4个超三千亿元产业集群：智能制造装备及机器人、新材料、食品饮料、生物医药及大健康 N个战略性支柱产业与战略性新兴产业 两大现代服务业：生产性服务业、生活性服务业

资料来源：《佛山市国民经济和社会发展第十四个五年规划和2035年远景目标纲要》。

（三）产业空间布局

以“双十园区”为抓手，推动打造产业集群新高地。制造业是佛山经济发展的优势产业，但面临着产业分布零散的问题。为推进产业高质量发展，解决“产业不成带”问题，佛山市人民政府统筹构建了十大创新引领型特色制造业园区以及十大现代服务业产业集聚区“双十园区”的空间布局，聚焦高端精密智造、新能源汽车、机器人等战略性新兴产业以及食品饮料等传统优势产业，打造产业集群新高地[①]。

重点发展佛山十大创新引领型特色制造业园区的特色产业（见表4-13）。立足佛山各区域资源禀赋与产业基础，打造具备比较优势的特色产业园，并针对各个园区特色以及发展重点出台专项扶持政策，做到“一园一策”，从用地指标、财政支持、金融支持等多个方面支持园区建设发展，推动战略性新兴产业集聚发展。

表4-13 佛山十大创新引领型特色制造业园区产业布局

园区	主导产业	政策
佛山南庄高端精密智造产业园	精密和超精密加工设备制造产业、智能传感器件制造产业、精密电子电器制造产业等	《促进佛山南庄高端精密智造产业园发展扶持办法》
佛山新能源汽车产业园	新能源汽车产业、新能源动力电池材料产业、汽车零部件产业等	《促进佛山新能源汽车产业园发展扶持办法》
佛山人才创新灯塔产业园	集成电路产业、人工智能产业、创新型企业孵化器产业等	《促进佛山人才创新灯塔产业园高质量发展扶持办法》
佛山信息装备先进制造业产业园	新型显示制造装备产业等	《促进佛山信息装备先进制造业产业园发展扶持办法》
佛山九龙高端装备及新材料制造产业园	高端装备制造产业、高端家具装备制造产业、新材料产业等	《促进佛山九龙高端装备及新材料制造产业园产业发展扶持办法》
佛山伦教珠宝时尚产业园	黄金珠宝产业等	《促进佛山伦教珠宝时尚产业园黄金珠宝首饰产业发展扶持办法》

① 《建好十大制造业园区，促进产业集聚化规模化系统化发展》，https://mp.weixin.qq.com/s/hlxYZ5oAkbcqvF-MG15pxQ，2023年6月13日。

续表

园区	主导产业	政策
佛山北滘机器人谷智造产业园	机器人产业、数控设备产业等	《佛山市南海区促进机器人产业发展扶持办法（2020年修订）》
佛山临空经济区智造产业园	智能制造产业、精密零件产业、电子电器产业、临空产业、绿色循环产业等	《促进佛山临空经济区智造产业园发展扶持办法》
佛山水都饮料食品产业园	大健康产业、食品饮料产业等	《促进佛山水都饮料食品产业园发展扶持办法》
佛山云东海生物医药产业园	生物医药产业、医疗器械产业等	《促进佛山云东海生物医药产业园高质量发展扶持办法》

十大现代服务业产业集聚区着力打造特色鲜明、能级突出、功能集成的现代化服务业集群（见表4-14）。重点发展工业设计业和科技服务业，提升现代金融业和物流业水平，推动现代会展业发展，促进制造业与电子商务融合，推动专业服务业和人力资源服务业高质量发展。同时，加强公益性、基础性服务业供给，推动生活性服务业向精细化和高品质方向转变。

表4-14　佛山十大现代服务业产业集聚区产业布局

集聚区	主导产业
佛山数字经济创新产业集聚区	云计算、大数据、5G、软件研发等
佛山美陶湾文化创意产业集聚区	新文化创意、数字文创、产品设计等
佛山现代保险产业集聚区	保险高端总部、金融商务等
佛山千灯湖金融高新技术产业集聚区	银行保险、证券信托、金融租赁等
佛山西樵岭南文旅产业集聚区	文化、旅游、创意等
佛山东部现代物流产业集聚区	现代物流、直播电商等
佛山西站枢纽新城科技商务集聚区	科技服务、生产服务等
佛山北滘工业设计产业集聚区	工业设计、珠宝设计等
佛山潭洲国际会展高端服务业集聚区	会展、文创、现代商务服务业等
佛山顺德世界美食产业集聚区	美食、文旅、商务等

五、惠州："一县一园"打造区域特色产业集群

惠州坚持大项目带动大发展，积极引进新一代电子信息制造业、新一代电子信息技术服务业、半导体与集成电路等数字产业重点项目，推动数字产业化高质量发展；鼓励企业开展数字化技术改造，支持企业上云上平台，助推工业互联网发展，推进数字技术赋能产业升级发展；加速推进5G基站、物联网、云计算等新型基础设施建设，布局数据中心与算力中心基础设施，支持数字园区载体建设，筑牢数字产业发展底座；打造数字经济典型应用场景，加快形成集聚示范效应，进一步推动数字产业与实体经济融合发展。

（一）产业基础

目前，惠州各区域依托核心产业园区，集聚了欣旺达、亿纬锂能、TCL等一批龙头骨干企业，大力推动石化能源新材料、电子信息、超高清视频显示、新能源电池以及生命健康等产业的集群发展。

石化能源新材料和电子信息产业龙头集聚引领发展，生命健康产业加快集聚。2024年，超高清视频和智能家电产业集群、新能源电池产业集群两大产业集群再次被评选为中国百强产业集群之一。石化能源新材料与电子信息产业是惠州市"2+1"现代产业集群中的两大支柱产业。2022年，电子信息产业规模超5000亿元，超高清视频显示、新能源电池是其中的优势产业。

超高清视频和智能家电产业集群形成集聚示范效应，两年蝉联中国百强产业集群第七名。惠州集聚了TCL、高盛达、TCL华星光电、九联科技等超100家超高清视频显示产业链企业，链主企业辐射带动上下游企业落户，初步形成覆盖基础材料、核心组件、显示玻璃、显示模组、面板以及整机制造的完整产业链。2023年，惠州超高清视频显示产业产值接近800亿元。

新能源电池产业集群加速发展。2024年，在中国百强产业集群评比中，惠州新能源电池产业集群排第62名，较2023年前进9名。惠州新能源电池产业集群拥有较为完整的产业链条，集聚了欣旺达、比亚迪、亿纬锂能等一大批龙头企业，拥有超1000家储能相关企业、超150家规模以上储能企业，是国内新能源电池的重要产业基地。

生命健康产业前景可期。生命健康产业是惠州打造“2+1”现代产业集群的重要一环。依托深厚的中医药文化、丰富的药材资源以及健康产业园区、中医药生产基地的建设，惠州积极培育了罗浮山国药、九惠制药、新峰药业等知名药企。2023年1—8月，惠州生命健康产业产值达31.5亿元，同比增长20%。惠州各区域现有产业基础如表4-15所示。

表4-15　惠州各区域现有产业基础

区域	核心产业园	龙头企业
龙门县	龙门大健康产业园、龙门工业园、TCL龙门新能源产业配套产业园	广东鑫润佳新材料有限公司、广东尼特包装制品有限公司、惠州市深同跃实业有限公司、惠州优力纬尔微控电子有限公司
博罗县	博罗智能装备产业园、欣旺达惠州新能源产业园	惠州伟志电子有限公司、大金空调（惠州）有限公司、欣旺达、华达、惠州威尔高电子有限公司、正威、惠州优比贝柠科技股份有限公司、广东罗浮山国药股份有限公司、广东新峰药业股份有限公司
惠城区	惠城高新科技产业园、中科信业产业园	广东威林科技股份有限公司、惠州雷士光电科技有限公司、惠州市宝惠电子科技有限公司、惠州市天宝创能科技有限公司、广东格林精密部件股份有限公司、惠州市赛能电池有限公司等
惠州仲恺高新技术产业开发区	广东（仲恺）人工智能产业园、朗华全球智造与工业供应链创新中心	TCL科技集团股份有限公司、惠州亿纬锂能股份有限公司、广东德赛集团有限公司、高盛达控股（惠州）有限公司、龙旗电子（惠州）有限公司、惠州市华阳集团股份有限公司等
惠阳区	惠阳（象岭）智慧科技产业园、惠阳区新材料产业园、惠阳（新圩）智能制造产业园	广东钜泰化工有限公司、斯瑞尔环境科技股份有限公司、广东博赛数控机床有限公司等
惠东县	惠州新材料产业园、惠东产业转移工业园	美新科技股份有限公司、惠州德晋昌新材料有限公司、惠东万洋众创城科技有限公司、惠州市天博科兴薄膜科技有限公司等
惠州·大亚湾（国家级）经济技术开发区	大亚湾新兴产业园、宝捷讯科技园、惠州高科产业园、大亚湾科创·惠州软件园	中海壳牌石油化工有限公司、巴斯夫、LG化学、欧德油储、比亚迪、尼索科、科达利、环荣、新明海、易路达高端电声设备、惠州市宝捷讯科技有限公司、中润达、豪恩智能科技、恒达高端智能装备、大亚湾宝兴钢铁厂有限公司等

（二）重点领域

坚持制造业立市不动摇，着力打造石化能源新材料、电子信息和生命健康“2+1”现代产业集群。聚焦战略性新兴产业、先进制造业，构建优质高效的生产性服务业新体系，完善现代化产业体系，加快形成生产性服务业与制造业融合发展、相互促进的创新体系。惠州产业布局体系如表4–16所示。

表4–16　惠州产业布局体系

农业：粮食、水果蔬菜、家禽养殖、海水养殖
工业：石化能源新材料、电子信息、生命健康、装备制造、服装鞋帽
服务业：金融服务业、现代物流业、其他生产性服务业、生活性服务业

资料来源：《惠州市国民经济和社会发展第十四个五年规划和2035年远景目标纲要》。

（三）产业空间布局

“一县一园”打造区域特色产业集群。惠州坚持产业集群化发展道路，结合地区产业优势，聚焦各区县主导产业，以高标准打造“3+7”智慧化产业园区为抓手，积极引导主导产业企业落地产业园，加快产业集聚（见表4–17、表4–18）。

表4–17　惠州3个国家级园区产业布局

园区	主导产业
惠州·大亚湾（国家级）经济技术开发区	石化能源新材料
惠州仲恺高新技术产业开发区	电子信息产业
中韩（惠州）产业园	5G材料

表4–18　惠州7个千亿级园区产业布局

园区	主导产业
惠城高新科技产业园	电子信息、人工智能、大数据、装备制造、新能源
惠阳（象岭）智慧科技产业园	电子信息、智能制造、现代服务
博罗智能装备产业园	精密部件、智能装备制造、智慧物流
惠州新材料产业园	精细化工、新材料

续表

园区	主导产业
龙门大健康产业园	中医药、生物医药、医疗器械
大亚湾新兴产业园	互联网信息服务、人工智能、新一代电子信息、高端汽车装备制造和新能源汽车产业
广东（仲恺）人工智能产业园	智能终端、新型显示、现代服务

资料来源：《惠州市国民经济和社会发展第十四个五年规划和2035年远景目标纲要》。

第三节　对策建议

在数字化转型浪潮的推动下，广东省作为中国经济的重要引擎，其数字产业融合与集群发展对于提升区域经济竞争力、促进产业转型升级具有深远意义。如何有效推动数字产业融合与集群发展，成为广东省经济转型升级的关键问题。本节将从资金链、人才链、创新链和产业链四个方面出发，探讨推动广东省数字产业融合与集群发展的策略。

一、资金链：加强多元融资渠道建设

设立专项基金与引导资金。设立针对数字产业融合与集群发展的专项基金，用于支持关键技术研发、创新平台建设和产业链关键环节升级。专项基金应实行滚动管理，确保资金使用的连续性和有效性。通过政府引导基金、风险投资等方式，吸引社会资本参与数字产业投资，形成多元化的资金投入机制。

优化金融服务与支持体系。鼓励金融机构针对数字产业的特点和需求，开发专属的信贷产品、保险服务和风险投资产品，满足企业不同阶段的融资需求。搭建数字产业融资服务平台，为企业提供便捷的融资咨询、信用评估、融资对接等服务，降低企业融资成本和难度。

二、人才链：引育并举

加强人才培养与引进。加强高校与职业院校在数字经济相关专业的建设，优化课程设置和教学内容，培养具有创新精神和实践能力的数字人才。制定具有吸引力的人才引进政策，吸引国内外高端数字人才来粤工作。通过提供优厚的薪酬待遇、良好的工作环境和发展机会，留住人才并激发他们的创新活力。

促进产学研深度融合。建立产学研合作平台，促进高校、科研机构与企业之间的深度合作，共同开展技术研发和成果转化。通过项目合作、联合实验室等形式，实现资源共享和优势互补。鼓励企业、高校和科研机构共同参与数字产业创新项目，形成协同创新机制。通过定期举办学术交流会、技术研讨会等活动，促进思想碰撞和灵感激发。

三、创新链：激发产业创新活力

加强核心技术研发。鼓励企业加大研发投入，支持关键技术和核心产品的自主研发。通过设立研发奖励、税收优惠等措施，激发企业的创新活力。建设一批高水平的数字技术创新平台，为技术研发和成果转化提供有力支撑。平台应具备先进的设备设施、完善的研发环境和专业的技术团队。

推动创新应用与商业模式变革。推动数字技术在传统产业中的广泛应用，提升传统产业的数字化水平。通过数字化改造和智能化升级，提高生产效率和产品质量。鼓励企业探索数字产业新业态新模式，如新零售、新制造等。通过技术创新和商业模式创新，推动产业转型升级和经济发展方式转变。

四、产业链：推动产业链上下游企业协同发展

完善产业链布局与协同发展。根据广东省数字产业的实际情况和发展趋势，明确产业链发展的重点方向和关键环节。通过政策引导和市场机制作用，推动产业链上下游企业协同发展。依托现有产业园区和产业集群，优化

数字产业的空间布局。通过规划建设数字产业园区、数字经济特色小镇等载体，形成产业集聚效应和协同效应。

加强产业链合作与联动。鼓励产业链上下游企业加强合作与联动，形成紧密的供应链关系。通过信息共享、技术交流和市场开拓等方面的合作，提升企业的整体竞争力。建立产业链合作机制，加强政府、企业、高校和科研机构之间的沟通与协作。通过定期召开产业链协调会议、举办产业对接活动等方式，推动产业链各环节之间的协同发展。

推动广东省数字产业融合与集群发展需要政府、企业和社会各界的共同努力。通过设立专项基金、优化金融服务、加强人才培养与引进、推动核心技术研发和应用创新以及完善产业链布局与协同发展等策略的实施，可以为广东省数字产业的发展提供有力的支撑和保障。未来，广东省应继续深化改革开放和实施创新驱动发展战略，推动数字产业持续健康发展，为经济转型升级和高质量发展作出更大贡献。

行业篇

第五章
广东省电子信息产业集群分析[①]

数字经济从兴起至今，和产业逐步深度融合，其内涵不断丰富。第一份确定“数字经济”内涵的文件，是在2016年G20杭州峰会上通过的《二十国集团数字经济发展与合作倡议》，其指出数字经济是指以使用数字化的知识和信息作为关键生产要素、以现代信息网络作为重要载体、以信息通信技术的有效使用作为效率提升和经济结构优化的重要推动力的一系列经济活动。而作为数字经济重要载体的电子信息制造业在珠三角地区迅速崛起，已基本形成了较为完整的电子信息产业链条。广东省作为电子信息制造业的重要基地，凭借持续繁荣的行业环境、政策的大力支持以及雄厚的制造基础，已成为国内领先的集聚地之一，具备明显的规模优势。同时，其完善的产业链配套也培育了众多龙头企业，如华为、TCL、富士康、腾讯、vivo、OPPO等。从城市来看，深圳、东莞、广州等城市在产业布局上扮演着引领者的角色，吸引了大量的风险投资。未来，广东省电子信息产业将继续向硬件创新、人工智能等方面发展，打造数字经济的发展新高地。

电子信息制造业又名ICT（Information and Communication Technology）产业，产品门类覆盖了手机、电视机、音响及电脑等。从产业链角度来看，电子信息产业由上游电子原材料及元器件、中游电子零部件及组装、下游终端电子产品及应用三部分组成。上游主要为半导体材料、磁性材料、化工材料、金属制品等原材料，以及由原材料初步加工形成的被动元件、主动元件及PCB（印制电路板）等；中游主要为零部件及组件，包括显示器件、传感

---

① 本章第一执笔人为暨南大学产业经济研究院刘佩瑶。

器、连接器、声电器件、光电器件及锂电池等，再经过组装加工，形成下游电子产品；下游主要为智能手机、个人电脑等消费电子产品，还有智能手表、智能手环等智能穿戴设备产品，以及AR（增强现实）、VR（虚拟现实）等产品，最终技术发展朝着折叠屏、AI终端、MR（混合现实）等领域演进（见图5-1）。此外，研发设计环节也至关重要，贯穿整个产业链条，从上游芯片设计、电路设计，到中下游的软件开发与新品研发。

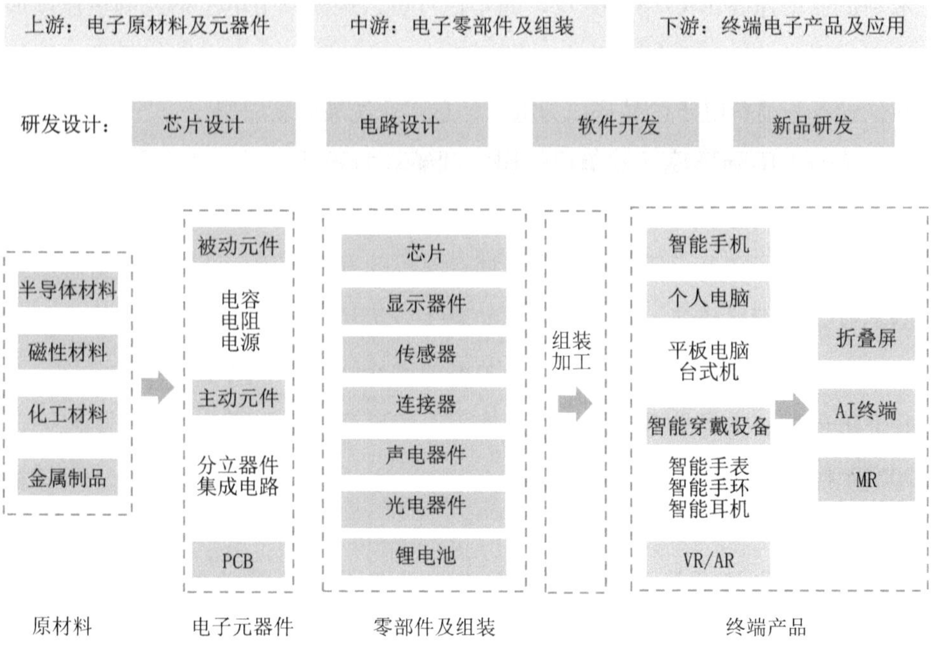

图5-1　电子信息产业链构成

第一节　电子信息产业发展环境

一、电子信息产业宏观环境

电子信息产业是我国的重要战略支柱之一，也是数字经济发展的主要领域。在改革开放的40多年里，我国电子信息制造业取得了显著进步，彩电、手机、计算机等产品的产量处于全球领先地位。广东省作为珠三角的核心地区，也已经建立起雄厚的电子信息产业基础和规模。然而，我国的基础电子领域仍然存在核心竞争力不足的问题，处于产业价值链的低端环节。近年来，在国家政策的大力支持和推动下，电子信息产业在高技术制造业中发挥着重要的带动作用。根据工业和信息化部公布的2023年电子信息制造业运行情况，2023年，我国规模以上电子信息制造业增加值同比增长3.4%，比高技术制造业增速高出0.7个百分点。同年12月份，规模以上电子信息制造业增加值同比增长9.6%。预计随着人工智能芯片技术的突破，未来智能手机、智能穿戴设备等消费电子产品将成为电子信息产业发展的新引擎。

（一）国际环境：欧美日韩研发创新实力强劲

1.欧美掌握全产业链核心技术优势，“人工智能+”引领新潮流

欧美地区在电子信息产业方面拥有深厚的发展基础。欧美电子信息产业链不仅完整而且成熟，在基础领域如算法、芯片设计、传感器技术等方面处于领先地位，主要生产和供应市场关键的半导体器件和高精度通信设备。这些地区还拥有生产关键电子组件的能力。苹果公司作为行业的领头羊之一，2023年推出了首个空间计算设备Apple Vision Pro，这一动作为消费电子领域带来了新的动力和创新。

2.日韩依托半导体产业先发优势，为电子信息产业打造坚实的硬件基础

日本、韩国在电子元器件、半导体、面板产业等产业链中上游环节上拥有国际领先优势，日本偏重电子元器件，韩国侧重半导体。日韩两国拥有完整的供应链体系，主攻面板、存储器、CIS（CMOS图像传感器）、MLCC（片式多层陶瓷电容器）等核心零部件，同时在新型显示技术研发和产能方面具备领先优势，拥有索尼、夏普、松下、三星等领先企业，在全球市场上占据较高市场份额，享有良好的国际声誉与广泛的认可度。

（二）国内环境：产业粗具规模，“补链”“稳链”“强链”正在进行

电子信息制造业作为我国国民经济的重要支柱产业，具有战略性、基础

性和引领性作用。其规模庞大，产业链条长，覆盖领域广泛，对稳定工业经济增长、维护国家政治经济安全至关重要。在国家政策的推动下，我国电子信息产业取得了长足进步，在关键技术领域不断取得突破。例如，成功制造了28纳米处理器，完成了国内首款智能电视SoC芯片（系统级芯片）的研发并量产，有效缓解了我国智能电视行业的芯片供应短缺问题。此外，我国还建成投产了国内首条、世界第二条8英寸IGBT（绝缘栅双极型晶体管）专业芯片生产线，打破了国外的市场垄断局面，有力提升了我国电子信息产业的智能化水平。

在中国电子信息产业的发展历程中，广东省扮演着重要的角色。广东省电子信息产业应用市场极为广阔，广东省是全国最大的消费市场，为电子信息产业提供了丰富的应用场景。根据统计数据，2023年，国内A股消费电子相关上市公司数量达到352家，其中有155家位于广东省，占比高达44.03%（见图5-2）。这表明广东省的电子信息产业规模庞大，发展势头强劲。同时，广东省依托华为、OPPO、vivo、华北电子等一批优秀的龙头企业，形成了强强联合、优势互补的产业集群，为推动中国电子信息制造业向产业链高价值环节转型作出了积极贡献。

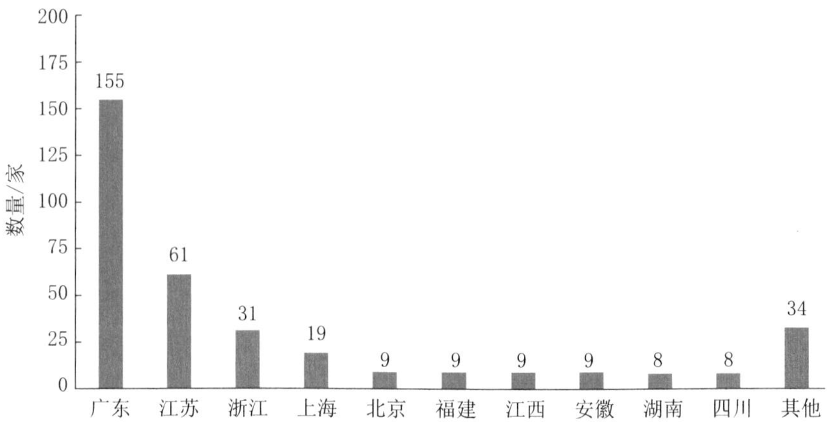

图5-2　2023年消费电子产业上市企业区域分布

数据来源：南方财富网。

（三）政策环境：积极推动产业结构调整升级

1.国家层面

国家从顶层设计出发，支持产业发展。近年来，我国重视夯实产业链重点技术、重点环节，着力推动完善产业创新生态体系，为电子信息产业发展营造方向明确、前景广阔的市场环境，为企业创造良好的营商环境。

搭建顶层设计，描绘电子信息行业发展蓝图。2021年11月，工业和信息化部发布了《“十四五”信息通信行业发展规划》，这一指导性文件成为未来五年加快建设网络强国和数字中国、推进信息通信行业高质量发展的重要依据。与以往五年规划相比，新规划进一步突出了信息通信行业的功能和定位，将网络和信息服务从电信服务、互联网信息服务、物联网服务、卫星通信服务、云计算及大数据等面向政企和公众用户的各类服务，扩展到工业云服务、智慧医疗、智能交通等数字化生产和治理服务等新业态。同时，《“十四五”信息通信行业发展规划》确定了“十四五”时期信息通信行业发展的主要指标，包括总体规模、基础设施、绿色节能、应用普及、创新发展、普惠共享等6个方面的20个指标，为电子信息行业制定了宏伟的发展蓝图。

推动产业结构升级，积极培育新增长点。为贯彻落实党的二十大和中央经济工作会议精神，更好地发挥电子信息制造业在工业领域中的支撑、引领和赋能作用，促进实现工业经济发展的主要预期目标，2023年，工业和信息化部、财政部联合颁布了《电子信息制造业2023—2024年稳增长行动方案》。该方案明确了培育壮大电子信息制造业的工作举措，提出了培育虚拟现实、视听产业、先进计算、北斗应用、新型显示、智能光伏等6个细分领域的新增长点，推动电子信息产业向高端化、绿色化、智能化方向发展。

2.广东省层面

广东省依托集群基础，不断壮大电子信息产业。作为中国电子信息产业的聚集中心，广东省在经济和政策方面拥有较强的优势，通过战略协同、资源布局和产业分工等方面的努力，逐步完善了电子信息产业生态系统。

多方面发力，积极培育核心优势。针对国内电子信息产业存在的诸多短板，如关键领域“卡脖子”、核心技术攻关持续性不足以及产业链协同发展不足等，广东省于2020年发布了《广东省发展新一代电子信息战略性支柱产业集群行动计划（2021—2025年）》，旨在推动完善产业生态，促进电子信息产业的发展。随后，在2021年发布的《广东省制造业高质量发展“十四五”规划》中提出了一系列具体举措，包括突破核心电子元器件、高端通用芯片，提升高端电子元器件的制造工艺技术水平和可靠性等。此外，广东省还加快了新一代信息通信基础设施建设，推动了5G产业集聚发展。通过利用省内电子信息产业的发展优势，广东省努力补齐短板，重构产业链供应链、提升价值链和发展创新链，以期抢占未来产业发展的制高点。

加速产业聚集，增强产业链优势环节对整个产业的带动作用。根据2021年发布的《广东省国民经济和社会发展第十四个五年规划和2035年远景目标纲要》，广东省重点打造珠江东岸电子信息产业带，鼓励粤东粤西粤北地区主动承接珠三角地区产业转移；重点发展新一代通信设备、高端半导体元器件等产业。到了2023年，《中共广东省委 广东省人民政府关于高质量建设制造强省的意见》明确表示，要推动珠江东岸高端电子信息制造产业带和珠江西岸先进装备制造产业带深度融合，着力推动电子信息等产业集聚发展。通过促进产业聚集，广东省力图补齐电子信息产业的短板，强化产业链、提升价值链和发展创新链，助力未来产业发展。

二、电子信息产业市场环境

（一）网络传输基础设施不断加强，5G技术提升传输质量

电子信息产品内容的呈现质量离不开网络传输技术的发展。2024年，我国固定互联网宽带接入业务收入达到2763亿元，较2023年增长5.5%（见图5-3）。这一收入在电信业务收入中的占比从2023年的15.6%提升至15.9%，拉动电信业务收入增长0.8个百分点。

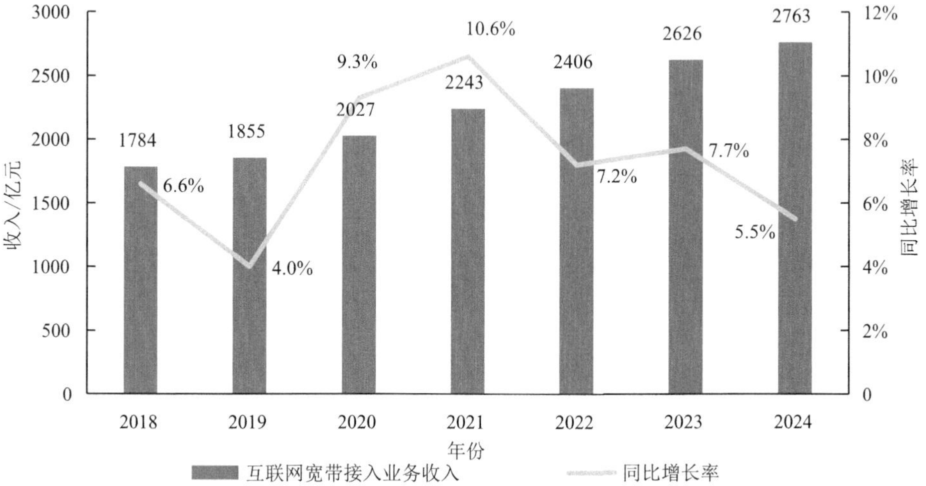

图5-3　2018—2024年中国互联网宽带接入业务收入发展情况

数据来源：工业和信息化部。

截至2024年底，我国三家基础电信企业的固定互联网宽带接入用户总数达到6.7亿户，全年净增加3352万户。其中，拥有100Mbps及以上接入速率的用户数量为6.36亿户，全年净增加3433万户，占总用户数的94.9%，占比较2023年末提高了0.3个百分点；拥有1000Mbps及以上接入速率的用户数量为2.07亿户，全年净增加4355万户，占总用户数的30.9%，占比较2023年末提高了5.2个百分点（见图5-4）。

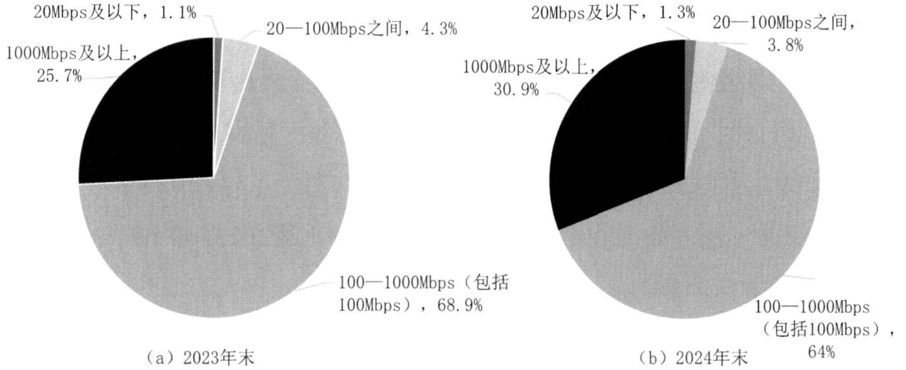

图5-4　2023—2024年中国固定互联网宽带各接入速率用户占比情况

数据来源：工业和信息化部。

（二）AI赋能终端升级，激发行业成长潜力

自2023年大模型浪潮开启，手机、个人电脑等一批消费电子硬件企业拓宽赛道，积极挖掘AI与硬件融合的巨大市场潜力。2024年1月，荣耀推出搭载自研70亿参数规模的AI大模型的手机——荣耀Magic 6，2月19日，荣耀官微宣布在即将举行的MWC2024大会上正式发布旗下首款AIPC（人工智能个人电脑）产品——荣耀MagicBook Pro 16。“All in AI”成为多数消费电子硬件厂商的不二之选。另外，OPPO首席产品官刘作虎表示，手机行业将进行全面的技术革新与生态重构。在硬件架构上，高效能的AI算力底座、模型库的管理优化以及智慧仿生感知能力，将成为AI手机新的标准；AI手机的操作系统通过内嵌智能体，将能高效地处理复杂任务，并能主动创作。同时AI手机将支持更敏锐、更准确的自然语义理解，拥有更强大的自学习能力，可提供更符合直觉的多模态交互体验。IDC中国区总裁霍锦洁表示，大模型技术将推动手机进入AI时代，IDC预计2024年全球新一代AI手机出货量将达到1.7亿台，占智能手机整体出货量的15%，比2023年的约5100万台出货量大幅增长约233%，将存在巨大增长空间。据预测，中国市场AI手机的市场份额也将迅速增长，到2027年出货量将达到1.5亿台，占比超过50%。显然，广阔的市场前景让手机企业纷纷拥抱AI科技，准备进入下一个时代。AI手机的概念在2024年已逐渐成为行业共识。

（三）中国品牌出海，市场占有率不断提升

中国品牌在全球电子信息产业中占据越来越重要的地位，成为推动全球产业发展的重要力量。中国品牌在智能手机和个人电脑等传统成熟市场中展现了引领全球的潜力，不仅在技术创新上持续突破，还在市场占有率上稳步提升。在此基础上，中国在通信技术、机械工程、算法研发、电子商务网络以及精密制造等领域拥有全方位的能力，形成了覆盖全国的产业链布局。这些优势使得中国不仅在传统电子产品领域表现突出，也为新兴的人工智能产品类别提供了坚实的孵化和成长平台。中国的相关企业遍布全国，从深圳速度到全国各地科技创新的活力，中国已经形成了一个成熟且完善的产业生态

系统。这一系统不仅包括生产制造环节，还涵盖研发设计、供应链管理、市场营销等环节，为新一代AI产品的快速发展提供了有力的支撑。

中国电子信息品牌出海发展经历了三大阶段（见表5-1）。从“中国制造”到“中国智造”再到“中国创造”，中国品牌开始直接将自己的产品与服务触达全球消费者。

表5-1　中国电子信息品牌出海发展阶段划分

阶段	时间	特点
第一阶段	2000—2014年	以传统工业产品出海为主，主打性价比，品牌出海赛道处在探索期
第二阶段	2015—2018年	跨境电商、APP出海、消费电子、服装等行业迎来快速起步和增长期
第三阶段	2019年至今	中国出口受外需驱动快速增长，全品类出海和品牌全球化迎来新的发展阶段

资料来源：飞书深诺。

从出海产品来看，大家电品牌出海最早，更多是以ODM（原始设计制造商）的模式出海，生产过程贯穿产品设计到制造环节全线，产品量价一直处于较稳定状态。手机品牌紧随家电品牌出海，其品牌化的尝试最为成功。据市场调研机构BCI和IDC的统计数据，2023年全球智能手机销量为11.7亿台，中国智能手机激活量为2.7亿台，中国智能手机销量约占全球销量的23%。

2023年全球智能手机销量排名前五的厂商为苹果、三星、小米、OPPO和传音，中国企业占据三席，印证了中国智能手机产业在全球消费电子领域的发展韧性和市场竞争力。2023年全年，苹果手机出货量达2.346亿台，市场份额占比为20.1%；三星出货量为2.266亿台，市场份额为19.4%；小米全球出货量排名第三，出货量达1.459亿台，市场份额为12.5%；OPPO排名第四，崛起的科技巨头传音排名第五，出货量依次为1.031亿台、9490万台，市场份额分别为8.8%、8.1%（见表5-2）。其中，传音智能手机得益于出口战略，瞄准非洲、印度、巴基斯坦等智能手机新兴增量市场，极大地推动了中国电子信息产业走向更加广阔的国际市场舞台。

表5-2　2022—2023年全球智能手机市场情况

公司	2023年情况		2022年情况		2023年增长率
	智能手机出货量/百万台	市场份额	智能手机出货量/百万台	市场份额	
苹果	234.6	20.1%	226.3	18.8%	3.7%
三星	226.6	19.4%	262.2	21.7%	-13.6%
小米	145.9	12.5%	153.2	12.7%	-4.7%
OPPO	103.1	8.8%	114.4	9.5%	-9.9%
传音	94.9	8.1%	72.6	6.0%	30.8%
其他	361.8	31.0%	377.2	31.3%	-4.1%
总计	1166.9	100.0%	1205.9	100.0%	-3.2%

数据来源：《IDC：2023年全球智能手机市场同比下降3.2%，苹果超过三星成为市场第一，市场份额创历史新高》，https://www.idc.com/getdoc.jsp?containerId=prCHC51776924，2024年1月15日。

如今，中国的电子信息品牌在海外市场赢得越来越多的关注和认可，其产品越发频繁地出现在国际消费者的购买清单中。这些品牌已经从最初的OEM（原始设备制造商）模式出海，转变为自主品牌输出，标志着中国制造业从规模扩张向质量提升、从同质化竞争向差异化发展的战略转变。中国品牌的海外扩张策略经历了一次重大的创新实践，品牌价值增长逐渐成为推动国内电子信息行业发展的新引擎。

（四）从折叠屏到MR，需求升级态势明显

近年来，全球智能手机行业面临较大的挑战，市场需求受冷。根据研究机构Canalys发布的最新研究数据，2023年的市场表现并未显现出明显的复苏迹象，智能手机的全球出货量呈现继续下滑趋势。具体来看，在2023年的前六个月中，全球智能手机的出货总量仅为5.25亿台，相较于2022年下降了12%。在中国，智能手机市场的衰退态势同样明显，2023年上半年，智能手机的出货量降至1.31亿台（见图5-5），比上年同期减少了7%。

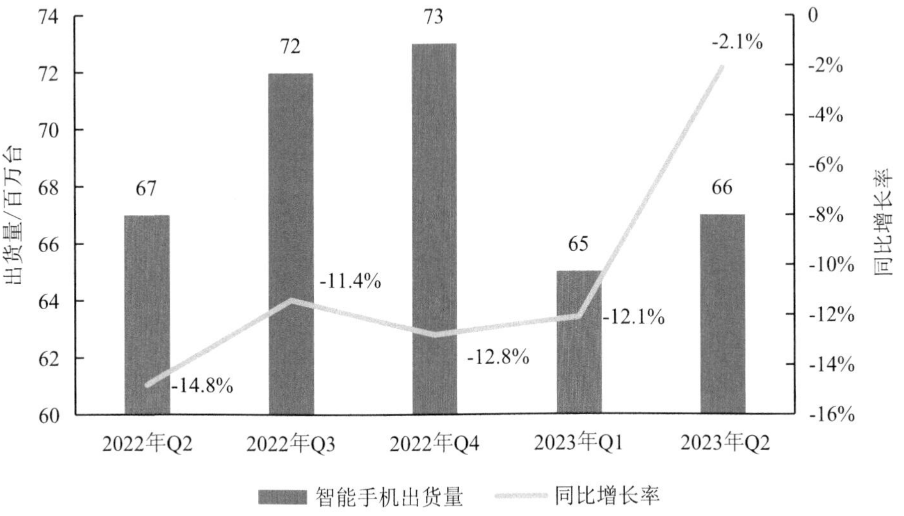

图5-5 2022年第二季度至2023年第二季度中国智能手机出货量与增长率

数据来源：《IDC：需求尚未恢复，二季度中国智能手机市场未见好转，OPPO保持第一》，https://cn.technode.com/post/2023-07-31/idc-q2-2023-china-smart-phone-market-report/，2023年7月27日。

注：图中的2022年Q2指2022年第二季度，"Q"即quarter，季度。

然而，专注消费电子产品洞察的Counterpoint Research公司发布的调查数据显示，尽管2023年智能手机整体市场持续低迷，但高端市场份额不断攀升，折叠屏手机销量猛增，2023年前8个月折叠屏手机销量已逾300万台。随着库存去化以及产业链调整，消费电子市场有望复苏。

中国的折叠屏手机市场展现出了令人瞩目的活力，2022年出货量同比激增199%，显示了市场对此类产品的强烈需求。随着越来越多的国内生产商纷纷进入折叠屏手机领域，产品更新换代速度加快，预计到2023年，折叠屏手机的市场将经历快速增长期，出货量预计将突破530万台，市场容量也将进一步扩大（见图5-6）。特别是华为，其在国内折叠屏手机市场的成绩出众。2023年5月，华为将MateX3的出货目标从之前设定的147万台上调为超过300万台，这一调整进一步凸显了折叠屏手机在刺激更换需求方面的潜力。

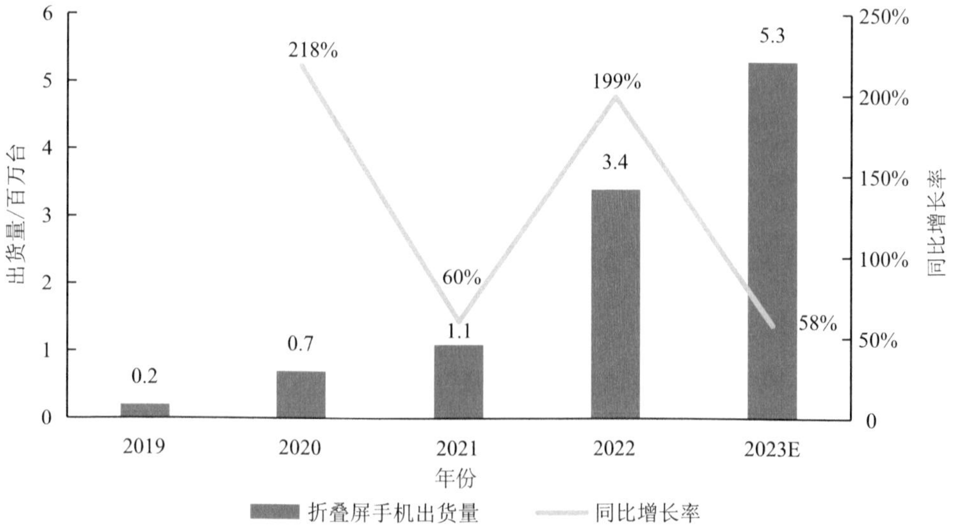

图5-6　2019—2023年中国折叠屏手机出货量与增长率

数据来源：Counterpoint Research。

此外，苹果公司推出的Apple Vision Pro带动了MR设备的新风潮，为电子信息产业带来新的生机。MR设备在建构虚拟场景的基础上，更加注重虚拟与现实场景的互动融合，是未来发展更加完善的AR技术的关键一步。Apple Vision Pro的热销也显示了MR领域巨大的市场消费潜力。根据IDC的预测，到2027年，AR与VR设备的出货量将分别达到680万台和2190万台，从2023年到2027年，其出货量的年均复合增长率分别为96.5%和30.1%（见表5-3）。展望未来，随着AR/VR设备在智慧生活领域的深入渗透，预计将促进电子信息产业进入一个关键的发展阶段。

表5-3　全球AR/VR设备市场增长及预测

产品	2023年出货量/百万台	同比增长率	2027年预测出货量/百万台	2023—2027年复合增长率
AR设备	0.5	63.5%	6.8	96.5%
VR设备	7.6	-10.7%	21.9	30.1%
总计	8.1	-8.3%	28.6	37.2%

数据来源：IDC。

第二节　电子信息产业链SCP范式研究

一、电子信息产业发展概况

（一）产业规模

我国电子信息产业规模较大，增长持续向好。我国作为全球重要的消费电子产品制造基地，其产销规模居世界领先地位，大部分全球主要的电子生产和代工企业都在我国设立了制造基地和研发中心。2023年以来，我国的电子信息制造业生产呈现出向好的态势。根据工业和信息化部的统计数据，2024年，规模以上电子信息制造业增加值同比增长11.8%（见图5-7），增速分别比同期工业、高技术制造业高6个百分点和2.9个百分点。12月，规模以上电子信息制造业增加值同比增长8.7%。

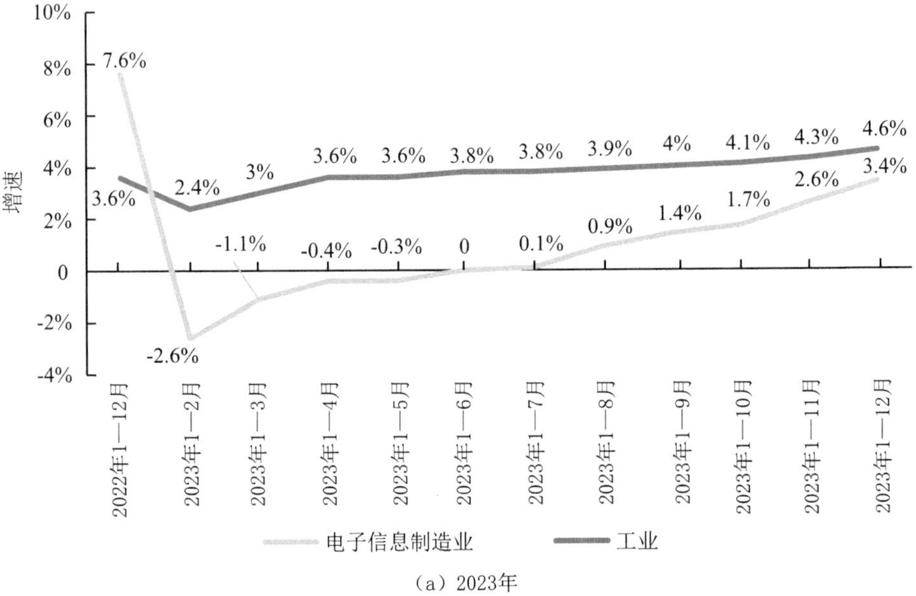

（a）2023年

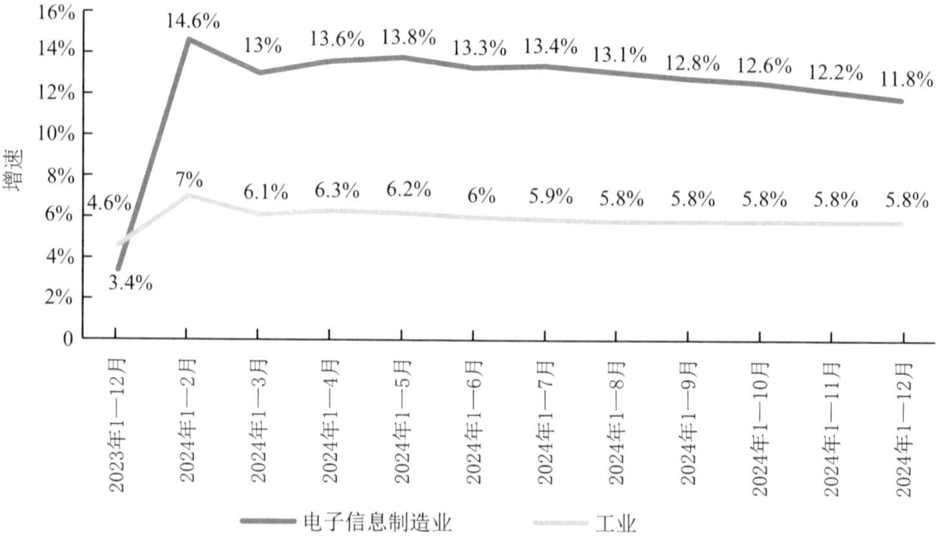

（b）2024年

图5-7　2023—2024年电子信息制造业与工业增加值累计增速对比

数据来源：工业和信息化部。

2023年，我国电子信息制造业主要产品表现如下：手机产量达到15.7亿台，同比增长6.9%。其中智能手机产量达到11.4亿台，同比增长1.9%；微型计算机设备产量达到3.31亿台，同比下降17.4%；集成电路产量达到3514亿块，同比增长6.9%。

同时，电子信息制造业的效益也在逐步恢复，降幅逐渐收窄。2024年，规模以上电子信息制造业实现营业收入16.19万亿元，同比增长7.3%；营业成本14.11万亿元，同比增长7.5%；实现利润总额6408亿元，同比增长3.4%（见图5-8）；营业收入利润率为4.0%，较1—11月提高0.04个百分点。12月，规模以上电子信息制造业营业收入1.74万亿元，同比产量增长8.4%。

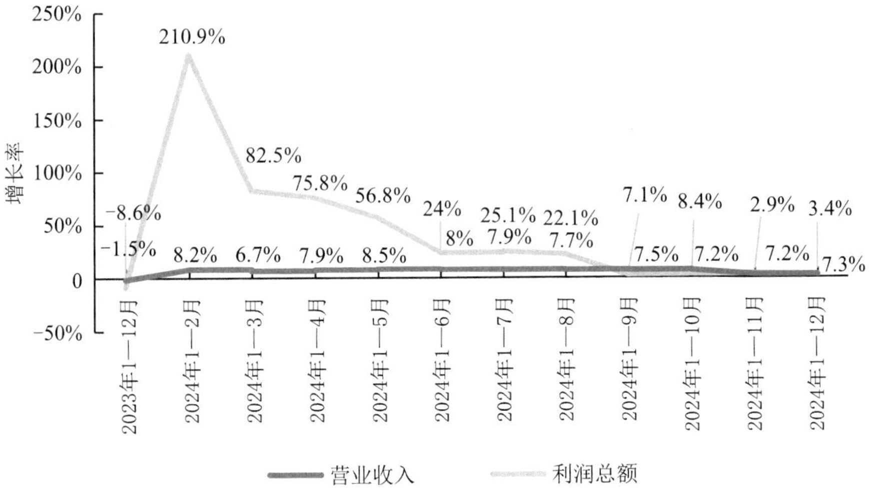

图5-8　2024年电子信息制造业市场盈利情况

数据来源：工业和信息化部。

（二）产业链发展概况

总体上看，我国电子信息产业链不断完善。近年来，产业链从电子产品组装制造向技术专利、品牌服务等高附加值环节跃迁，吸引了大批企业布局相关业务生态。上游芯片本土化进程加快，显示面板产能继续向中国转移，PCB市场规模持续扩大；中游电子产品智能制造能力逐渐增强；下游产品国际认可度持续上升，“AI+”创新活力充分涌流。

聚焦广东省，电子信息产业是广东省的第一大支柱产业，2024年，广东省电子信息制造业营业收入达到5.34万亿元（见图5-9），产业规模连续33年居全国第一；电子信息制造业企业有11家营业收入超过1000亿元，3家进入世界500强排行榜。2024年，广东省电子及通信设备制造业增加值增长11.9%，分产品看，新能源汽车产量增长43%。

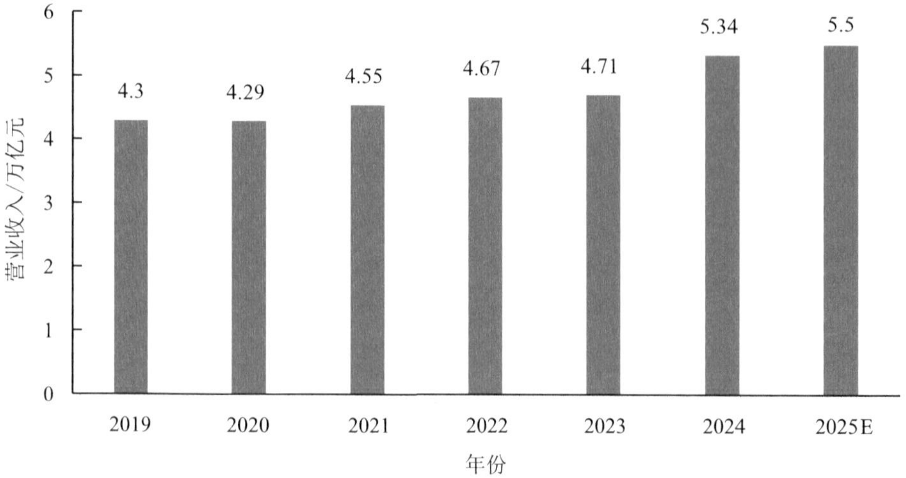

图5-9　2019—2025年广东省电子信息制造业营业收入情况

从电子信息产品产量来看，广东省手机、电视机、程控交换机等产品产量居全国前列。根据广东省统计局数据，2022年，广东省手机产量为62690.03万台，占全国手机产量的40%；彩色电视机产量为10792.02万台，同比增长11.5%，占全国彩色电视机产量的55%；程控交换机产量为829.71万线，同比增长48.7%，占全国程控交换机产量的94%；集成电路产量为516.87亿块，电子元件28035.42亿只，光电子器件5468.47亿只（见表5-4）。

表5-4　2022年广东省电子信息制造业主要产品产量

产品名称	计量单位	产量
程控交换机	万线	829.71
其中：数字程控交换机	万线	825.34
电话单机	万部	3730.57
移动通信手持机（手机）	万台	62690.03
电子计算机整机	万台	8085.15
其中：微型计算机设备	万台	6948.85
笔记本计算机	万台	1268.07
集成电路	亿块	516.87
光电子器件	亿只	5468.47

续表

产品名称	计量单位	产量
其中：发光二极管（LED管）	亿只	5263.24
液晶显示屏	亿片	16.42
液晶显示模组	亿套	10.79
电子元件	亿只	28035.42
彩色电视机	万台	10792.02
其中：液晶电视机	万台	10724.17
智能电视	万台	7957.95
数字激光音、视盘机	万台	351.82
组合音响	万台	15545.19
半导体存储器播放器（含MP3、MP4）	万个	444.62

二、产业链市场结构

（一）上游环节竞争格局

1.半导体材料

半导体材料是电子领域的关键核心材料。半导体材料具有独特的半导体性质，对于集成电路、分立元件、传感器以及光电子设备的生产至关重要。这类材料对精确度和纯净度的要求远高于常规材料，其在工艺制备阶段对材料的选择和应用极为严格。在整个半导体产业链条中，半导体材料与半导体设备并列，均处于产业链的上游位置，构成了半导体生产技术的根本支撑。

根据在应用中的不同阶段，半导体材料主要分为两类：晶圆制造用的材料（前端材料）和封装用的材料（后端材料）。其中，前端晶圆制造用材料涵盖硅片、电子气体、掩模版、光刻胶及相关辅助材料、湿电子化学品、溅射靶材、CMP（化学机械抛光）材料等；而后端封装用材料则包括引线框架、封装基板、陶瓷材料、焊线、切割工具、芯片粘接材料等（见表5-5）。这些材料共同确保半导体器件从制造到封装的全过程能够精准、高效地完成。

表5-5　半导体材料的分类

大类	细分类别	作用
前端制造材料	硅片	晶圆制造的基底材料
	溅射靶材	芯片中制备的薄膜的元素级材料通过磁控进行精准放置
	CMP材料	通过化学反应与物理研磨实现大面积平坦化
	光刻胶	将掩模版上的图形转移到硅片上的关键材料
	湿电子化学品	晶圆制造过程进行湿法工艺
	电子气体	氧化、还原、除杂
	掩模版	产品制造过程中的图形“底片”转移用的高精密工具
	化合物半导体	新一代的半导体基体材料（相对于一代硅片）
后端封装材料	封装基板	保护芯片、物理支撑、连接芯片与电路板、散热
	引线框架	保护芯片、物理支撑、连接芯片与电路板
	陶瓷封装体	绝缘打包
	键合金属线	芯片和引线框架、基板间连接线

资料来源：华经产业研究院。

据统计，2022年，在半导体产品材料中，硅片、电子气体、掩模版是三个最大的类别，占据了整个行业60%的份额。这三个类别的材料不仅在生产过程中需求量大，而且在技术和成本上对半导体制造有着重要影响。此外，目前国内存在较大差距的光刻胶及其辅助材料占比13%，CMP材料占比7%（见图5-10），虽然它们的市场份额相对较小，但对半导体制造过程中的特定步骤至关重要。

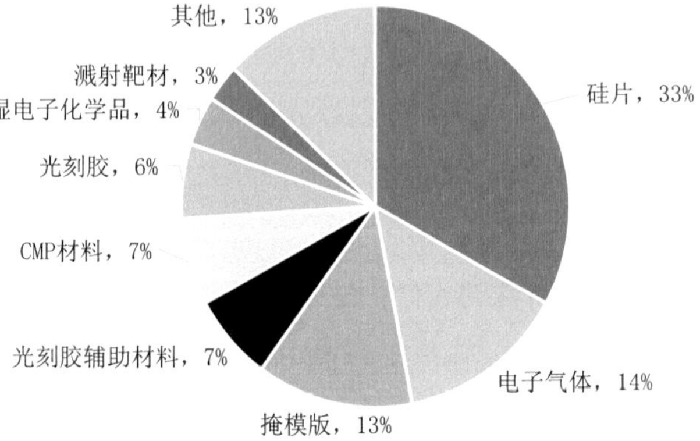

图5-10　2022年全球半导体材料产品结构

数据来源：国际半导体产业协会、华经产业研究院。

从市场区域分布情况来看，2021年，在全球的半导体材料市场中，中国台湾位居第一，中国大陆紧随其后，二者分别占比23%和19%（见图5-11），这主要是由于部分半导体材料国产替代率的提高和全球半导体产业向国内转移的趋势。

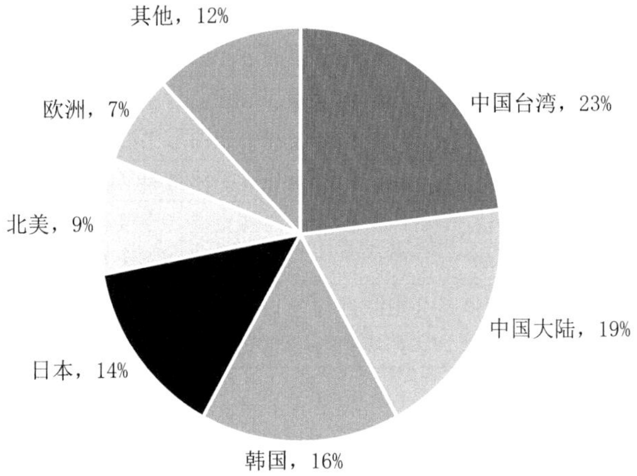

图5-11　2021年全球半导体材料区域分布

数据来源：国际半导体产业协会、华经产业研究院。

中国半导体材料领域发展不平衡，关键原材料依赖进口，仍处在技术攻坚克难的阶段。具体来说，在某些基础材料和部分特定化学品（如湿电子化学品、溅射靶材）方面，中国显现出一定的竞争优势；而在硅片、掩模版、电子气体、光刻胶及CMP材料等关键高端材料上，中国还面临较大的挑战，国产替代之路任重道远。近年来，由于国内半导体材料厂商技术水平的提升和研发能力的增强，中国半导体材料市场规模迅速扩大。2016—2022年，国内半导体材料市场规模由68亿美元提升至129.8亿美元，年均复合增长率达到9.7%。

2.被动元件

被动元件是电路中一类特殊的元件，是设计用于不改变信号基本特性，仅允许信号通过的电子元器件。在电子行业中，被动元件被认为是基础构件，可谓是电子产业的重要基石。其体积小巧，因而被形象地比喻为“电子界的米粒”。根据相关数据，2022年，全球被动元件市场规模约为346亿美元，预计到2023年将增至363亿美元（见图5-12）。

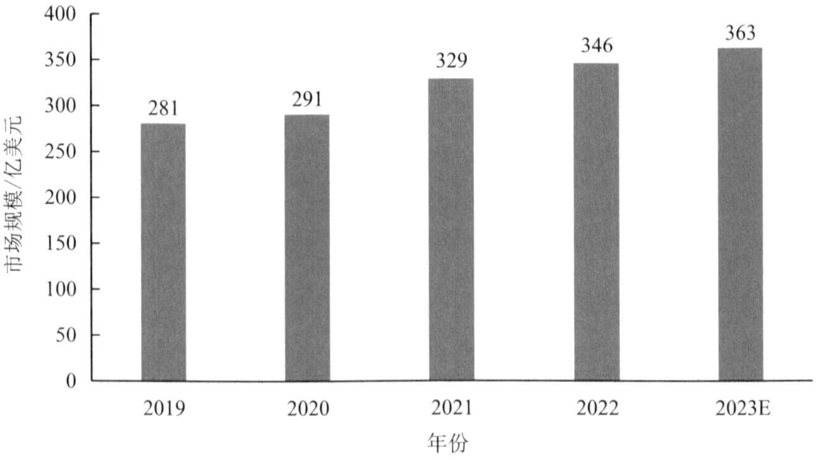

图5-12　2019—2023年全球被动元件市场规模
数据来源：电子元件行业协会、中商产业研究院。

根据电子元件行业协会发布的全球被动元件市场报告，亚洲地区是全球电子产品制造的重要中心，在被动元件的销售上占据领先地位。中国作为全球最大的被动元件市场，大约占全球市场份额的43%，除中国、日本外的亚洲其他地区的市场份额为20%（见图5-13）。

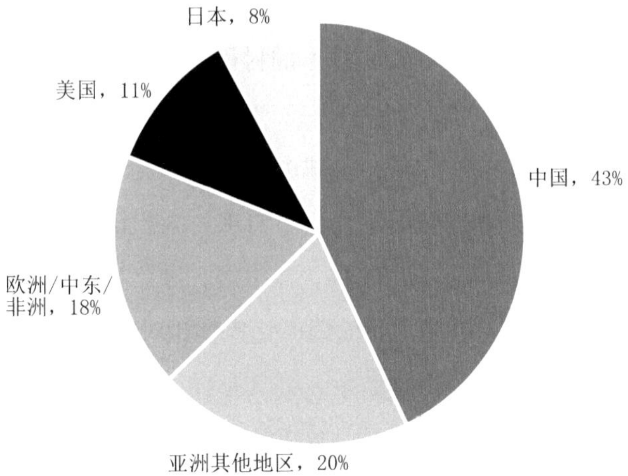

图5-13　2022年被动元件市场规模占比
数据来源：电子元件行业协会、中商产业研究院。

电容、电感、电阻以及射频器件等构成被动元件的主体，其中电容、电感、电阻被认为是最关键的三种被动元件。2022年，在众多被动元件类别中，电容以65%的市场份额居于首位，电感和电阻则分别以15%和9%的市场份额紧随其后，射频器件及其他产品占据11%的市场份额（见图5–14）。

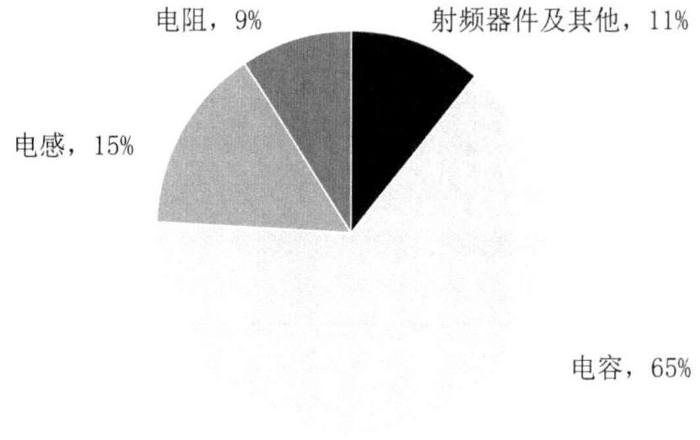

图5–14　2022年全球被动元件产品结构

数据来源：电子元件行业协会、中商产业研究院。

当前，中国在被动元件行业的全球市场份额较大，发展实力强，潜力大。观察市场结构尤其是电容市场，发现市场高度集中。特别是在MLCC这一关键产品市场中，主要生产商主要分布在日本、韩国、中国台湾、美国及中国大陆，形成了一个高度集中的市场格局。2021年，日本企业在这一市场的占有率领先，高达54%，而中国大陆的MLCC生产商大约只拥有全球市场份额的7%。全球市场前三名厂商分别是日本的村田制作所、韩国的三星电机和日本的太阳诱电，它们的市场份额分别为32.7%、23.3%和10.5%。

与电容市场的高集中度不同，全球电感市场的竞争格局较为分散，呈现中低度的集中状态。日本的村田制作所、TDK、太阳诱电是市场的前三名厂商，市场份额分别为14%、14%和13%。在中国，顺络电子是本土领先企业，占有7%的市场份额，表明电感产品的国产化程度相对较低。

在电阻行业，市场份额相对集中，尤其是在中国台湾，当地企业展现出较强的市场竞争力。以销售额统计，2020年，中国台湾的国巨公司以25%的市场占有率位居榜首，紧随其后的是厚声和华新科，市场份额分别为12%和10%。在中国大陆，风华高科是电阻行业的龙头企业，拥有6%的市场份额。

被动元件市场结构如表5-6所示。

表5-6　被动元件市场结构

三大核心被动元件	CR4	市场结构	主要厂商
电容	72.50%	高集中寡占型	日本村田、三星电机、太阳诱电、台湾国巨、日本京瓷
电感	49%	中（下）集中寡占型	日本村田、日本TDK、太阳诱电、奇力新、顺络电子
电阻	55%	中（上）集中寡占型	台湾国巨、台湾厚声、台湾华新科、台湾凯美、台湾大毅、风华高科

资料来源：电子元件行业协会。

注：CR4，CR是concentration ratio（集中度比率）的缩写，4代表前四家市场份额最大的企业，即行业前四名份额集中度，通常用百分比表示。

3.PCB

PCB，即印制电路板，是电子元器件的主要支撑结构，用于电子元器件之间的电气连接，因其采用电子印刷技术而得名。PCB在电子设备中扮演着关键的角色，具备数字和模拟信号传输、电源供应以及射频微波信号发射和接收等功能，被称为“电子产品之母”。数据显示，2024年，中国PCB市场规模达4121.1亿元，2020—2024年的年均复合增长率为5.73%。中商产业研究院分析师预测，2025年中国PCB市场将回暖，市场规模将达到4333.21亿元（见图5-15）。

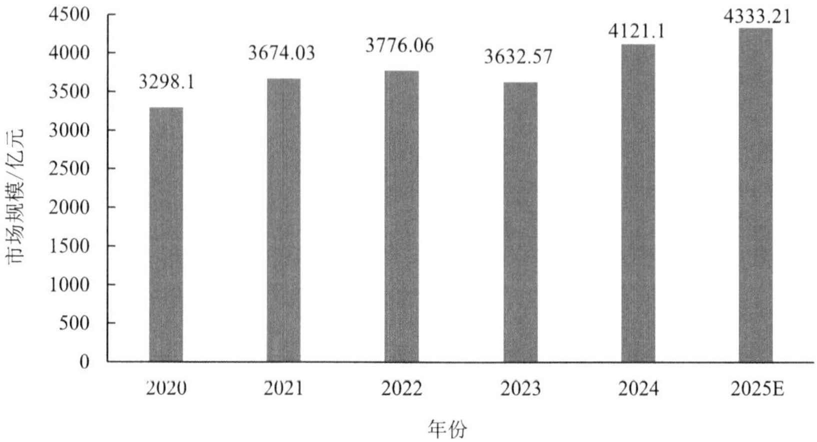

图5-15　2020—2025年中国PCB市场规模

资料来源：《2025年中国PCB行业市场前景预测研究报告》，https://mp.weixin.qq.com/s/zuNw_Sf1gQj7wvmjzq-kIQ，2025年3月14日。

PCB行业作为电子信息产品制造的核心基础行业，受到宏观经济周期性波动的显著影响。全球范围内，PCB制造企业主要集中在中国、日本、韩国、美国、欧洲以及东南亚等国家和地区。观察行业的竞争状况，2021年，全球前十大PCB企业的市场集中度（CR10）仅为36%（见图5-16），显示出行业集中度相对较低。在这个竞争格局中，鹏鼎控股居市场占有率首位，大约占据了7%的市场份额。

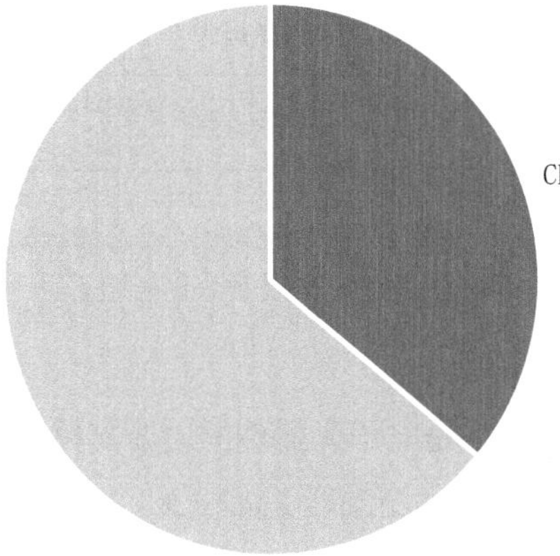

图5-16　2021年全球PCB市场集中度

资料来源：中商情报网。

（二）中游环节竞争格局

1.芯片

芯片是在半导体材料上构建的一个复杂的电路系统，按照处理信号方式可以分为模拟芯片和数字芯片。数字芯片是基于数字逻辑（布尔代数）而设计运行的芯片，被用于传递、加工和处理数字信号。数字芯片按照使用功能分类，可以分为逻辑芯片、存储器、微型元件等。

2023年，受全球消费电子需求萎缩影响，全球芯片行业处于去库存阶段。据TechInsights报道，2023年，全球TOP25半导体公司总收入为5168.27亿美元，较2022年同期下滑11%，其中TOP10公司合计收入达3577.77亿美元，占25家公司总收入的69.23%（见表5-7）。根据Gartner数据，2023年全球TOP25半导体厂商合计年营收下降14.1%，占全球半导体营收的比重为74.4%，低于2022年的77.2%。

目前全球芯片市场以国外产品为主导，中国芯片实力稳中有升。2023年，全球TOP25半导体公司中只有台积电、联发科、联电和中芯国际来自中国；上榜的美国半导体公司包括英特尔、英伟达、高通、博通、AMD、德州仪器、苹果、美光、ADI、微芯科技、安森美、格芯、西部数据；上榜的韩国半导体公司包括三星和SK海力士；上榜的欧洲半导体公司包括英飞凌、意法半导体、恩智浦；来自日本的半导体公司包括索尼、瑞萨电子和铠侠。

表5-7　2023年全球TOP25半导体集成电路厂商市场表现

排名	公司	总部所在地	IC芯片营业收入/百万美元	集成电路营业总收入/百万美元	同比变动	集成电路营业总收入占TOP25总收入比重
1	台积电	中国台湾	68852	68852	-9%	13.32%
2	英特尔	美国	51401	51401	-16%	9.95%
3	英伟达	美国	49565	49565	102%	9.59%
4	三星	韩国	45938	48304	-37%	9.35%
5	高通	美国	30483	30483	-17%	5.90%
6	博通	美国	25204	27993	5%	5.42%
7	SK海力士	韩国	21334	23922	-31%	4.63%
8	AMD	美国	22612	22612	-4%	4.38%
9	英飞凌	欧洲	11647	17384	10%	3.36%
10	意法半导体	欧洲	11734	17261	7%	3.34%
11	德州仪器	美国	15631	16671	-12%	3.23%
12	苹果	美国	16414	16414	-8%	3.18%
13	美光	美国	16200	16200	-37%	3.13%
14	联发科	中国台湾	13709	13709	-26%	2.65%
15	恩智浦	欧洲	11968	13042	1%	2.52%
16	ADI	美国	11042	11612	-6%	2.25%
17	索尼	日本	1065	10653	8%	2.06%
18	瑞萨电子	日本	8279	10509	-7%	2.03%
19	微芯科技	美国	7314	8534	8%	1.65%
20	安森美	美国	3614	8235	-1%	1.59%
21	格芯	美国	7388	7388	-9%	1.43%
22	联电	中国台湾	7129	7129	-24%	1.38%

续表

排名	公司	总部所在地	IC芯片营业收入/百万美元	集成电路营业总收入/百万美元	同比变动	集成电路营业总收入占TOP25总收入比重
23	铠侠	日本	6738	6738	-36%	1.30%
24	中芯国际	中国大陆	6296	6296	-13%	1.22%
25	西部数据	美国	5920	5920	-26%	1.15%
前10总计			338770	357777	-9%	69.23%
前25总计			477477	516827	-11%	100%

资料来源：TechInsights。

在2023年的全球半导体行业中，各大公司的排名变动显著，反映了市场动态和技术发展的快速变化。台积电以688.52亿美元的营收继续保持行业领先，并且反超三星成为行业领袖。英特尔营收下滑16%至514.01亿美元，从2022年的第三位上升到2023年的第二位，显示出其在半导体行业的强大实力。英伟达凭借AI芯片市场的强劲需求，营收暴增102%至495.65亿美元，从2022年的第八位飙升至2023年的第三位，成为行业中的明星。然而，三星由于存储芯片业务的挑战，营收大跌37%至483.04亿美元，从2022年的领头羊位置跌至2023年的第四位。高通的排名从2022年的第四位下滑到了2023年的第五位，营收下降17%至304.83亿美元。博通则展现了逆市增长的实力，其营收同比增长5%至279.93亿美元。受制于存储芯片市场逆风，SK海力士营收下跌31%至239.22亿美元，从2022年的第五位下降到第七位。英飞凌则表现出色，营收增长10%至173.84亿美元，排名较2022年上升5位。意法半导体同样表现不俗，营收增长7%至172.61亿美元，从2022年的第十三位上升至第十位，进入了行业前十。

中芯国际作为唯一上榜的中国大陆企业，排名稳中有升，可见中国芯片公司的发展韧劲。从芯片产量来看，在全球芯片产业都不景气的情况下，2023年中国芯片产业逆市增长了6.9%，生产量达到了3514.4亿块（见图5-17）。同时，华为麒麟芯片回归，中国芯片工艺有了质的突破，可见中国芯片产业发展势头较为稳健。

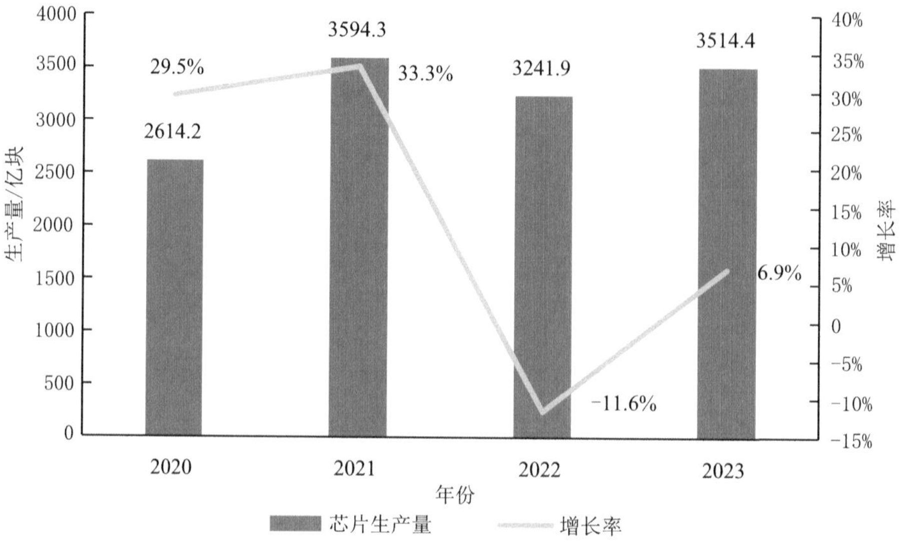

图5-17　2020—2023年中国芯片生产量

数据来源：国家统计局。

未来，“AI+”产业的发展将提高业内对芯片性能的要求，推动芯片产业的产能扩张。根据IDC和Gartner、IC Insights预测，2024年全球芯片产业将会迎来复苏，市场规模将增长13%～20.2%。

2.显示面板

LED，即发光二极管，是制作显示面板的核心材料，它是由半导体材料制成的一种固态发光装置，以高效节能和广泛应用性受到众多用户的青睐。LED被大量应用于照明设施、液晶屏幕的背光源、显示屏等多个领域。其中，在显示面板方面，LED主要被应用于众多室内环境和少数半室外环境。目前，LCD技术仍然占据主导地位，而在高端市场，Mini LED和OLED技术各展所长，长远来看，Micro LED技术有潜力成为最终的显示解决方案。根据数据统计，2022年，中国LED显示屏市场规模已经达到了493亿元，预计到2023年，中国LED显示屏市场规模约为537亿元，到2024年将进一步上升至634亿元（见图5-18）。

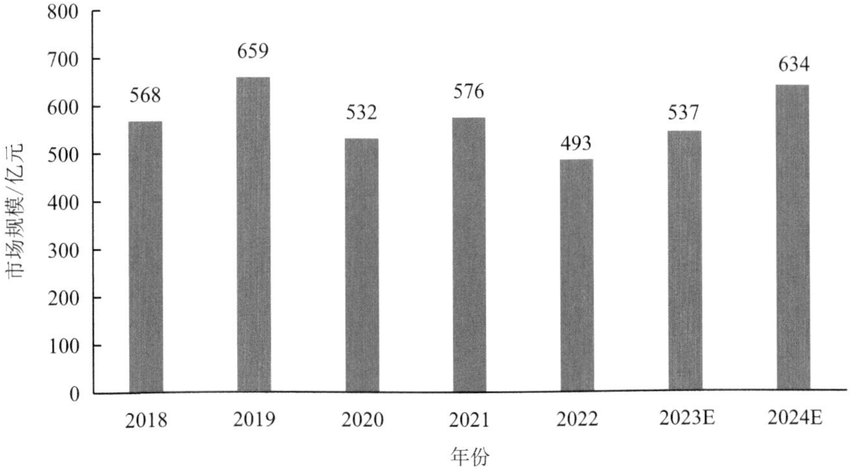

图5-18　2018—2024年中国LED显示屏市场规模

数据来源：中商情报网。

中国目前在LED显示屏领域实力雄厚。在2022年全球LED显示屏市场份额中，占比前五名的企业分别为利亚德、洲明科技、强力巨彩、达科电子和海康威视，它们的市场份额依次为11.4%、10.9%、10.2%、8.7%和4.5%（见图5-19）。在这前五名企业中，中国的制造商共占了市场的37%（除达科电子），展示了中国在LED显示屏领域的强势地位。随着这些企业在渠道建设、品牌影响力、市场规模及技术开发方面持续强化领先优势，预计市场份额将进一步向这些头部企业倾斜。

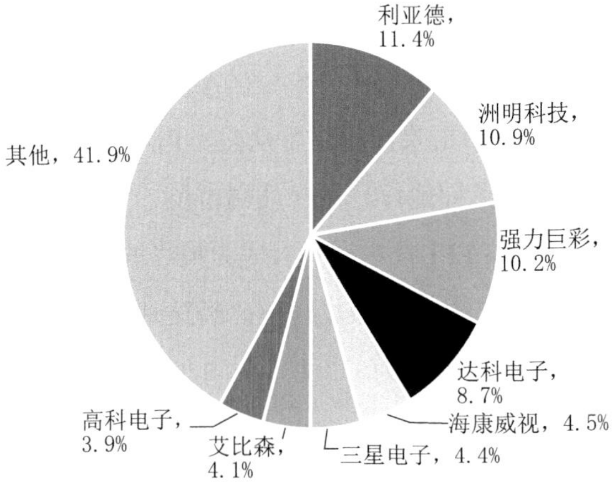

图5-19　2022年全球LED显示屏市场份额占比情况

数据来源：《2022年全球LED显示屏市场规模及竞争格局分析（图）》，https://www.askci.com/news/chanye/20220605/0804271876100.shtml，2022年6月5日。

我国的液晶面板行业竞争尤为激烈。目前市场上的企业主要包括京东方、华星光电、深天马、惠科、中电熊猫等。从企业规模和业务战略的角度来看，京东方、华星光电和深天马占据了竞争格局的前沿位置，这些企业在高端面板和大型面板领域技术领先；紧随其后的第二梯队包括惠科、中电熊猫和中电彩虹等，这些企业主要专注于生产中低端的LCD面板；而位于竞争格局更低一层的是其他中低端屏幕供应商（见图5-20）。

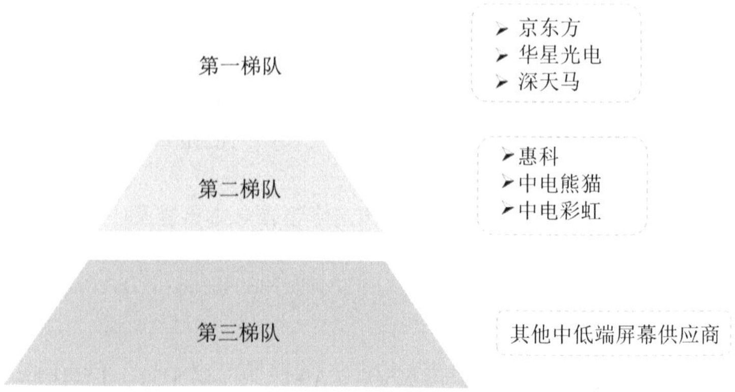

图5-20 中国面板行业竞争格局

资料来源：前瞻产业研究院。

3.消费型锂电池

2022年，由于3C数码产品的消费需求相对疲软，中国消费型锂电池的出货量呈现下降趋势。数据显示，2022年的出货量达到了48GWh，相较2021年减少了11.11%。观察消费型锂电池行业的下游市场，智能手机、笔记本电脑、智能穿戴设备以及智能家居等领域的市场规模持续扩大，预示着锂电池行业将步入新一轮的增长期。据估计，2023年中国消费型锂电池的出货量将提升至59GWh，并在2024年进一步增长至66GWh（见图5-21）。

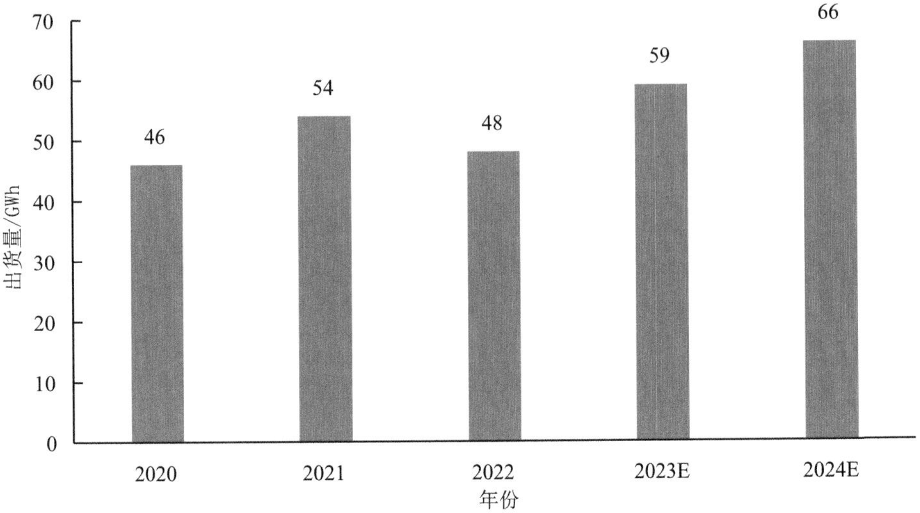

图5-21　2020—2024年中国消费型锂电池出货量

数据来源：《2024年中国消费型锂电池出货量预测及行业竞争格局分析（图）》，https://www.askci.com/news/chanye/20231101/1132492698809569620105l6.shtml，2023年11月1日。

全球消费型锂电池市场集中度较高，ATL、三星SDI、LG化学、比亚迪、珠海冠宇、力神为主要头部企业，2022年的市场占比分别为37.96%、11.12%、9.85%、9.31%、7.00%、5.03%（见图5-22）。可见，日本、韩国在消费型锂电池市场中占据主要地位，中国消费型锂电池行业发展呈现追赶态势。

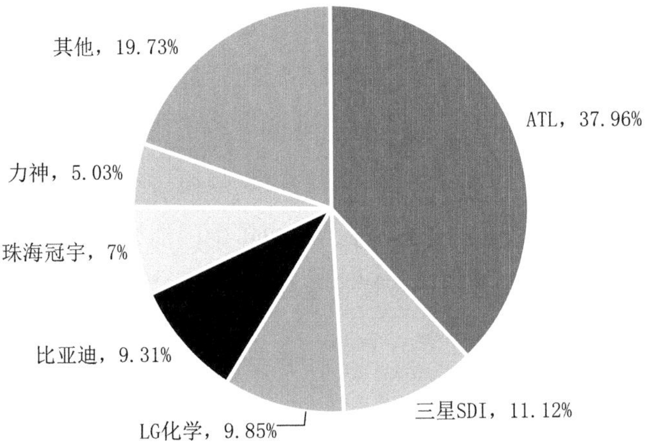

图5-22　2022年全球手机锂电池市场竞争格局

数据来源：《硅碳负极有望提升消费电子锂电池价值量》，https://bg.sgpjbg.com/baogao/616933.html，2025年3月11日。

（三）下游环节竞争格局

电子信息产业下游产品的核心是智能手机、个人电脑等消费电子产品，随着技术的发展，其外延又向智能穿戴设备、智能家居等领域拓展。数据显示，2022年，中国消费电子市场规模达到约18649亿元（见图5-23），2018—2022年的年均复合增长率为2.97%。

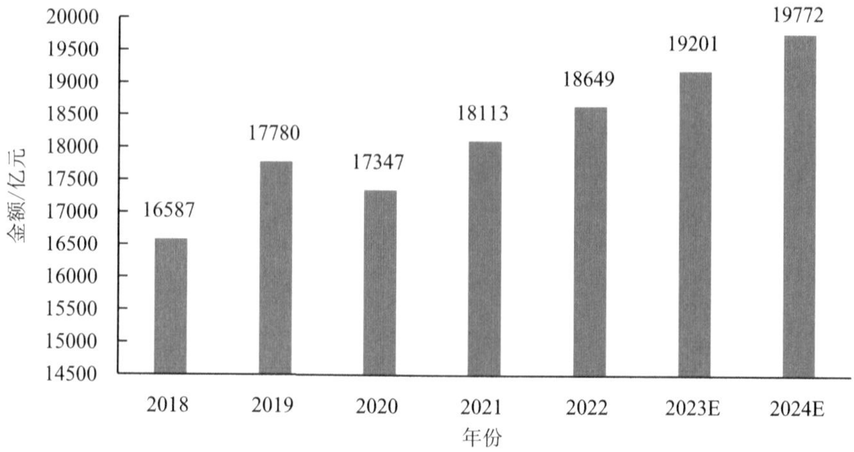

图5-23 2018—2024年中国消费电子市场规模

数据来源：Statista。

1.智能手机

智能手机市场规模广阔，前景向好。随着电子信息技术与互联网通信技术的迅速进步，智能手机作为移动设备市场上销量最高的电子产品之一，通过不断的技术革新已经深深融入我们的日常生活。然而，在2018年后，受到需求持续低迷的影响，中国市场上的智能手机出货量出现了下滑。根据数据统计，2022年，中国智能手机出货量较2021年下降了16%，总计为2.87亿台。然而，自2023年第三季度起，随着消费电子市场的逐步回暖，预计国内智能手机出货量将出现转机。据中商产业研究院的分析师预测，2023年，智能手机出货量预计将增至2.95亿台，到2024年将进一步增长至3.16亿台（见图5-24）。

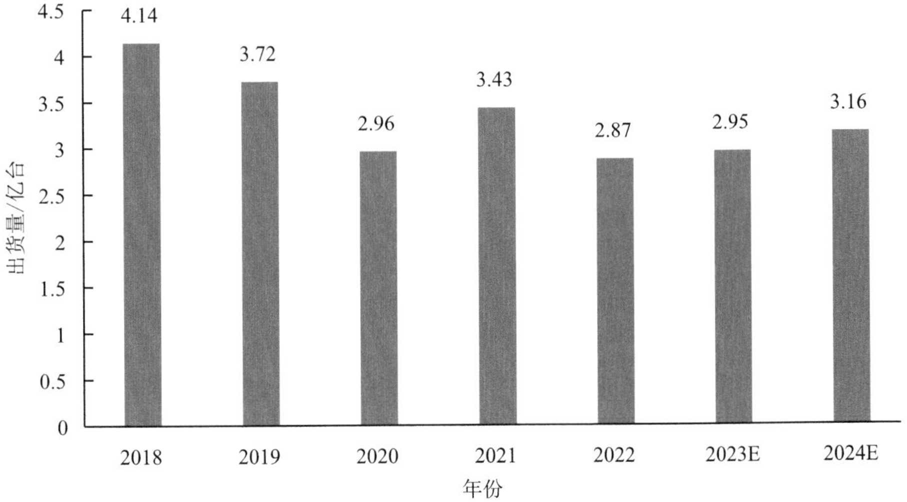

图5-24　2018—2024年中国智能手机出货量

数据来源：Canalys、中商产业研究院。

智能手机行业具有较多品牌。2023年第三季度，从国内智能手机市场竞争情况来看，荣耀凭借17.7%的市场占有率领跑，位居榜首。紧随其后的是OPPO（包括一加品牌），其市场份额为16.3%。而苹果、vivo和小米则分别以15.9%、15.6%和13.6%的市场份额排在第三、第四和第五位（见图5-25）。

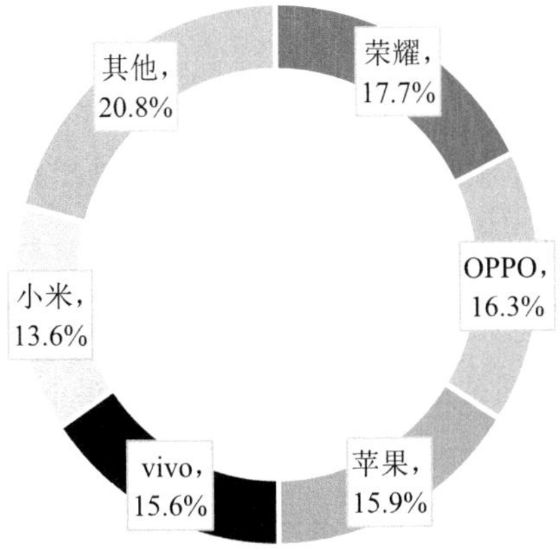

图5-25　2023年第三季度中国智能手机市场份额占比情况

数据来源：Canalys、中商产业研究院。

2.个人电脑

随着新技术的研发与应用，个人电脑销量有望回升。2022年，中国大陆个人计算机出货量为4850.8万台（见图5-26），同比下降14.9%。随着人工智能技术在个人电脑领域的深入应用，众多品牌加速了AI电脑产品的开发与创新，期待通过技术突破提升市场份额。这种技术的广泛应用预计将促进个人电脑销量回升。根据Canalys数据，2024年中国大陆PC全年出货量3970万台，下降了4%。不过AIPC出货量在2024年稳步增长，达到580万台，占2023年中国大陆PC总出货量的15%。

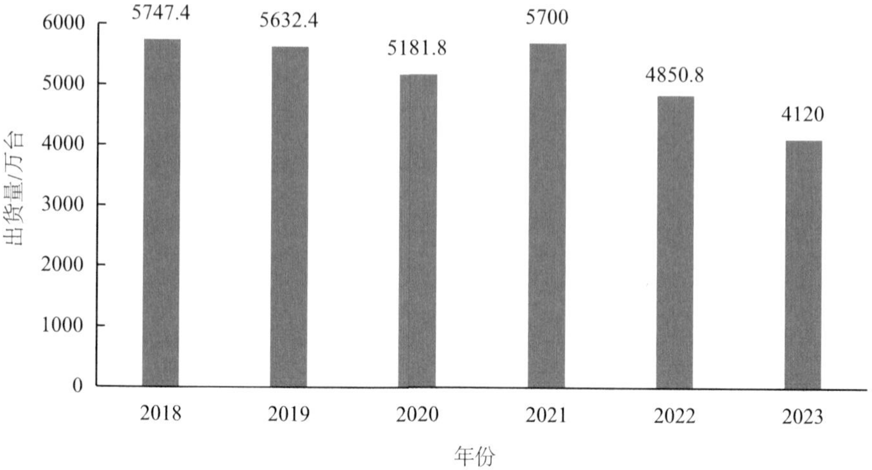

图5-26　2018—2023年中国个人电脑出货量

数据来源：Canalys、中商产业研究院。

我国个人电脑市场集中度相对较高。2023年第三季度，市场前五企业的市场份额总和达78%。联想和惠普分别以24.5%和20.6%的市场份额排名前二，其次分别为戴尔、苹果、华硕，市场份额占比分别为15.6%、9.8%、7.4%（见图5-27）。

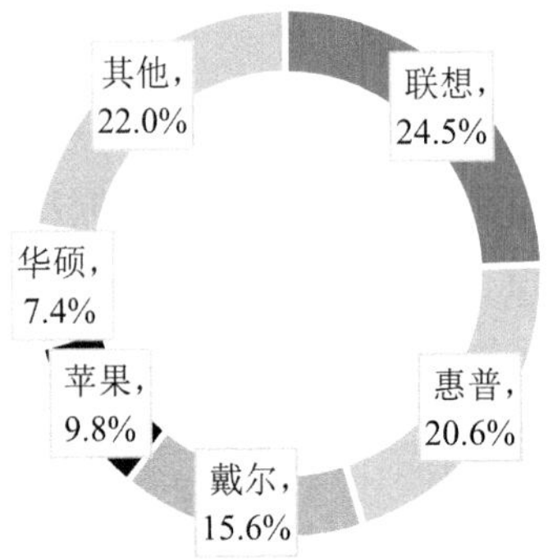

图5-27　2023年第三季度全球个人电脑市场份额占比情况

数据来源：Canalys。

3.智能穿戴设备

智能穿戴设备出货量保持稳中有升。技术进步，包括元器件、操作系统和开发平台的发展，不断推动全球智能穿戴设备技术水平的提升。全球市场上，智能穿戴设备出货量近年保持稳定趋势。根据统计数据，2022年，全球智能穿戴腕带出货量达到大约1.82亿台，比上一年减少了5.7%。到2023年，全球智能穿戴腕带的出货量提升至1.85亿台，并在2024年进一步增加至1.93亿台（见图5-28）。

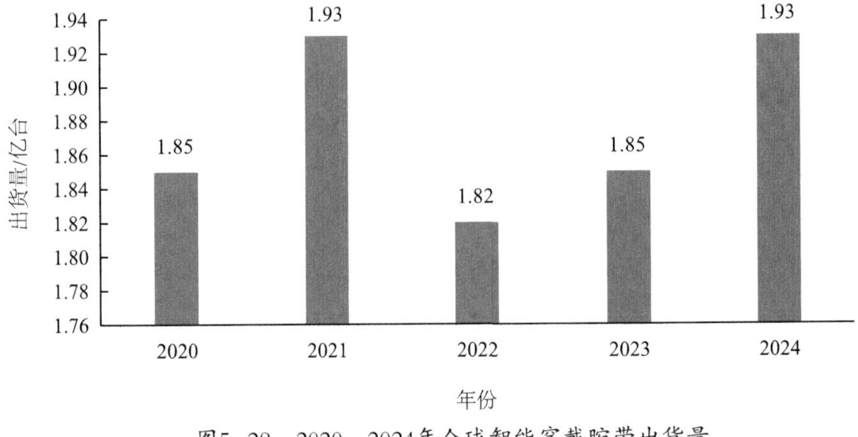

图5-28　2020—2024年全球智能穿戴腕带出货量

数据来源：Canalys。

智能穿戴设备行业龙头企业众多。在2023年第二季度全球智能穿戴腕带市场份额方面，苹果以18%的市场份额继续占据领先地位。小米则通过多样化的产品线和稳定的核心定价策略，成功巩固了市场地位，市场份额为11%。同时，华为通过推出覆盖多个细分市场的多样化产品，成功位居第三，市场份额达到了10%。印度品牌Noise和Fire-Boltt则是通过调整价格策略，推出了多款基础型智能手表，并以更具吸引力的价格获得了市场青睐，市场份额分别飙升至8%和7%（见图5–29），同比增长率分别达到了93%和86%。

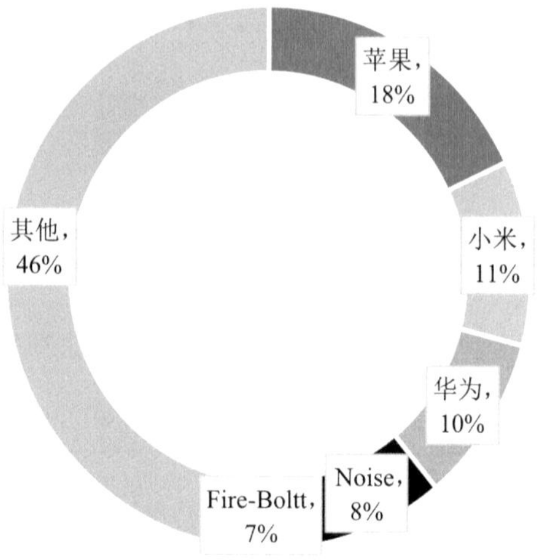

图5–29　2023年第二季度全球智能穿戴腕带市场份额占比情况

数据来源：Canalys。

三、产业链市场行为

（一）半导体与集成电路国产替代进程加速

集成电路产业国产替代进程加速，有望推动国内集成电路测试市场发展。目前世界半导体产业逐渐向中国大陆转移，叠加国家产业政策激励，尤其是中兴通讯和华为禁令事件后，国产替代进程加速，国内集成电路设计企业数量以及晶圆制造规模持续增长，有望推动国内集成电路测试市场持续快速增长。

根据国际半导体产业协会年度报告数据，目前国内的芯片设计厂商已由2016年的1362家增长至2022年的3243家，2017—2021年，国内集成电路设计行业产值复合增速达10.04%。作为实验室检测的重要需求来源，芯片设计厂商通常基于终端应用需求升级创新产品设计方案，推动下游制造、封装等多领域的工艺演进，同时催生大量新产品检测需求。2017年—2021年中国半导体产业市场规模及占全球比重如图5-30所示。

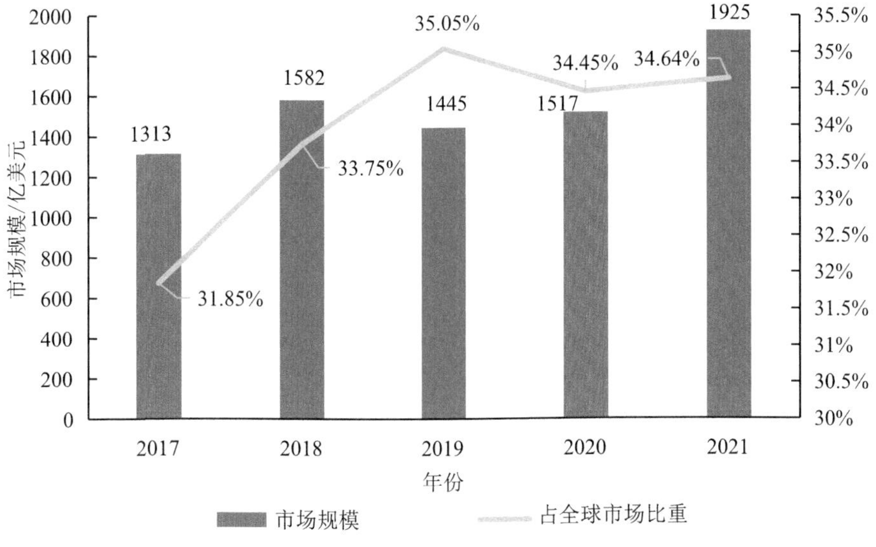

图5-30　2017—2021年中国半导体产业市场规模及占全球比重

数据来源：国际半导体产业协会。

根据国际半导体产业协会的数据，2022年，中国晶圆加工设备的本土供应比例从2021年的21%显著提升到了35%。在诸如去胶、清洗、热处理、刻蚀及CMP等领域，国内设备的替代率相对较高。然而，在光刻机、离子注入机等高价值设备方面，本土化程度仍然较低，这些领域的国产设备总和比例还不到5%（见表5-8）。随着半导体产业国产化趋势的加深，我国的半导体产业链正在不断发展和完善，产生了许多优秀的芯片设计、制造和封测企业，这也为国内半导体第三方检测与分析市场带来了新的发展机遇。半导体产业的本土化是一个需要不断研究、试验和迭代的过程，这一过程有望促进半导体检测需求的增长。

表5-8　我国主要半导体设备国产化率情况及国内供应商

设备类型	国产化率	国内供应商
单晶炉（半导体用）	<20%	晶盛机电、华盛天龙、北方华创、中电科48所、京运通
光刻设备	<1%	上海微电子、中电科45所、沈阳芯源
去胶设备	>90%	屹唐半导体
清洗设备	约20%	盛美半导体、北方华创
刻蚀设备	<20%	中微半导体、北方华创、屹唐半导体
离子注入设备	<1%	中科信、凯世通等
PVD/CVD设备	10%～15%	北方华创、沈阳拓荆、中电科45所、中电科48所
氧化扩散设备	<10%	北方华创、中电科48所、中电科45所
CMP设备	约10%	华海清科
分选机	<20%	长川科技
量测设备	约2%	上海睿励、中科飞测、上海精测半导体、上海微电子
涂胶显影设备	<1%	沈阳芯源

资料来源：国海证券研究所。

（二）上游显示面板龙头企业兼并收购，优化行业资源配置

经历了疫情等不确定因素导致的全球经济衰退后，2023年，消费者倾向于更加理性的消费模式，同时资本投资的热情也在逐步平稳下来，市场结构的调整进一步促使各行各业经历重组和淘汰。

国外行业龙头企业的大型兼并收购案例包括：New Power Plasma收购三星旗下手机显示面板公司Dowooinsys，以实现业务多元化并提高市场地位；日本Toppan收购JOLED工厂，并将对其进行重组，以向芯片行业供应产品；印度塔塔收购纬创业务，后将在印度生产苹果公司产品；日本显示器（JDI）子公司JDIDD对JOLED公司的所有OLED技术开发业务进行收购，布局OLED产业；三星显示收购RGB硅基OLED企业eMagin，获取XR（扩展现实）领域核心技术。

国内案例则主要包括：京东方为提升产品质量认购华灿光电股份；友达光电以约46.74亿元收购德商BHTC；杉杉股份拟以14.07亿元收购LG化学旗下在中国大陆、韩国及越南的SP业务及相关资产，以完善公司偏光片业务产品布局；比亚迪拟收购捷普电路（新加坡）附属公司，拓展手机零部件业务（见表5-9）。

表5-9　2023年国内外龙头企业收购事件

区域	时间	业内收购事件	成交金额	目标
国外	2023年5月	三星显示收购RGB硅基OLED企业eMagin	2.18亿美元	获取XR领域核心技术
	2023年7月	日本显示器（JDI）子公司JDIDD收购JOLED的所有OLED业务板块	—	增强在显示面板产业的技术优势
	2023年9月	日本昭荣化学收购Nanosys	—	进军量子产业，发展新型显示下一代关键技术
	2023年10月	印度塔塔收购纬创业务	9.15亿元人民币	“果链”产业转移，印度将生产苹果公司产品
	2023年12月	日本Toppan收购JOLED工厂	10亿日元	入局AI芯片产业
	2023年12月	New Power Plasma收购三星旗下手机显示面板公司Dowooinsys	1299亿韩元	实现业务多元化，并提高市场地位
国内	2023年7月	京东方认购华灿光电股份	20.84亿元人民币	拓展Mini/Micro LED（微米级别面板显示器件）前沿技术及产品
	2023年8月	比亚迪拟收购捷普电路（新加坡）附属公司	158亿元人民币	拓展手机零部件业务
	2023年9月	杉杉股份收购LG化学旗下SP业务	14.07亿元人民币	完善公司偏光片业务产品布局，维持龙头地位
	2023年10月	友达光电收购德商BHTC	46.74亿元人民币	开拓欧洲市场

（三）国内电子组装加工环节企业外迁至泛东南亚地区

中国电子制造业充分受益于全球化之下的国际分工，凭借人口红利与成本优势在零部件制造和整机组装环节处于领先地位，成为电子产业链的“世界工厂”。在这个过程中，中国积累了其他国家短期难以复制的大量技术人才，并形成了高效的供应链体系。

但在低成本驱动下，近几年来全球电子产业逐步向泛东南亚地区迁移，其中以印度、越南、泰国、新加坡、马来西亚、印度尼西亚六个国家为主，叠加地缘政治因素、疫情等影响，产业链转移步伐加快。

以苹果公司为例，虽然中国目前仍是苹果公司最大的供应商来源地，2022年供应商数量占比仍达到48%，但数量开始缓慢减少，2022年减少的供应商主要是低价值的包装材料与结构件领域的企业，苹果公司供应链转移出中国已是必然趋势（见图5-31）。目前印度逐渐承接iPhone组装生产，越南逐渐承接iPad、MacBook、AirPods、iWatch等产品组装生产。同时，也有多个中国消费电子品牌（如小米、OPPO、荣耀、vivo等）在东南亚地区积极拓展市场，部署品牌，提升国际影响力。

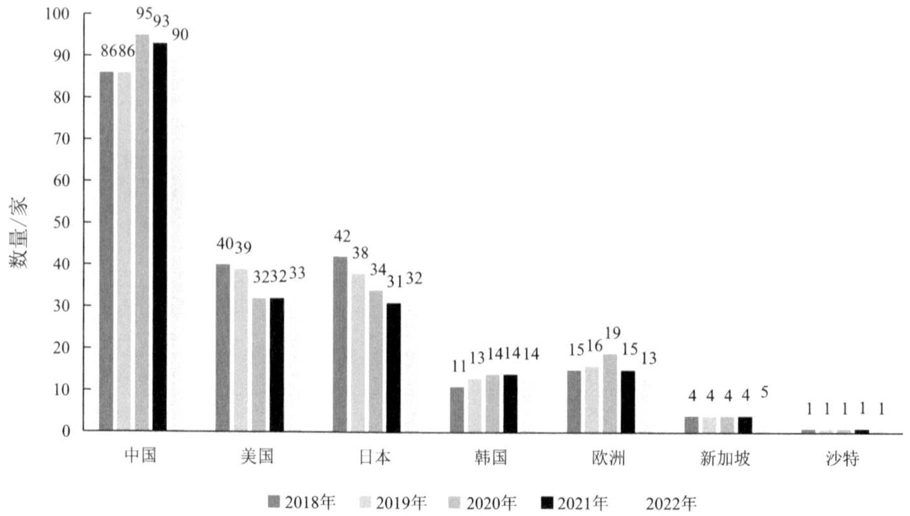

图5-31　2018—2022年苹果公司各地区供应商数量

目前消费电子产业链中的组装厂、摄像头/指纹/显示屏模组厂、电池厂、精密结构件厂等重人力、基础型工厂在东南亚地区均有布局，但未形成完整产业链，且短期内无法完成（见表5-10）。其中印度具备成为制造业大国的潜力，但仍然面临着较大的阻碍，如基础设施、劳动力素质、营商环境、自动化程度等方面的问题。

表5-10　2019—2023年消费电子产能转移情况

地区	分类	公司	开始建厂/扩产时间	转移规模/亿美元	预计产能（KK/月）	产品类别
印度	组装厂	立讯	2020年1月	0.92	—	消费电子产品
		闻泰	2020年1月	1.6	1	手机、平板、笔电、IoT产品等
		和硕	2020年11月	1.5	—	iPhone
		比亚迪	2021年	1.5	1	手机
		富士康	2021年6月	10	1	iPhone
		富士康	2023年3月	7	1	iPhone及相关零件
		富士康	2023年12月	16	1	iPhone及相关零件
	显示模组厂	三星	2020年11月	6.54	—	小尺寸面板模块
越南	组装厂	纬创	2019年12月	0.45	—	美系笔电、显示器、桌机
		光弘	2020年1月	0.8	—	手机、IOT产品
		和硕	2020年2月	1.5	—	PC、通信产品、消费电子产品
		英业达	2020年3月	—	—	穿戴设备
		立讯	2020年6月	4.5	—	可穿戴产品
		仁宝	2020年6月	1	—	PC、穿戴设备、手机及音箱产品
		富士康	2020年11月	2.7	5.5	iPad、MacBook组装
		比亚迪	2021年	2.691	5	iPad
		龙旗	2022年6月	—	0.5	IOT产品
		广达	2023年4月	0.4	—	MacBook
		仁宝	2023年6月	2.6	30	Macbook、IOT产品组装
		富士康	2023年7月	0.46	—	电信部件
		富士康	2023年7月	2	—	电动汽车充电设备、电子元件
		立讯	2023年11月	3.3	—	通信设备、触控笔、对讲机、定位装置、智能手表
	音频、结构件厂	歌尔	2021年2月	1	—	精密结构件、多媒体音频
		歌尔	2023年2月	2.8	—	AirPods、Apple Vision Pro
	显示模组厂	京东方	2023年1月	4	10	中小尺寸显示面板、显示器、电视

续表

地区	分类	公司	开始建厂/扩产时间	转移规模/亿美元	预计产能（KK/月）	产品类别
越南	摄像光学厂	舜宇	2020年3月	0.73	—	相机模块
		伯恩光学	2020年4月	2.5	—	玻璃及玻璃制品、光学设备和仪器、塑料制品
		舜宇	2023年9月	1.5	—	摄像头模块
泰国	—	广达	2020年1月	0.35	—	美系消费电子产品
孟加拉国	—	realme	2020年2月	—	—	手机、耳机
埃及	—	光弘	2020年12月	0.025	0.2	手机
		vivo	2022年7月	0.2	2	手机
		OPPO	2022年9月	—	0.3	手机

目前，中国仍然保持着世界第一制造大国的地位，但是增速已经放缓。未来应该瞄准产业价值链的高端环节，上游拓展产品边界，下游加大研发投入力度，充分依托先进产业集群，聚焦产业链缺失环节，培育一批龙头企业，推动电子信息产业向高端化、智能化方向发展。

（四）AIPC催化硬件端迭代升级，AIPC芯片研发力度加大

消费电子行业积极拥抱AI技术，AIPC有望成为首个大模型实际应用的AI终端重要场景。自2023年初以来，AIPC趋势已经获得芯片、代工及终端品牌厂商的一致认可。

各大头部芯片厂商、PC品牌厂商（如联想、苹果、惠普、华硕、戴尔）和仁宝、广达等ODM厂商都在积极筹备针对PC端AI场景的产品，以加速AIPC的终端实际应用，并加强与软件服务商和芯片供应商的合作（见表5-11）。

表5-11 头部芯片厂商在AIPC芯片的布局

厂商	日期	推出的芯片
高通	2023年10月25日	推出为PC设计的骁龙X平台——“骁龙X Elite”，嵌入专门针对AI计算的NPU
AMD	2023年12月7日	推出面向AIPC产品的Ryzen 8040系列移动处理器、Ryzen 8000G系列处理器和Radeon RX 7600 XT显卡等

续表

厂商	日期	推出的芯片
英特尔	2023年12月14日	推出全新酷睿Ultra移动式处理器等，采用英特尔首个用于客户端的片上AI加速器NPU
英伟达	2024年1月9日	推出全新GeForce RTX 40 SUPER GPU等

AIPC带来的架构设计、交互方式、应用生态和内容端的创新，将快速提升市场渗透率，并有望推动PC行业重新进入增长阶段。

在混合式AI的推动下，2024年有望迎来AIPC大规模出货的元年。据Canalys预测，2024年AIPC的出货量将超过5000万台，占全年出货量的19%。全球PC产业将在未来五年内稳步进入AI时代，英特尔表示有信心在2025年实现1亿台AIPC的出货量目标。

四、产业链市场绩效

（一）盈利能力

1.上游芯片企业绩效回暖

根据Choice数据，依据A股中信证券行业分类（2020年版），2023年，A股半导体行业的上市公司共151家，前三季度累计营收达3983亿元，同比下滑1.45%，实现归母净利润246亿元。对于业绩下滑，大部分芯片企业认为是受到全球终端市场需求疲软拖累。

尽管行业整体承压，但仍有不少企业逆势而上。根据Choice数据，2023年前三季度，A股半导体板块中，有71家上市公司营收保持正向增长，其中23家公司增速超过30%；净利润方面，有37家上市公司净利润增速为正，其中18家增速超50%。从产业链分布环节看，目前业绩同比增速为正的半导体企业多集中于产业链的高精尖材料、设备端。受益于中高端半导体市场景气，2023年，天岳先进、微导纳米、振华风光、拓荆科技、慧智微-U的营收增速均在50%以上（见表5-12）。

表5-12　2023年半导体板块营业收入增速TOP5

公司名称	营业收入/亿元	增长率
天岳先进	12.51	199.90%
微导纳米	16.80	145.39%
振华风光	12.97	66.54%
拓荆科技	27.05	58.60%
慧智微-U	5.52	54.77%

与此同时，半导体行业的库存情况也有所改善。Choice数据显示，2023年第三季度末，60家半导体行业上市公司存货价值金额较2023年上半年末有所下降，其中芯原股份、汇顶科技、韦尔股份等8家公司的降幅超过20%。2023年第三季度末，151家半导体上市公司平均存货周转天数为278.95天，而该数字在2023年上半年末为289.96天。其中，有101家公司的存货周转天数较上半年末有所减少，29家公司周转天数减少超过30天。

2.整机组装厂商盈利向好，AI与交换机需求打开盈利成长空间

2023年，消费电子零部件及组装行业营收增长22.1%，跑赢申万电子指数（21.04%）。从品牌端看，苹果产业链去库存成效显著，且受益于新机在潜望式镜头、钛合金中框、窄边框、Type-C接口等方面的技术创新，目前新机备货量较上代仍有增长，而具备平台化能力、规模效应和深度设计开发能力的公司有望在苹果产业链中持续“扩品类+提份额”，业绩持续恢复。安卓产业链受终端需求不振影响，组装业务承压，2023年下半年，伴随华为Mate 60/X系列及荣耀、小米等新机的陆续发布，产业链整体需求呈现环比边际复苏态势。立讯精密、歌尔股份和领益智造的第一大客户均为苹果公司，盈利稳定。此外，随着全球AI算力市场持续爆发，电子零器件如AI服务器、交换机等的需求增加，以工业富联为代表的企业利润涨幅明显。

3.智能手机端苹果垄断利润高，三星、小米持续追赶

2023年，全球智能手机市场的出货量下降4%，为11.7亿台；销售收入同比下滑了2%，接近4100亿美元。而销售收入下滑的幅度小于出货量下滑的幅度主要得益于全球智能手机平均售价同比增长了2%，首次达到了350美元。

从各品牌厂商在智能手机市场的销售份额占比来看，苹果以占全球智能手机市场销售收入50%的份额持续引领市场，并推动了高端智能手机市场的增长。Counterpoint Research称，2023年出货的智能手机中，有四分之一的批发价格超过600美元。因此，尽管非高端市场经历了出货量两位数百分比的下降，但在折叠屏手机、GenAI等功能以及苹果的推动下，高端智能手机出货量同比增长了8%。

此外，从各品牌厂商的智能手机平均单价走势来看，自2020年以来，苹果iPhone的平均单价一直呈现快速上升趋势，到2023年已经提升到了890美元（2018年只有756美元），这也是苹果iPhone销售收入能够逆势增长，并牢牢霸占高端智能手机市场的一个关键因素。同时，苹果iPhone平均售价的持续提升，也直接带动了全球智能手机平均单价的持续增长，从2008年的272美元提升到了2023年的350美元（见图5-32）。总体来说，苹果在2023年不仅实现了出货量全球第一、平均单价全球第一，拿下全球智能手机市场50%的销售额，而且拿走了整个行业90%以上（2022年大概为85%）的利润。

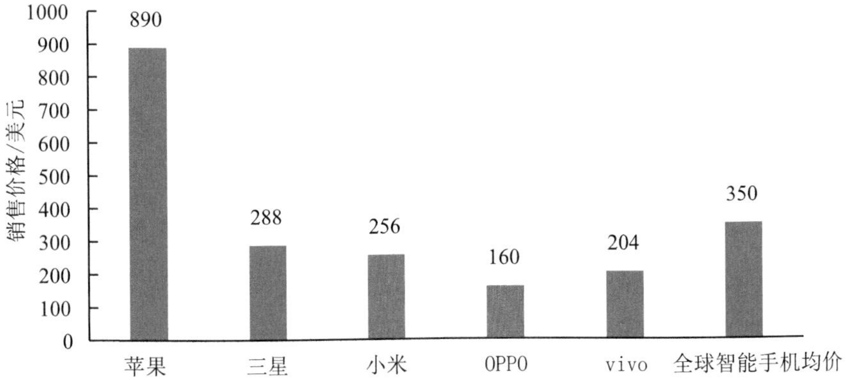

图5-32　2023年全球智能手机主流品牌销售价格

4.PC端营收跌幅收窄，市场逐渐回暖

过去几年里，受到产能快速扩张影响，国内PC行业利润也随之迅速减少，微利甚至亏损成为常态。2023年，中国PC行业新增产能大幅减少，消化存量产能成为行业发展的主题，供应端压力随之减缓。另外，上游原料产能大幅扩张，产业链成本值下移，PC行业整体盈利情况得以显著改善。

Canalys数据显示，2023年全年，全球个人电脑出货量总数为2.47亿台，较2022年下降13%。在2023年第四季度，全球PC市场出货量同比增长3%，结束了连续七个季度的同比下滑。从戴尔、联想和惠普三家业内主流品牌商的盈利情况可以看出，在2023年第四季度，其品牌盈利能力均有所好转。此前在行业低迷期，PC品牌商的净利率都下滑至盈亏平衡线附近，而今都有不同幅度的提升。2023年主流PC厂商营业收入增长率变动情况如图5-33所示。

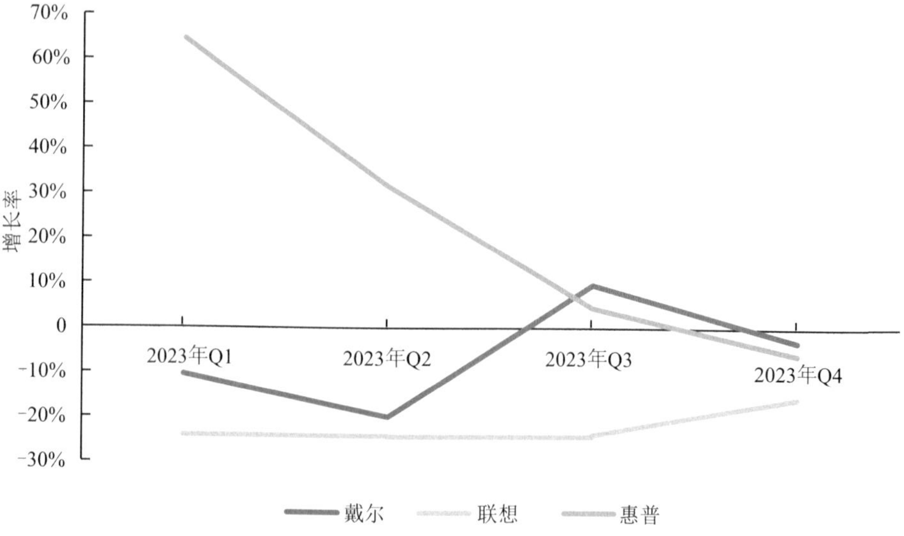

图5-33　2023年主流PC厂商营业收入增长率变动情况

数据来源：纳斯达克证券交易所。

（二）价值链分布

电子信息产业的价值链分布反映了各环节在成本分配和价值创造方面的差异。电子信息产业链上游，电子材料制造占据20%～60%的成本，其中磁性材料占20%～40%，半导体材料占40%～60%。这是因为上游环节的材料是电子产品制造的基础，对产品性能起关键作用，且半导体材料等存在一定技术壁垒，因此成本较高。

中游的电子元件生产成本占比为30%～60%，其中主动元件占30%～65%，被动元件占20%～60%。这主要是由于电子元件对高频、高精度、小型化等方面存在较高的要求，且涉及复杂的半导体物理过程，需要大量的研发投入和技术积累。

而在下游，终端产品的成本分配集中在15%～25%，其中智能终端占15%～25%，手机/电脑则占5%～25%（见表5-13）。这说明下游环节虽然在市场需求和产品创新方面较为重要，但其成本相对较低，主要受制于上游材料和中游元件。

表5-13 电子信息产业链各环节成本情况

产业链环节	具体产品	成本占比
上游电子材料	磁性材料	20%～40%
	半导体材料	40%～60%
	化工制品	30%～45%
	金属制品	15%～25%
中游电子元件及组装	主动元件	30%～65%
	被动元件	20%～60%
	组装	5%～10%
下游终端产品	智能终端	15%～25%
	手机/电脑	5%～25%

资料来源：前瞻产业研究院。

第三节　电子信息产业空间布局

一、我国电子信息产业空间布局

（一）我国电子信息产业空间发展概况

我国电子信息产业呈现东部地区领跑，中部、西部地区追赶，东北地区增势强劲的格局。工业和信息化部对我国规模以上电子信息制造业营业收入情况进行了统计。数据显示，2023年，我国东部地区实现营业收入102827亿元，与2022年同期相比，下降1.2%；中部地区实现营业收入25331亿元，同比下降1.5%；西部地区实现营业收入21903亿元，同比下降3.3%；东北地区实现营业收入1007亿元，同比增加9%（见表5-14）。四个地区电子信息制造业营业收入占全国的比重分别为68.1%、16.8%、14.5%和0.7%。

表5-14　2023年中国规模以上电子信息制造业分地区营业收入情况

地区	规模以上电子信息制造业营业收入/亿元	增长率
东部地区	102827	-1.2%
中部地区	25331	-1.5%
西部地区	21903	-3.3%
东北地区	1007	9.0%

另外，根据工业和信息化部发布的数据，2023年，京津冀地区规模以上电子信息制造业实现营业收入7497亿元，同比下降2.8%，营收占全国的比重为5%；长三角地区实现营业收入42600亿元，同比下降1.8%，营收占全国的比重为28.2%。

（二）我国电子信息产业布局

我国电子信息产业布局区域化特征明显。我国的电子信息产业主要聚集在沿海、沿江以及一些拥有较为优越产业基础的中西部地区，目前已经形成了珠三角地区、长三角地区、环渤海地区以及中西部地区等四大电子信息产业集聚区（见表5-15）。

表5-15　我国电子信息产业空间分布

地区	聚集城市	主要发展内容	代表企业
珠三角地区	深圳、东莞、惠州、广州、珠海、佛山	重点发展网络与通信、半导体与集成电路、新型电子元器件、超高清视频显示、智能终端、智能传感器、云计算、大数据、工业互联网等领域	华为、腾讯、比亚迪、中兴通讯、创维、TCL、天马微、大疆创新、欧菲光
长三角地区	上海、杭州、南京、无锡、苏州、合肥	已形成以集成电路、电子元器件、信息通信、新型显示为代表的新一代信息技术产业体系	天能控股、亨通集团、海康威视、中芯国际、均胜电子、南瑞集团、环旭电子、立讯电子
环渤海地区	北京、天津、石家庄、青岛、济南	重点发展集成电路、信息技术服务、云计算、大数据、虚拟现实等领域	联想集团、海尔集团、小米集团、海信集团、京东方、浪潮集团、歌尔股份、华创科技、利亚德光电、乐凯集团
中西部地区	重庆、成都、武汉、长沙、西安	重点发展新型显示、集成电路、电子元器件、智能终端、高端软件、人工智能、大数据等领域	长虹电子、绵阳惠科、华工科技、派瑞功率半导体、炬光科技

珠三角地区是我国电子信息产业的主要集聚区，以深圳为主要研发中心，以东莞、惠州等城市为生产基地。该地区在智能终端、信息通信、集成电路设计等领域拥有良好的产业基础，产出的5G手机、通信设备、计算机整机等产品在全国范围内处于领先地位。此外，珠三角地区还拥有一批龙头企业，如华为、腾讯、TCL、比亚迪、中兴通讯、大疆创新等。

长三角地区已经形成了以集成电路、电子元器件、信息通信、新型显示为代表的新一代信息技术产业体系。该地区在5G、人工智能、大数据、区块链、云计算等新兴产业领域的发展处于全国领先地位，主要的产业集聚地包括上海、杭州、南京、无锡、苏州、合肥等城市。此外，长三角地区还孕育了一批具有影响力的龙头企业，如天能控股、亨通集团、海康威视、中芯国际、均胜电子、南瑞集团、环旭电子、立讯电子等。

环渤海地区的电子信息产业主要集聚在北京、天津、石家庄、青岛、济南等地，重点发展集成电路、信息技术服务、云计算、大数据、虚拟现实等领域，拥有联想集团、海尔集团、小米集团、海信集团、京东方、浪潮集团、歌尔股份、华创科技、利亚德光电、乐凯集团等龙头企业。

中西部地区的电子信息产业主要集聚在重庆、成都、武汉、长沙、西安等地，重点发展新型显示、集成电路、电子元器件、智能终端、高端软件等领域，拥有长虹电子、森源集团、绵阳惠科、华工科技、长飞光纤、派瑞功率半导体等龙头企业。

（三）产业链代表企业的空间布局

从2024年电子信息产业TOP100企业分布来看，广东企业数量最多，拥有21家企业，广东的华为技术有限公司荣登榜首；浙江紧随其后，拥有20家企业；江苏名列第三，拥有13家企业。

从产业链分布来看，广东在整个电子信息产业链中表现突出，从上游的芯片设计和制造、中游的电子元器件及组装到下游的消费电子产品，实现了电子信息产业链的全方位布局。可以看出，广东因其完善的工业基础设施、强大的供应链体系和政策支持，成为中国电子信息产业最重要的集聚地。

浙江在电子信息产业链上中游竞争力较强，上游拥有光伏材料及摄像头模组等领域的龙头企业，中游封装制造实力同样雄厚。江苏则聚焦通信设备和半导体，高端制造能力较为突出。

而其他省市（如上海的上海韦尔半导体股份有限公司、北京的京东方科技集团股份有限公司等）虽然在各自的领域内有显著的成就，但整体上在全产业链中的布局相对较少，多集中在特定的环节或细分市场。这些省市的企业在局部环节上也展现出强大的竞争力和影响力，为中国电子信息产业的发展作出了贡献。2024年电子信息产业TOP100企业地区分布如表5-16所示。

表5-16　2024年电子信息产业TOP100企业地区分布

省份	数量/家	公司
广东	21	华为技术有限公司、比亚迪股份有限公司、TCL科技集团股份有限公司、中兴通讯股份有限公司、TCL实业控股股份有限公司、创维集团有限公司、欣旺达电子股份有限公司、广东德赛集团有限公司、惠科股份有限公司、深圳华强集团有限公司、超聚变数字技术有限公司、广州数字科技集团有限公司、深圳市泰衡诺科技有限公司、深圳市兆驰股份有限公司、欧菲光集团股份有限公司、康佳集团股份有限公司、深圳市长盈精密技术股份有限公司、深圳市康冠科技股份有限公司、深南电路股份有限公司、深圳市天珑移动技术有限公司、深圳市江波龙电子股份有限公司

续表

省份	数量/家	公司
浙江	20	天能控股集团有限公司、超威电源集团有限公司、杭州海康威视数字技术股份有限公司、浙江华友钴业股份有限公司、日善电脑配件（嘉善）有限公司、宁波均胜电子股份有限公司、新华三信息技术有限公司、正泰新能科技股份有限公司、浙江富春江通信集团有限公司、浙江大华技术股份有限公司、东方日升新能源股份有限公司、舜宇集团有限公司、晶科能源（海宁）有限公司、宁波容百新能源科技股份有限公司、一道新能源科技股份有限公司、横店集团东磁股份有限公司、浙江爱旭太阳能科技有限公司、浙江晶盛机电股份有限公司、浙江万马股份有限公司、富联统合电子(杭州)有限公司
江苏	13	亨通集团有限公司、立臻精密智造（昆山）有限公司、中天科技集团有限公司、通鼎集团有限公司、南通华达微电子集团股份有限公司、南瑞集团有限公司、永鼎集团有限公司、苏州东山精密制造股份有限公司、江苏长电科技股份有限公司、江苏润阳新能源科技股份有限公司、昆山联滔电子有限公司、通光集团有限公司、苏州旭创科技有限公司
上海	10	华勤技术股份有限公司、闻泰科技股份有限公司、联合汽车电子有限公司、上海仪电（集团）有限公司、上海华虹（集团）有限公司、上海龙旗科技股份有限公司、上海韦尔半导体股份有限公司、环旭电子股份有限公司、上海移远通信技术股份有限公司、华域视觉科技(上海)有限公司
安徽	7	晶澳太阳能科技股份有限公司、阳光电源股份有限公司、国轩高科股份有限公司、安徽天康（集团）股份有限公司、铜陵精达特种电磁线股份有限公司、安徽福莱特光伏玻璃有限公司、滁州捷泰新能源科技有限公司
北京	6	联想集团、小米集团、京东方科技集团股份有限公司、同方股份有限公司、北方华创科技集团股份有限公司、航天信息股份有限公司
山东	5	海尔集团公司、海信集团控股股份有限公司、浪潮集团有限公司、歌尔股份有限公司、东方电子集团有限公司
福建	3	福建省电子信息（集团）有限责任公司、天马微电子股份有限公司、厦门宏发电声股份有限公司
湖北	3	中国信息通信科技集团有限公司、骆驼集团股份有限公司、长飞光纤光缆股份有限公司
天津	2	天津巴莫科技有限责任公司、曙光信息产业股份有限公司
河南	2	许继电气股份有限公司、河南森源集团有限公司
湖南	2	湖南裕能新能源电池材料股份有限公司、株洲中车时代电气股份有限公司
江西	2	江西立讯智造有限公司、吉安市木林森实业有限公司
四川	2	四川长虹电子控股集团有限公司、四川九洲投资控股集团有限公司
陕西	1	陕西电子信息集团有限公司
甘肃	1	天水华天电子集团股份有限公司

数料来源：《2024年中国电子信息百强企业及竞争力报告（附名单）》，https://www.fpdisplay.com/news/show-206538.html，2024年8月8日。

二、广东省电子信息产业空间布局

（一）广东省电子信息产业空间发展概况

电子信息产业是广东省最主要的支柱产业之一。数据显示，2021年，广东省规模以上电子信息制造业的营业收入达到了4.56万亿元，占全国总收入的32.3%；2022年，广东省规模以上电子信息制造业营业收入约为4.9万亿元（见图5-34）。根据政府的政策规划，预计到2025年，广东省新一代电子信息产业的营业收入将达到6.6万亿元。近年来，珠三角地区的电子信息产业在广东省整体经济中的比重逐渐上升，已经发展成相当规模的产业。

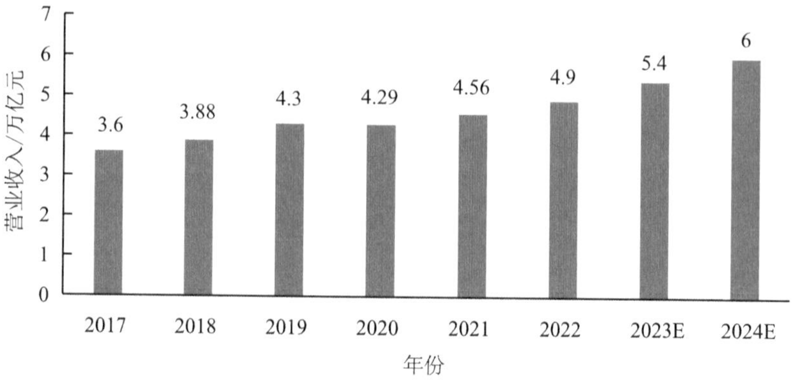

图5-34 2017—2024年广东省规模以上电子信息制造业营业收入
数据来源：中商情报网。

（二）广东省电子信息产业布局

广东省的电子信息产业主要分布在珠江东岸和西岸两个区域。珠江东岸以深圳为研发中心，以东莞和惠州等城市为生产基地，涵盖了汽车电子、通信设备、消费电子等领域；而西岸则以广州、佛山、江门、珠海为主，主要集中有灯饰照明、家用电器等传统电子信息产业。广东省电子信息产业分布情况如表5-17所示。

表5-17 广东省电子信息产业分布情况

城市	电子信息产业细分
广州	汽车电子、屏显示器件、互联网及软件
惠州	数字视听、屏显示器件、智能终端
东莞	通信设备、消费电子、电子元器件及专业材料
深圳	屏显示器件、电子元器件及专业材料、物联网零部件、人工智能
珠海	集成电路、电路板
肇庆	电路板、汽车电子
佛山	灯饰照明、家电设备、集成电路
中山	灯饰照明、屏显示器件、家电设备
江门	家用电器、机电加工、电子元器件及专业材料

资料来源：中商产业研究院。

从产业链环节来看，广东省的电子信息产业上游环节、中游元器件及组装环节主要分布在东莞、惠州、江门，下游品牌打造及销售环节主要分布在广州、深圳。广东省电子信息产业重点细分领域发展空间布局如表5-18所示。

表5-18 广东省电子信息产业重点细分领域发展空间布局

领域	空间布局
半导体元器件	以广州、深圳、珠海为核心，打造涵盖设计、制造、封测等环节的半导体及集成电路全产业链。支持广州开展“芯火”双创基地建设，建设制造业创新中心。支持深圳、肇庆等地建设新型电子元器件产业集聚区
智能终端	以广州、深圳、惠州、东莞、河源为依托建设高端化智能终端产业集聚区。深圳、东莞、河源发展5G智能手机。深圳、东莞、佛山、珠海、中山发展智能空调、智能冰箱、智能洗衣机、智能照明、智能音响、智能可穿戴设备等智能家居设备。广州、深圳发展健康监测仪器和检测设备。深圳、广州、惠州、东莞发展前装和后装车载设备。深圳、广州、东莞发展智能水电气表和智能传感器。支持广州、深圳等市发挥通信和卫星技术优势，发展新型应急指挥通信装备
新一代通信与网络	以广州、深圳、珠海、佛山、东莞、惠州、江门等市为依托，重点发展5G器件、5G网络与基站设备、5G天线以及终端配件等优势产业，补齐补强第三代半导体、滤波器、功率放大器等基础材料与核心零部件产业，打造万亿级5G产业集群

续表

领域	空间布局
信息技术应用创新硬件	以深圳、广州、珠海、云浮为依托，加快推进信息技术应用创新产业发展。深圳重点建设中国鲲鹏产业源头创新中心，建设全国鲲鹏产业示范区，打造鲲鹏生态体系总部基地。广州重点建设广州“鲲鹏+昇腾”生态创新中心和通用软硬件适配测试中心，布局建设若干信息技术应用创新产业园。珠海建设新一代信息技术应用联合创新中心，发展鲲鹏产业生态；以南方软件园为抓手，促进信息技术应用创新产业集聚。云浮以省市共建方式打造信创产业园区，引进重大项目，培育信息技术骨干企业。广州、深圳打造网络安全产业集聚区

资料来源：广东省人民政府。

（三）产业链代表企业的空间布局

根据2024年广东省电子信息制造业综合实力百强企业榜单，深圳位居榜首，有57家企业上榜，生产电子产品涵盖全产业链，从上游半导体电子零部件生产环节到下游品牌打造环节，包括立讯精密、中兴通讯、华为、联想、传音等行业龙头企业；惠州、东莞紧随其后，其中惠州有12家，东莞有10家（见图5-35），主要涉及中游元器件生产及组装环节，拥有联想、OPPO、TCL的整机组装工厂。

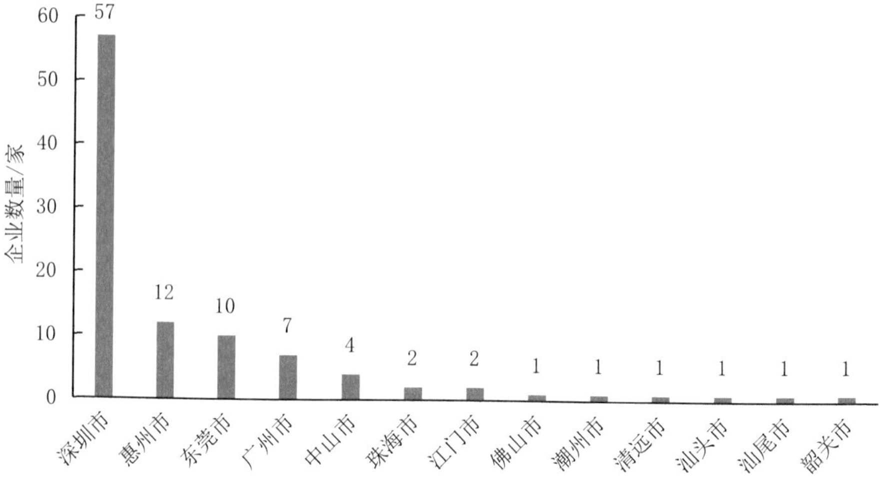

图5-35　2024年广东省电子信息产业TOP100企业分布

数据来源：《2024广东省电子信息制造业综合实力百强企业榜单》，https://mp.weixin.qq.com/s/A8CBQV8DHan1OBs1rfj_sA，2024年7月21日。

第四节　电子信息产业风险投资分析

一、全国电子信息产业风险投资概况

（一）电子信息寒冬将过，投融资逐渐回暖

近年来，受宏观经济影响，市场情绪悲观，电子信息产业投融资热度下降。2022年，全国电子信息产业共发生投资事件4418起，投资金额达4646.1亿元，投资金额同比下降44%（见图5-36）。步入2023年，产能问题修复，AI大模型席卷产业链，从业者及消费者信心逐渐恢复，电子信息产业的投资情况回暖，投资金额下降幅度逐步收窄。

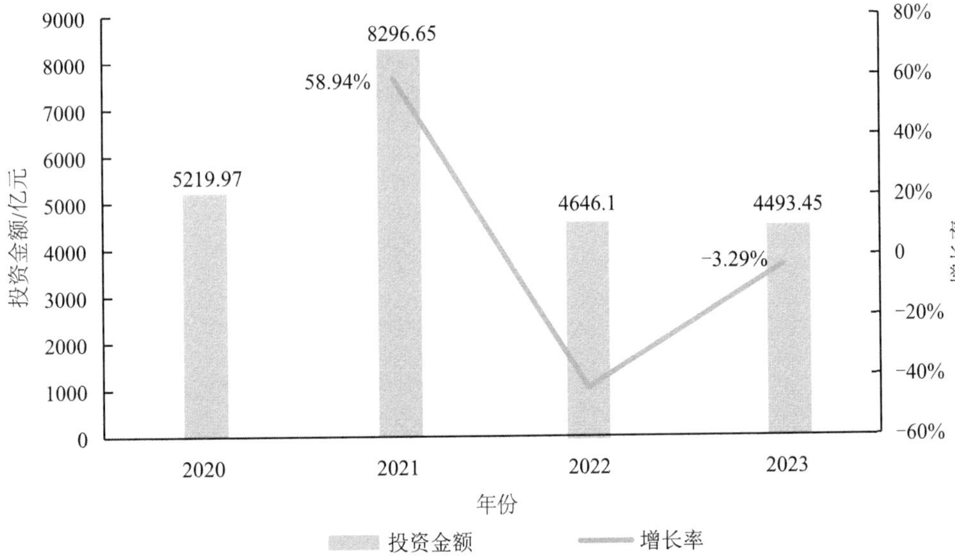

图5-36　2020—2023年全国电子信息产业投资情况

数据来源：清科私募通。

（二）半导体国产替代势头正旺，融资市场出现活跃景象

2023年，全球半导体市场萎缩，行业景气度下降，但在国产替代的背景下，半导体领域的投资金额有所回升。从投资情况来看，2023年，半导体行业共发生投资事件3074起，投资金额达1671.79亿元，同比增长8.60%（见图5-37）。

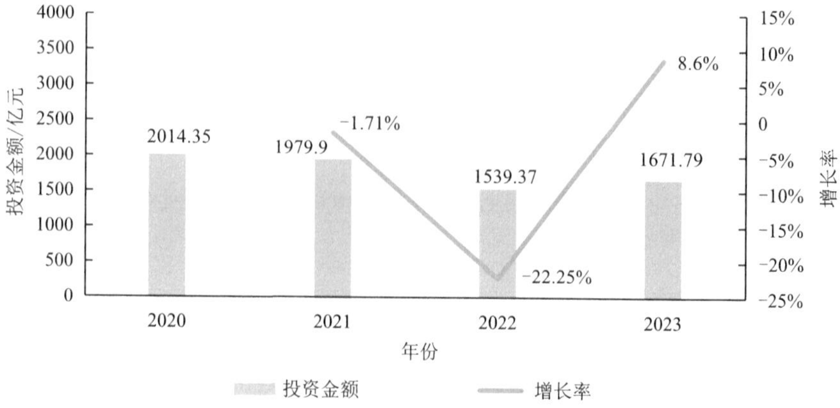

图5-37　2020—2023年全国半导体行业投资情况

数据来源：清科私募通。

从电子信息产业投资数量占比情况来看，以集成电路制造、新型电子元器件及设备制造为代表的电子核心产业投资情况最为乐观，占比为50.15%（见图5-38）。具体来说，光刻胶、封装基板，设备领域的质量检测设备、先进封装设备、先进制程制造，以及第三代半导体产业链、汽车芯片、AI芯片、Chiplet（芯粒）、RISC-V开源架构等国产替代空间较大和未来市场增长性强的领域，是市场追逐的热点，也是国家大基金二期投资的重点。在二级市场中，虽然IPO发行节奏收紧，上市数量减少，但芯片制造企业华虹公司、芯联集成、晶合集成成为2023年所有上市企业中的前三大IPO企业。

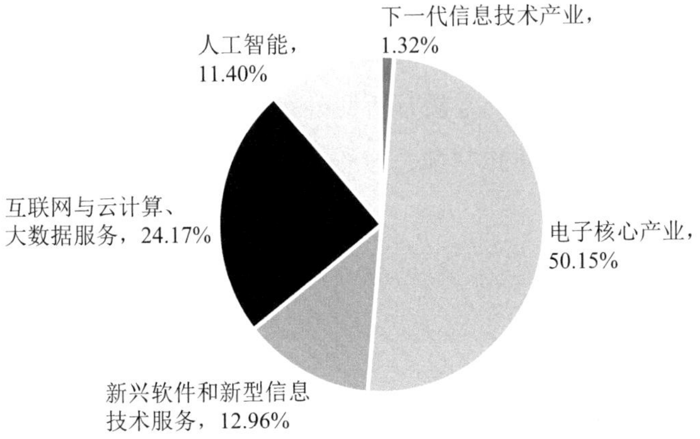

图5-38　2023年中国电子信息产业细分赛道投资数量占比

数据来源：清科私募通。

（三）种子期、初创期、成长期投资占比近半，行业成长性认可度高

2023年，中国电子信息行业种子期、初创期、成长期的投资占比达到49.64%，说明市场对电子信息行业发展前景看好；同时，预备IPO及IPO后的投资（包括基石投资、上市定增、战略投资等）占比达21.96%（见图5-39）。可见，业内已经形成了较为稳定的商业模式，且市场对电子信息产业的盈利状况抱有较为乐观的预期。

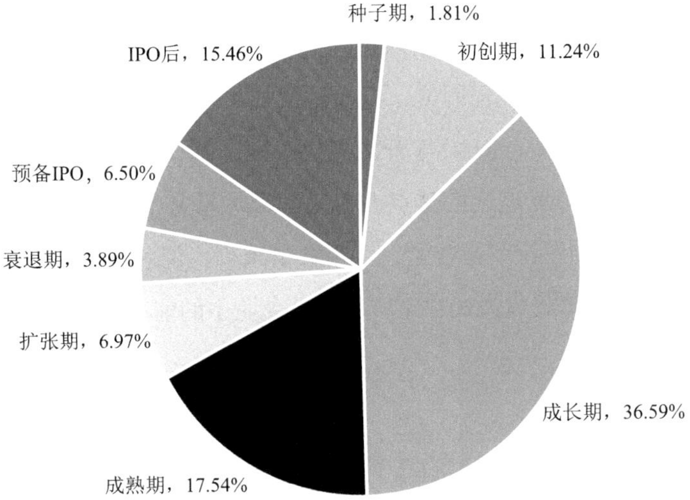

图5-39　2023年中国电子信息产业投资企业成长阶段分布

数据来源：清科私募通。

（四）投资热度与产业规模密切相关，广东省保持全国领先

从区域分布来看，2023年北京市电子信息产业投资事件数量及金额位居全国第一，广东省投资事件数量（1354起）位居第二，投资金额（432.96亿元）位居第三（见图5-40），可见，广东省电子信息产业投资在全国具有领先地位。同时，电子信息产业投资集中在珠三角、长三角和北京三个区域，说明投资热度与区域内产业发展态势紧密相关。从投资事件在各阶段投资企业的分布来看，成长期企业占比最高，所获得投资占比为50%，表明广东省市场更青睐具有一定规模及可靠盈利的企业。

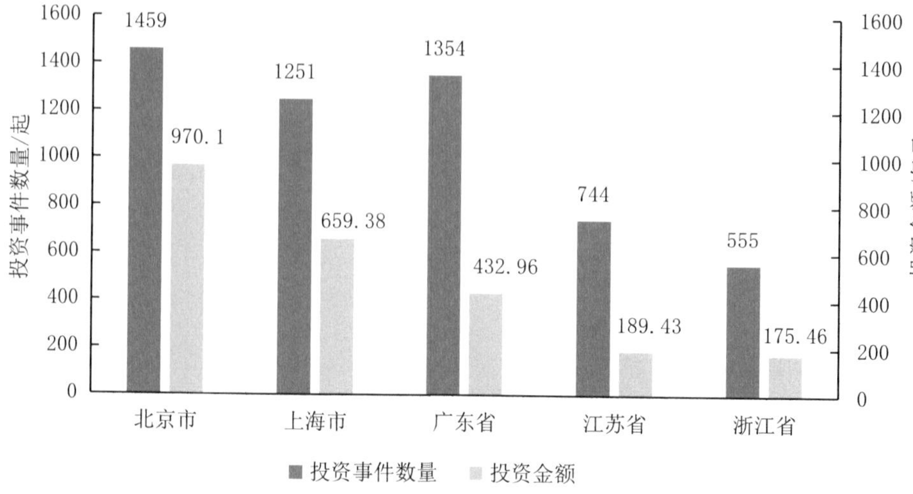

图5-40　2023年中国电子信息产业投资事件数量区域分布及其投资金额

数据来源：清科私募通。

二、广东省电子信息产业风险投资概况

（一）业内投资逐渐回温，成长期及成熟期企业被看好

从电子信息产业投资情况来看，2022年受外部环境影响，广东省投资事件数量有所下降；但随着投资市场逐步回暖，投资金额呈增长态势，2023年总体投资金额突破730亿元（按已披露的金额统计）（见图5-41）。从投资事件数量在各阶段投资企业的分布来看，成长期的企业占比最高，成长期及成熟期企业所获得的投资占比超过50%（见图5-42）。这表明广东省市场更青睐具有一定规模及可靠盈利的企业。

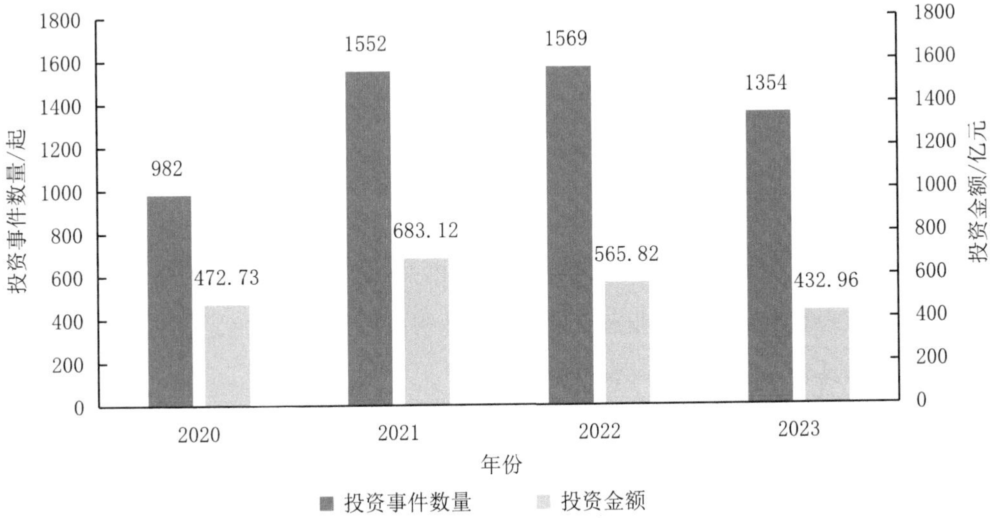

图5-41　2020—2023年广东省电子信息产业投资情况

数据来源：清科私募通。

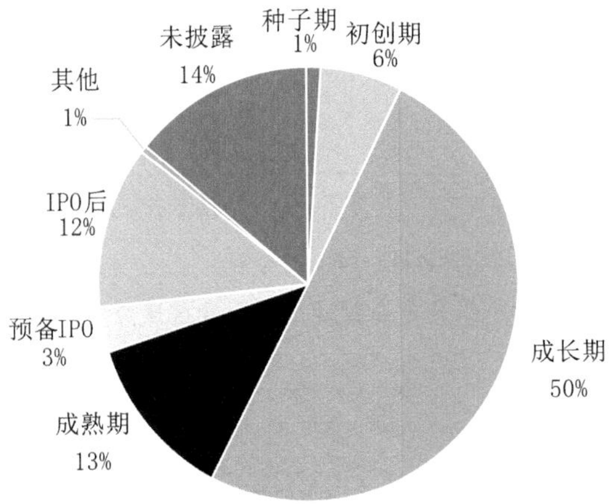

图5-42　2023年广东省电子信息产业投资企业成长阶段分布

数据来源：清科私募通。

（二）深圳、广州领衔投资风口

深圳和广州领跑电子信息产业在投资市场中也尽数体现。2023年，深圳以546起投资事件排名数量第一，并且吸引了最多投资资金，达328.03亿元，平均投资金额最高，达6008万元；广州位列第二，有192起投资事件，投资金额达77.98亿元，平均投资金额达4061万元（见表5-19）。两地投资市场与产业发展相互促进。

表5-19　2023年广东省电子信息产业投资区域分布及其投资金额

城市	投资事件数量/起	投资金额/亿元	平均投资金额/万元
深圳	546	328.03	6008
广州	192	77.98	4061
珠海	72	15.15	2104
东莞	12	1.61	1342
佛山	5	0.93	1860

数据来源：清科私募通。

（三）集成电路等电子核心产业是投资重点

广东省电子信息产业风险投资重点在于上游电子零部件的研发生产，电子核心产业的风险投资占比达到54.52%；另外，以互联网、云计算为代表的新兴软件和新型信息技术服务所占比重较大（见图5-43）。

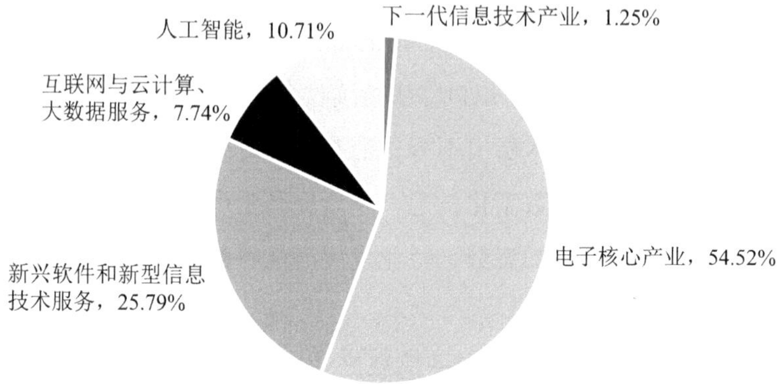

图5-43　2023年广东省电子信息产业风险投资情况

数据来源：清科私募通。

从电子核心产业细分赛道的投资情况来看，集成电路行业所获得的投资遥遥领先，达到了250.97亿元（见图5-44）。这表明广东省集成电路产业属于重点优势产业，投资市场广阔，在资本市场的关注度较高。

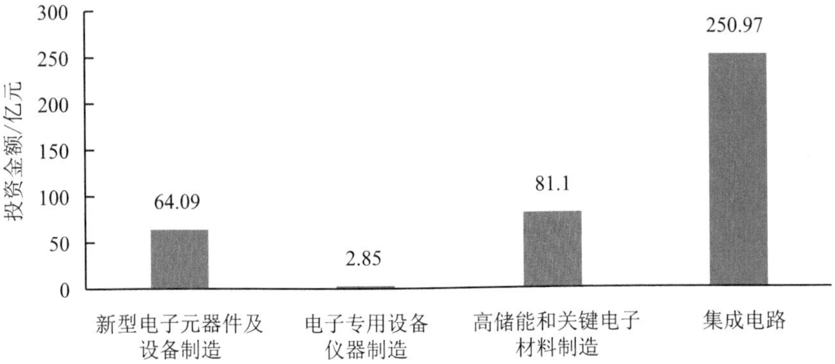

图5-44　2023年广东省电子核心产业细分赛道投资金额

数据来源：清科私募通。

第五节　电子信息产业数字融合发展趋势研判及对策建议

一、电子信息产业数字融合发展趋势研判

近年来，面对全球经济复苏乏力、局部冲突频发的态势，我国电子信息制造业展现出坚强韧性、先抑后扬的走势。自2023年2月以来，我国电子信息产业生产规模持续扩大，出口降幅持续收窄。

随着新兴数字技术层出不穷，消费市场对高端产品需求日益增长，电子信息产业需要把握好数字化机遇，不断提高生产效率。未来，电子信息产业规模将保持快速增长的态势，行业发展潜能将持续释放，成为工业经济稳定增长的重要支撑。

（一）5G、AI技术与电子信息产业加速融合

5G、AI技术均为新兴数字技术的代表。5G技术大幅度提升了电子信息的

传输质量和效率；AI技术使得电子信息设备更加智能化和自动化，提升了自主完成复杂任务的计算能力，大大提高了效率和准确性。5G、AI技术与电子信息产业加速融合，催生出新产品、新业态，促使相关业务朝着更加多元化的方向发展。

（二）XR赛道潜力释放，增量引领行业发展

XR技术作为数字经济的重要组成部分，通过提供沉浸式体验，推动了数字内容的创新和应用场景的拓展，如教育、娱乐、设计等领域。XR技术的发展实现了对VR、AR、MR的整合。例如，Apple Vision Pro的发布重新定义了XR市场的产品标准，带动上游显示面板、集成电路、追踪摄像头等电子元器件行业的研发创新与技术追赶，推动3D内容破局+硬件联动，促进更多光波导产品进入市场。当下，科技巨头纷纷加大投资，构建更全面、更成熟的XR生态。厂商在致力于开发硬件产品的同时，也在构建生态系统，创建开发者社群，组织开发者大会，开放开发者套件下载，支持第三方软件研发调试测试。XR赛道蓝海引领电子信息产业实现增量发展。

（三）数字化赋能产品生产提质增效，应用场景不断拓展

数字经济在电子信息产业中通过集成物联网、大数据等前沿技术，实现了生产设备的智能化管控、人机协同作业效率的提升、产品质量的自动化精准检测以及产业链资源的高效动态配置。这些应用不仅提升了生产效率和产品质量，还优化了库存管理，降低了成本，并加强了供应链的协同能力，从而推动了整个电子信息产业的转型升级和竞争力提升。

二、广东省电子信息产业数字融合发展的不足之处

（一）前沿数字技术领域布局不足，基础研究投入偏低

目前，电子信息产业正处于数字化转型的关键时期，新一代数字技术如5G、工业互联网、物联网、云计算、车联网、大数据、人工智能和区块链等，正加速融合与创新。然而，广东省面临着新一代网络通信、量子信息、虚拟现实等领域技术不足的问题，亟须集结一批国际领先的龙头企业和创新平台，以提升关键核心技术的研发创新能力。

另外，广东省资本市场对大模型计算系统、增强现实空间操作系统、存储芯片等核心技术产品的投资热度低，并且由于技术积累浅、研发能力弱、产业化投入不足等原因，部分硬件虽然实现了零的突破，但是并未形成产业化，达不到规模化应用的要求。

（二）数字化人才储备水平有待提升

数字化人才是推动企业进行数字化转型的重要资源之一。而电子信息产业的数字化转型不仅需要高端技术人才，也需要复合型人才。目前，电子信息产业面临着高端技术人才和复合型人才缺乏、低端熟练技术工人不足、人才流动性大等问题。在高端技术人才和复合型人才方面，科技含量要求较高的部门存在人才占比偏低的问题；在技术工人中，文化程度和技术等级偏低的工人较多，高级技工较少，且年龄大的偏多。此外，电子信息技术高科技人才培养机制存在院校培养与市场需求不匹配或错配等问题，人才培养机制亟须调整。

（三）缺乏区域协同，粤港澳联动效果不足

虽然数字技术的发展带来了新的经济形态，但也给区域联动协同带来了挑战。电子信息产品生产链条主要集中在广深莞惠佛等地，与其他地区产业配套资源的联系较少，区域间产业链配套能力有待加强，产业发展核心区对其他区域的带动作用不明显。同时，港澳在数字经济方面的资金优势、技术研发优势对广东省电子信息产业的作用亟须加强。

三、对策建议

（一）加大投入，建立高端前沿数字电子信息产业生态

加快推动算力基础设施建设，如韶关数据中心集群、广州人工智能公共算力中心、深圳鹏城云脑、横琴先进智能计算平台、汕头汇侨联侨绿色算力节点等。鼓励龙头企业汇聚多条产业链，建立跨行业数据协作平台、数据资源目录清单、工业产业大脑和产业集群可信数据空间。围绕电子信息产业链实施质量强链工作，开展产业链供应链质量联动提升试点。充分发挥广东省产业体系完备优势，集聚全省创新资源和要素，加快前瞻布局，推动现有产

业链向前沿领域延伸，加速推动未来电子信息产业集聚发展。谋划设立未来电子信息产业应用先导区，推动未来技术在垂直领域的融合应用，打造产业细分领域差异化、互补化、特色化示范应用场景。

（二）培育关键核心企业，发挥头雁效应

激励当前行业领军企业进行数字化转型，探索数字化盈利模式或通过数字化转型提升企业盈利能力。同时，支持上下游成长型企业发展壮大，提升专业化生产和协作配套能力，以满足未来产业链的需求。选拔一批支持未来电子信息产业的数字化企业，促使更多企业学习先进经验、借鉴行业标杆、争当行业典范。另外，加快推出培育优质企业的政策，建立链主企业、制造业单项冠军企业、专精特新企业的培育机制，以打造世界一流的企业集群。积极吸引国内外未来电子信息产业领头企业，利用粤港澳大湾区全球招商大会、中国电子信息博览会等交流平台，引进卫星通信、量子信息、虚拟现实、新一代人工智能等重点企业和项目。简化未来电子信息产业企业的准入准营手续，支持其使用人工智能科技、虚拟现实科技、量子信息科技、人工智能终端等术语来描述企业的行业属性。

（三）完善人才引进机制及培育体系

充分运用大湾区内地九市对境外高端人才与紧缺人才提供的15%个人所得税优惠政策，结合横琴、前海、南沙等三大平台的人才吸引政策，与港澳合作，共同吸引全球顶尖的高端人才及复合型人才。为了适应不断变化的产业结构需求，深化人才培育体系的建设，需要采取多层次的人才培养策略，并构建一套完整的技术及职业人才评估体系，营造一个既重视人才又尊敬人才的文化环境。

（四）构建产业协同发展新格局

紧抓“双区”和横琴、前海、南沙三大平台建设的重大机遇，打造广州增城智能传感器产业高地，加强珠三角地区与港澳、粤东粤西粤北地区与粤港澳大湾区、全省与国内国际重点区域的协同联动，积极塑造未来电子信息产业“一核一带一区”区域发展新格局，不断拓展未来电子信息产业发展腹地和战略纵深。对标世界一流谋划珠三角地区未来电子信息产业高端化发

展，培育世界级未来电子信息产业集群，着力增强珠三角核心区的支撑引领力和辐射带动力。深入实施“百县千镇万村高质量发展工程”，支持粤东粤西粤北地区结合资源禀赋和功能定位，全面加强与粤港澳大湾区的未来电子信息产业链供应链协同合作，形成紧密衔接、互为支撑的产业分工。加快打造沿海未来产业发展带和北部未来产业应用示范区。

第六章

广东省工业机器人产业集群分析①

近年来，我国高度重视工业机器人产业发展，从顶层设计到关键核心技术研发不断发力，鼓励支持传统制造产业向智能化方向升级，坚定不移地推动工业机器人产业高质量发展。广东省积极响应国家政策以及市场需求，下好了工业机器人产业发展的“先手棋”，跑出了高质量发展的“加速度”，目前已形成了国内领先、追赶国际的行业地位。

2024年，广东省工业机器人年产量达24.68万台，同比增长31.2%，占全国总量的44%，连续五年稳居全国第一；全省机器人产业营收突破750亿元，带动就业超20万人。在产业体系上，广东省已形成了完整的工业机器人产业链，培育了一批具有自主知识产权的机器人品牌，大批机器人产业优质企业扎堆广东省，涌现出包括优必选、美的库卡、汇川技术、华数机器人、越疆科技、拓斯达、巨轮智能在内的机器人“七剑客”；在空间布局上，深圳、广州、佛山、东莞已形成产业集群，各地区围绕广深珠进行产业配套，促进数字产业融合与集群发展；在风险投资上，协作机器人产业相比传统工业机器人更受资本青睐。未来，需加快提升关键核心零部件自主率，通过自研实现国产替代，降低对进口零部件的依赖；同时要关注工业机器人灵活性、易用性以及协作性问题，以满足柔性化生产需求。

本章将基于国际国内双重视角，介绍广东省工业机器人产业的发展现状，基于市场结构，分析工业机器人产业的市场行为以及其所带来的市场绩效，再进一步探讨工业机器人在广东省的空间布局、创投环境以及发展趋势等，最后针对广东省工业机器人现有基础以及不足之处，提出有针对性的对

① 本章第一执笔人为暨南大学产业经济研究院潘露华。

策建议。

根据ISO 8373标准，工业机器人是指面向工业领域的多关节机械手或多自由度的机器人，它是自动执行工作的机器装置，是靠自身动力和控制能力来实现各种功能的一种机器。工业机器人可以接受人类指挥，也可以按照预先编排的程序运行，还可以根据人工智能技术制定的原则纲领行动。目前，我国工业机器人已形成覆盖上游核心零部件、中游机器人本体以及下游应用环节的完整产业链。在工业机器人的内部结构中，减速器、伺服电机和控制器是其三大核心零部件，分别占工业机器人总成本的35%、20%和15%，三大核心零部件成本合计约占工业机器人总成本的70%。

第一节　工业机器人产业发展环境

一、工业机器人产业宏观环境

产业宏观环境短期承压，长期向好。依据MIR DATABANK最新披露的数据，2024年第四季度，中国工业机器人的销量约为7.8万台，与上一季度相比增长了3.8%；2024年全年，中国工业机器人的市场总销量突破了29.4万台。当前，受整体制造业企业生产预期走低、市场需求缩减等不利因素的影响，工业机器人行业正承受着多方面的增长压力。同时，市场正处在去库存以及行业竞争激烈的关键时期。不过，与2023年相比，2024年中国工业机器人的市场销量依旧实现了3.9%的小幅增长。随着人口红利逐渐消失，“机器换人”成为大势所趋。此外，在传统产业寻求自动化转型升级的背景下，智能化与自动化需求日益增强，因此工业机器人作为自动化与智能化的关键机器，其市场规模必将不断壮大。

（一）国际环境：经济总体复苏动能偏弱，需求疲软难以支撑工业机器人行业高质量发展

全球主要国家正面临着经济复苏乏力、内需不足、外需不振三重冲击。

由汽车整车、3C电子以及新能源（锂电池与光伏）构成的工业机器人行业三大压舱石，合计占据约75%的行业市场份额。其中，新能源汽车行业增速有所放缓，3C电子行业发展未见明显回暖趋势，锂电池行业处于库存消化期，仅光伏产业仍保持高增长发展态势。工业机器人进出口出现双降局面。

（二）竞争环境：市场较为集中，“四大家族”垄断高端市场

20世纪50年代，世界上第一台工业机器人诞生于美国。经过多年的研究投入，工业发达国家建立起了完善的工业机器人产业体系，并形成了工业机器人“四大家族”（瑞士ABB、德国库卡、日本发那科、日本安川）的垄断格局。

1.美国

美国是工业机器人的诞生地。Unimation是世界上第一家机器人公司，于1959年推出了世界上第一款工业机器人产品尤尼梅特（Unimate），其精度可达1/10000英寸。该产品于1961年正式投入美国特伦顿的通用汽车公司运行使用。20世纪60—70年代，由于当时美国失业率过高，政府担心工业机器人的推广使用会进一步提高失业率，因此工业机器人尚未被列入重点发展项目名单，同时也鲜少获得政府财政支持。在这样的政策背景以及社会氛围下，企业对工业机器人的投入研发抱谨慎态度，致使错过了最佳发展机会。到了20世纪70年代后期，虽然政府对工业机器人的态度有所缓和，但研究重点仍然放在军事、核工程、宇宙等特殊领域的特种机器人上，这让日本的工业机器人后来居上，在工业机器人制造和应用领域超越了美国。被赶超的美国产生了危机感，开始重新审视工业机器人。20世纪80年代，政府积极出台相关政策与措施，增加研究经费，鼓励工业机器人的研发生产以及应用。在这一时期，美国工业机器人得到了快速发展。经过多年的发展，依托其雄厚的基础以及持续的研发投入，美国的机器人技术在国际上处于领先地位，并在军事、航空等领域表现突出。

2.日本

20世纪60年代，日本老龄化问题逐渐凸显，劳动力短缺阻碍了经济的发展。为了解决这个问题，日本从美国Unimation公司引进了工业机器人及其技术。在汽车产业的带动下，工业机器人产业快速发展。1980年，工业机器

人进入普及期，日本政府开始在各个领域推广使用机器人。到了1986年，日本机器人保有量已经达到了10万台。目前，日本依托其在伺服电机等关键核心零部件的优势，已经成为领跑工业机器人产业技术研究以及应用市场的国家，拥有川崎、发那科、安川等工业机器人行业龙头企业。日本工业机器人占全球工业机器人出货量的40%以上，以出口需求驱动工业机器人产业发展。

3.德国

德国是工业强国，工业机器人起步较早。早在20世纪70年代，德国政府就出台了“改善劳动条件计划”，明确规定危险岗位必须使用机器人替代传统工人。2010年颁布的《德国2020高技术战略》将智能制造列入未来重点项目，为工业机器人产业提供了良好的发展环境，大力推动了德国工业机器人应用规模的增长。通过长期产业扶持，大力推动产学研相结合，德国现已成为全球重要的工业机器人出口国，拥有库卡、莱斯和克鲁斯等国际知名工业机器人生产企业。其中，库卡是工业机器人“四大家族”中创办最早的企业，在全球拥有20多个子公司。

4.韩国

在韩国政府的大力支持以及企业的积极投入下，韩国工业机器人产业迅速发展。自2017年以来，韩国工业机器人密度年均增长率在6%左右。据国际机器人联合会发布的报告，韩国是2022年全球自动化程度最高的国家，机器人密度达每万名员工1012台。同日本一样，韩国也面临着人口老龄化严重以及劳动力成本高昂的窘境，这迫使韩国采用“机器换人”来提高生产效率。2008年，韩国政府出台了《智能型机器人开发与普及促进法》，规定每五年制定一期基本计划，以系统化方式推进机器人产业政策体系的搭建。2014年，韩国贸易工业和能源部承诺投资27亿美元支持开发先进机器人。2019年，韩国政府发布机器人制造业发展蓝图，为韩国机器人振兴传统产业指明了方向。2020年，韩国政府出台规划，对产业、商业、医疗和公共服务四大应用领域中与机器人相关的内容进行了修改，完善了工业机器人发展的规章制度。2023年12月，韩国政府发布尖端机器人产业蓝图和战略，明确到2030年市场规模增至20万亿韩元以上的目标，为机器人行业中长期发展擘画了蓝图。

5.中国

20世纪70年代，我国便开始了对工业机器人的理论研究，但由于当时尚处于工业化初期阶段，技术和理论尚未能支撑工业机器人实现产业化。到了20世纪80年代中期，随着发达国家大规模推广应用工业机器人，我国政府不断提高对工业机器人的重视程度，投入大量资金支持工业机器人产业化发展，工业机器人进入样机开发阶段。之后的20年间，我国建立了多个产业化基地和科研基地，奠定了工业机器人产业化基础，并在21世纪初，正式步入初步产业化阶段。受益于工业转型升级的需求和电子电气、汽车行业的快速发展，我国工业机器人的市场需求呈现爆发式增长，工业机器人安装量占全球比重由2012年的14%提高至2022年的52%，成为全球最大的工业机器人使用国。

与其他国家相比，纵向上，我国工业机器人产业在市场规模与增速上具备优势，但进口金额远高于出口金额，高端市场国际竞争力不足；横向上，我国虽已形成了完整的产业链，但核心零部件仍未攻克技术壁垒，需要依赖进口（见表6-1）。

表6-1　国内外工业机器人产业发展概况比较

比较方面	中国发展概况	欧美日韩等国家发展概况
市场规模	2022年工业机器人市场规模为87亿美元，其中大型多关节和协作机器人增长态势明显	瑞士ABB、德国库卡、日本发那科以及日本安川“四大家族”全球市占率超50%
渗透率	2022年中国工业机器人安装量占全球总量的52%，运营存量超150万台	2022年欧洲工业机器人安装量占全球总量的15%，美洲占10%；运营总量欧洲约为73万台，北美约为45万台
全球布局	2022年1—11月出口14.7万台，出口金额为3.8亿美元，主要出口到韩国、越南等国家	“四大家族”厂商在全球均有布局
技术水平	核心零部件（控制器、伺服电机和减速器）技术壁垒高，依赖进口，国产化率低	减速器市场基本被日本厂商垄断；欧美日韩厂商的控制器技术也明显领先；日本垄断伺服系统高端市场
产业链	已形成完整的产业链，具备从上游核心零部件到中游本体制造再到下游系统集成自主生产与配套能力	日本具有核心零部件的竞争优势以及完备的配套产业体系；欧洲的优势在于其全球领先的本体制造技术；美国侧重于系统集成，但基本不生产工业机器人，企业需要的工业机器人基本通过进口
自主品牌	具有一定的国际影响力，但国际竞争力不强，高端品牌认知度仍较低	工业机器人“四大家族”垄断高端市场

（三）政策环境：政策支撑产业发展

1.中国：持续深化顶层设计，指引工业机器人发展

近年来，国家在顶层设计上不断强化智能制造的地位。《中国制造2025》作为实施制造强国战略的第一个十年行动纲领，明确将机器人作为重点发展领域之一，提出了大力发展工业机器人、服务机器人和特种机器人的目标，推动机器人产业向中高端发展。《机器人产业发展规划（2016—2020年）》提出了我国机器人产业发展的指导思想、发展目标、主要任务和保障措施，为机器人产业的持续健康发展提供了政策指导。该规划的实施有效推动了我国机器人产业的快速发展，提升了产业规模和技术水平。《工业机器人行业规范条件（2024版）》和《工业机器人行业规范条件管理实施办法（2024版）》提出了对企业研发经费投入、研发部门和团队能力建设、数字化智能化规范化生产条件等方面的详细要求，并鼓励企业按照规范条件自愿申请规范公告（见表6-2）。

表6-2 中国工业机器人产业政策一览

时间	政策名称	政策类型
2010年	《国务院关于加快培育和发展战略性新兴产业的决定》	产业战略规划
2011年	《工业转型升级规划（2011—2015年）》	产业战略规划
2015年	《中国制造2025》	产业战略规划
2016年	《机器人产业发展规划（2016—2020年》	产业战略规划
2017年	《国务院关于深化“互联网+先进制造业”发展工业互联网的指导意见》	推广应用政策
2021年	《“十四五”机器人产业发展规划》	产业战略规划
2021年	《“十四五”智能制造发展规划》	推广应用政策
2023年	《“机器人+”应用行动实施方案》	推广应用政策
2024年	《工业机器人行业规范条件（2024版）》和《工业机器人行业规范条件管理实施办法（2024版）》	行业规范

资料来源：政府网站。

除国家战略规划外，我国还出台了一系列专项支持政策，大力推动工业机器人产业发展。例如，通过设立多项科技专项政策如智能机器人重点专项政策，鼓励机器人领域的技术创新和成果转化。同时，为了解决机器人企业

融资难、融资贵的问题，中央政府出台了多项金融支持政策，包括提供贷款贴息、设立产业投资基金等，以降低企业融资成本，支持企业扩大生产规模和加大研发投入。此外，为了鼓励企业加大研发投入和引进先进技术，中央政府还实施了多项税收优惠政策，如研发费用加计扣除、高新技术企业所得税优惠等，以减轻企业税负，增强企业创新动力。

2.广东省：加大政策支持力度，为建设制造强省提供有力支撑

广东省委、省政府对智能制造发展高度重视，出台了一系列相关政策（见表6-3），为工业机器人产业高质量发展注入了强劲动力。《广东省培育智能机器人战略性新兴产业集群行动计划（2023—2025年）》明确了智能机器人在产业规模、产业技术、产业应用以及产业生态四个维度的发展目标，并针对减速器、控制器、伺服系统以及集成应用等八大重点工程，围绕聚焦技术创新、优化产业布局、培育优势企业、深入示范推广以及强化支撑体系等五方面明确了重点任务安排。《广东省关于人工智能赋能千行百业的若干措施》提出，发展柔性交互、动态规划路径的协作机器人与自适应机器人等高精度工业机器人，加快智能人机交互、多自由度精准控制的服务机器人应用推广，并提出到2027年，智能机器人产业营业收入达到900亿元。

表6-3　广东工业机器人产业政策一览

时间	政策名称	政策类型
2015年	《广东省智能制造发展规划（2015—2025年）》	产业战略规划
2015年	《广东省机器人产业发展专项行动计划（2015—2017年）》	产业战略规划
2017年	《广东省工业机器人保费补贴试点工作方案》	推广应用政策
2020年	《广东省人民政府关于培育发展战略性支柱产业集群和战略性新兴产业集群的意见》	产业战略规划
2020年	《广东省培育智能机器人战略性新兴产业集群行动计划（2021—2025年）》	推广应用政策
2021年	《广东省制造业高质量发展“十四五”规划》	推广应用政策
2023年	《广东省培育智能机器人战略性新兴产业集群行动计划（2023—2025年）》	产业战略规划
2024年	《广东省关于人工智能赋能千行百业的若干措施》	产业战略规划

资料来源：政府网站。

随着广东省一系列政策的深入实施，工业机器人产业将迎来更加广阔的发展空间。未来，广东省将继续加大政策支持力度，优化发展环境，强化人才支撑，推动工业机器人产业高质量发展，为制造强省建设提供有力支撑。

二、工业机器人产业市场环境

需求端上，随着人口红利的逐渐消失以及制造业转型升级的迫切需求，工业机器人的市场需求呈爆发式增长，我国工业机器人市场潜力巨大；供给端上，我国已建成了完整的产业链条，自主品牌知名度不断提升，产品类型越来越满足市场需求。广东省作为我国最大的工业机器人产业聚集地，地处祖国南大门，毗邻港澳，交通便利，既可辐射全国市场，又可布局海外，具有极佳的地理位置优势。

（一）产业数字化是制造业发展的重要引擎，“机器换人”是发展趋势

近年来，国家在顶层设计中不断强化智能制造的重要地位。工业机器人作为提高我国制造业自动化、智能化水平的重要助推器，从长期来看，“机器换人”是制造业的一大发展趋势。一方面，我国大力推动制造业高质量发展，产业数字化转型升级离不开工业机器人的助力。工业机器人不仅能提高工作效率，还能解决生产中的部分安全性问题。此外，随着AI、云计算等技术的迭代升级，工业机器人与前沿科技的结合进一步推动了工业机器人朝着智能化、平台化方向发展，助力柔性生产。另一方面，我国结婚率与生育意愿逐年下降趋势明显，潜在适龄劳动力人口规模不断下降，导致人力成本提升，2024年我国的人口自然增长率为-0.99‰，正面临着越来越严峻的人口老龄化问题。同时，《制造业人才发展规划指南》指出，预计到2025年我国制造业人才缺口将达到3000万人。工业机器人的推广应用可以解决企业人力成本上升问题。

（二）六轴机器人和SCARA机器人存量最多，协作机器人增速最快

中国工业机器人在保有量方面，六轴机器人和SCARA机器人数量最多。六轴机器人具有自由度高、载荷能力强以及轨迹灵活等优点，常用于汽车和3C电子等高附加值行业。受益于电动汽车行业的发展，多关节机器人增速

明显，增速仅位于协作机器人之后。SCARA机器人在X、Y轴方向上具有顺从性，在Z轴方向上具有良好的刚性，常用于PCB和电子零部件及各类装配搬运，但目前由于电子和半导体行业持续低迷，SCARA机器人增速依旧不乐观。协作机器人可实现人机协作，安全性高，更灵活，适合非结构化环境，应用场景类似多关节机器人。

（三）国产化进程不断加快，国产品牌崛起

工业机器人上游三大核心零部件是产业链中行业壁垒最高的环节，其成本约占总成本的70%。目前，国产企业埃斯顿、汇川技术加大在控制器以及伺服电机方面的研发力度，绿的谐波和中大力德在减速器方面不断攻克技术难关，核心零部件国产化率不断提升。随着国产核心零部件的逐渐放量，中游本体制造可减少进口依赖，生产成本大幅下降，产品竞争力提升。目前，以绿的谐波为代表的国产企业已实现技术突破，其生产的谐波减速器在产品性能方面基本实现对标国外龙头企业，并成功配套工业机器人“四大家族”之一的瑞士ABB，未来有望打破纳博特斯克、哈默纳科、住友等日系厂商垄断减速器市场的局面。

（四）国产工业机器人销量创新高，但收入规模仍不及“四大家族”

2024年，国产工业机器人厂商市场份额提升至52.3%，市场竞争格局发生大变化，行业整合加速。虽然销量超过国外厂商创造新高，但从收入规模来看，国内厂商的总收入规模仍明显小于外资品牌。通过技术积累以及不断开拓下游市场，国内龙头企业占据的市场份额不断扩大，但目前国产替代集中于中低端产品，高端领域国产替代在性价比方面仍不具备竞争优势。

第二节　工业机器人产业链SCP范式研究

一、工业机器人产业发展概况

我国现已具备完整的工业机器人产业链体系。在上游三大核心零部件中，减速器已经实现国产产品性能对标国外龙头企业，控制器已实现部分国产替代，但与国外龙头对比，在高端市场仍不具备市场竞争力，伺服电机在动力和输出功率上基本对齐国际先进水平，但在大小、响应速度以及稳定性方面仍需继续追赶；中游本体制造国内龙头企业份额不断提升；下游系统集成以本土企业为主导，应用领域不断拓宽。中国工业机器人产业涌现出了许多具备未来竞争优势的厂商，如埃斯顿、汇川技术以及绿的谐波等。

从市场行为和市场绩效来看，工业机器人产业链上游行业附加值最高，毛利率高，但国外龙头企业凭借先进的技术垄断了大部分市场；中游本体制造行业主要是对零部件进行组装，毛利率居中，国产机器人厂商份额逐年提升，国产替代进程加快；下游系统集成行业壁垒低，企业盈利空间有限，国产系统集成商占据了国内中低端市场绝大部分份额，但高端领域仍需突破。

二、产业链市场结构

市场竞争格局“大洗牌”，国内巨头崭露头角。国外“四大家族”凭借先进的技术以及较高的市场占有率一度垄断了工业机器人行业。国产工业机器人企业虽起步较晚，但近几年在政策支持以及下游需求的驱动下，发展势如破竹，涌现出了一批发展势头迅猛的企业，如国内巨头埃斯顿、汇川技术。2024年前三季度，国内企业出货量超过国外龙头企业库卡、ABB、安川（见图6-1）。

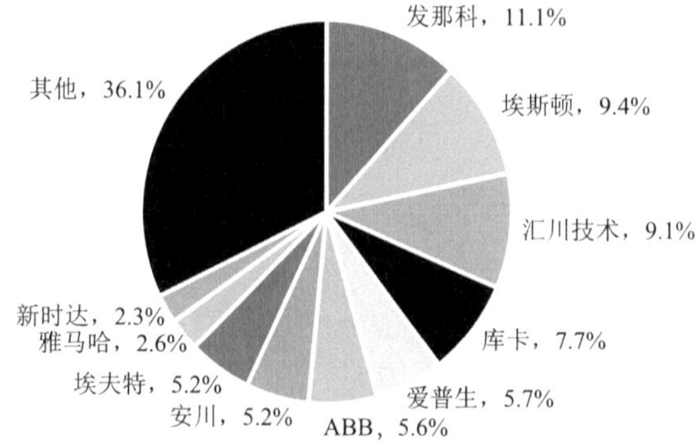

图6-1 2024年前三季度中国工业机器人市场格局（出货量口径）
数据来源：MIR DATABANK。

中国工业机器人行业市场集中度不高。2024年，中国工业机器人行业CR3低于30%，CR5不超过45%，CR10不高于70%（见图6-2），市场集中度较2022年有所下降。

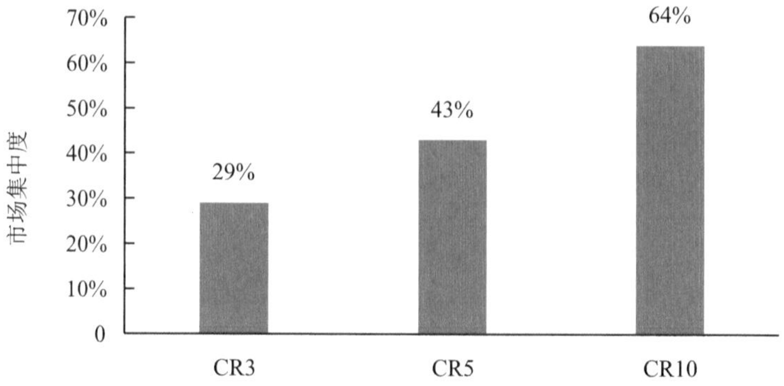

图6-2 2024年中国工业机器人行业市场集中度
数据来源：MIR DATABANK。

国产工业机器人企业增速领跑，内资厂商占比首次超越外资厂商。据MIR DATABANK统计，2024年，我国工业机器人市场内资厂商占比提升至52%，发展势头持续向好（见图6-3）。以埃斯顿、汇川技术以及埃夫特为代表的国产工业机器人企业不断加大研发投入，拓宽应用场景，鼓励技术创新，提升服务能力，加快了国产化进程。

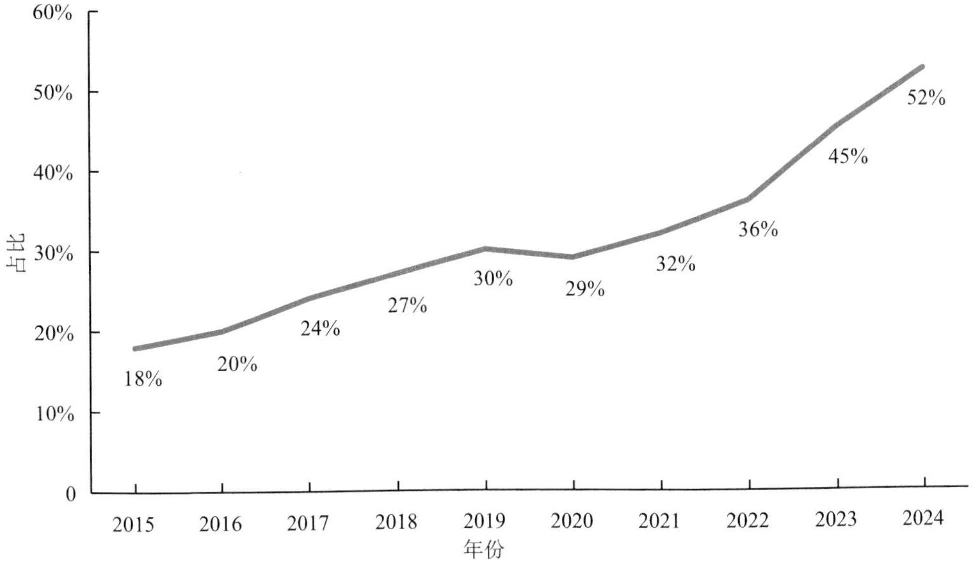

图6-3　2015—2024年中国工业机器人市场内资厂商占比变化趋势

数据来源：MIR DATABANK。

从工业机器人细分产品来看，国产化进程持续加快。整体来看，2023年，除多关节机器人以外，协作机器人、DELTA机器人以及SCARA机器人的国产化份额均超过50%。其中，协作机器人国产化份额最高，接近90%；SCARA机器人国产化份额提升速度最快，从2022年的49.1%提升到2023年的58.3%（见图6-4）。

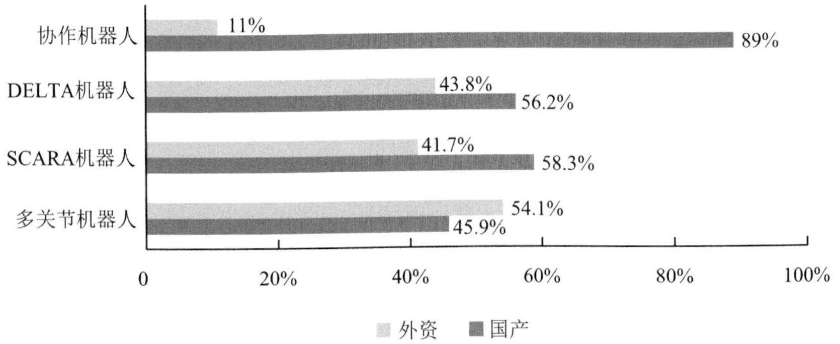

图6-4　2023年中国工业机器人细分产品内外资份额分布情况

数据来源：GGII。

上游市场集中度高，减速器、伺服电机和控制器三大核心零部件占据总成本的70%（见图6–5）；中游本体制造商国产化进程加快，但主要市场份额仍被国外机器人制造商占据；下游系统集成行业由于壁垒较低，系统集成厂商众多，竞争激烈，尚未形成规模效应。

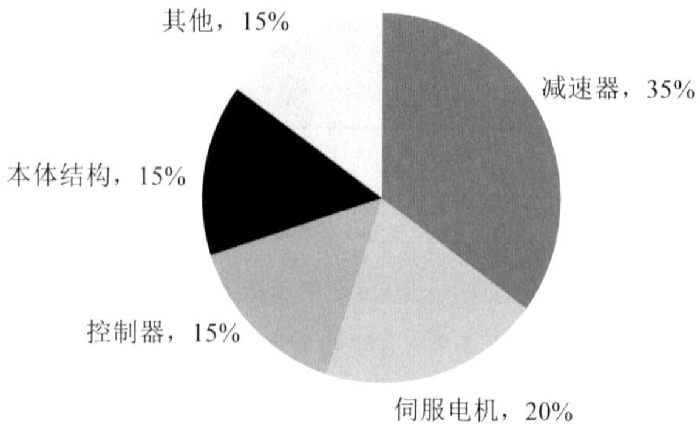

图6–5　工业机器人成本结构

数据来源：中商产业研究院。

（一）上游核心零部件竞争格局：技术壁垒最高，国外厂商优势显著

1. 减速器：在精密减速器领域，国外厂商具有绝对优势

减速器是工业机器人的关键核心零部件，其成本约占总成本的35%。据统计，我国减速器市场规模已从2018年的1114亿元稳步增长到2023年的1387亿元（见图6–6），年均复合增长率为4.48%。减速器主要分为两种：谐波减速器与RV减速器。在精密减速器领域，国外厂商具有绝对优势。目前，国产减速器在稳定性、精度保持性和可靠性方面与国外先进水平相距甚远，且难以满足特殊应用场景的定制化需求，因此国内减速器厂商仍需加大研发投入，以缩小与国外厂商的差距。

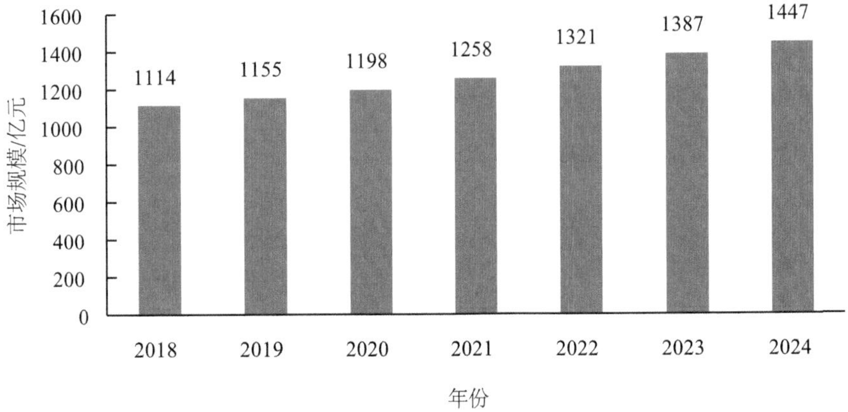

图6-6　2018—2024年中国减速器市场规模

数据来源：《2024年中国减速器市场规模及企业分布预测分析（图）》，https://www.askci.com/news/chanye/20240904/0851592725411118355554242.shtml，2024年9月4日。

谐波减速器市场格局持续优化，基本实现国产替代。国外厂商哈默纳科占据龙头地位，约占中国谐波减速器市场规模38%的份额（见图6-7）。谐波减速器技术要求相对较低，在不断的研发投入与技术升级下，国内谐波减速器厂商的市场占有率也在不断提升。

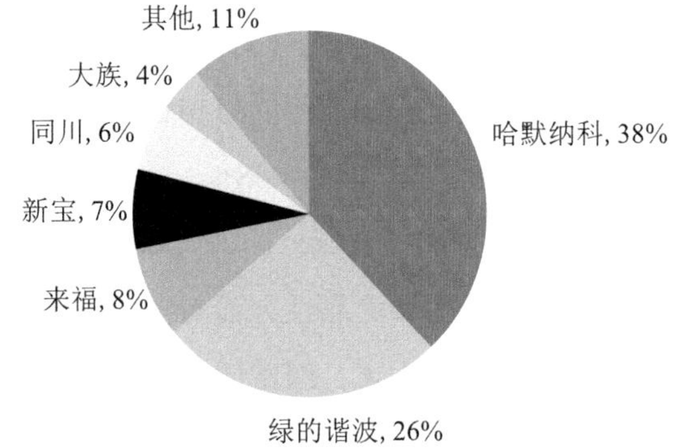

图6-7　2022年中国谐波减速器市场竞争格局

数据来源：MIR DATABANK、中商产业研究院。

RV减速器产业集中度高，国外企业龙头地位稳固。整体来看，行业CR4达到了75%以上，日本厂商纳博特斯克仍占据着中国RV减速器市场最大的市场份额；国内厂商环动科技前景广阔、未来可期，仅用两年时间便从2022年14%的市占率提升至2024年约25%的规模（见图6-8）。RV减速器技术要求高于谐波减速器，目前，国内厂商正不断加大研发投入力度，以缩小与国外先进技术之间的差距。且受益于工业机器人本体国产化率的持续提升，RV减速器的国产份额亦明显提升。相信在不久的将来，国内RV减速器厂商市占率有望超越国外龙头企业纳博特斯克。

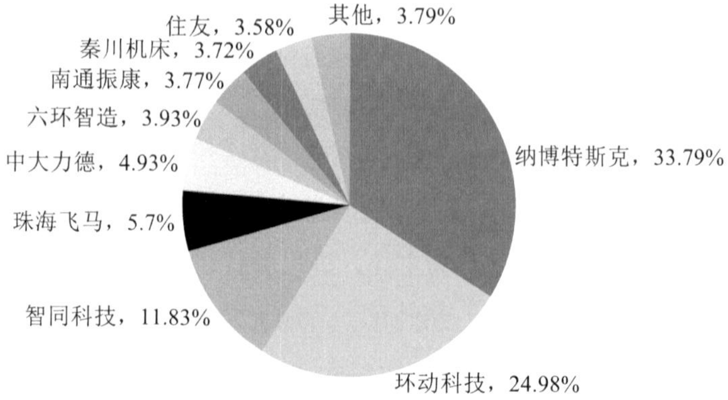

图6-8　2024年中国RV减速器市场竞争格局

数据来源：GGII。

注：由于采用四舍五入法，百分比相加可能不等于100%。

2. 伺服电机：市场角逐白热化，一超多强态势稳固

伺服电机行业竞争激烈，一超多强格局已定。伺服电机作为技术密集型产品，以安川为代表的国外厂商凭借着技术优势占据了很长一段时间的主导地位。随着国内厂商不断加大研发投入以及技术进步，伺服电机中低端市场实现了从外资垄断到国产替代的“逆袭”。2021年上半年，国内企业汇川技术市场份额反超外资品牌，成为国内伺服电机市场占有率第一的龙头企业（见图6-9）。

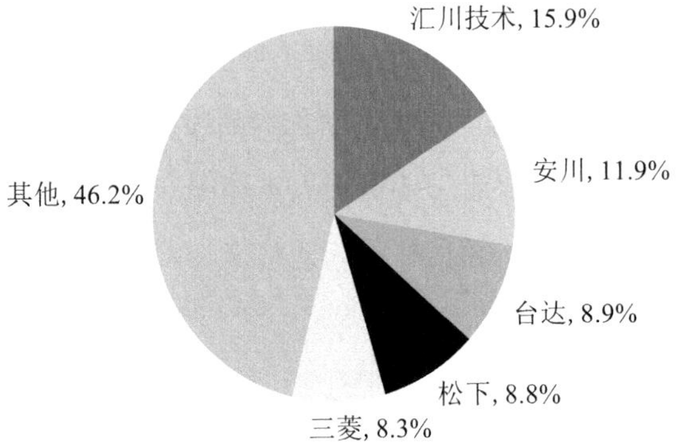

图6-9　2021年上半年中国伺服电机市场竞争格局

数据来源：MIR DATABANK、前瞻产业研究院。

3. 控制器：市场集中度高，进口替代机遇大

控制器市场以国外品牌为主导，进口替代机遇巨大。国际主流工业机器人厂商均自主研发控制器。2022年，“四大家族”发那科、库卡、ABB和安川占据了国内工业机器人控制器市场50%以上的份额（见图6-10）。国产品牌埃夫特的影响力也在逐渐扩大，其产品性能与稳定性慢慢得到市场的认可，但在软硬件方面与国外先进控制器相比仍有较大的差距。

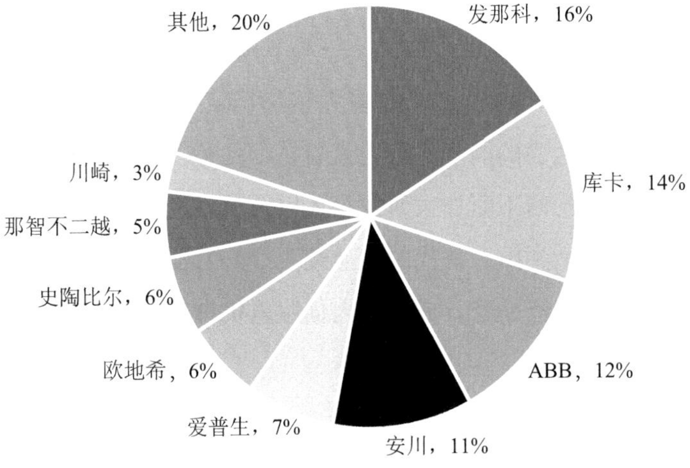

图6-10　2022年中国工业机器人控制器市场竞争格局

（二）中游本体制造竞争格局：以国外“四大家族”为主导，国内企业市场份额逐渐扩大

中游工业机器人本体可以分成5个类别，分别是大六轴（＞20kg）机器人、小六轴（≤20kg）机器人、Delta机器人、SCARA机器人以及协作机器人，其中前四种属于传统工业机器人。2023年，受需求端的影响，各机型增长情况差异明显，SCARA机器人、Delta机器人和大六轴机器人出货量同比下降，而协作机器人与小六轴机器人则实现了逆势增长（见图6-11）。

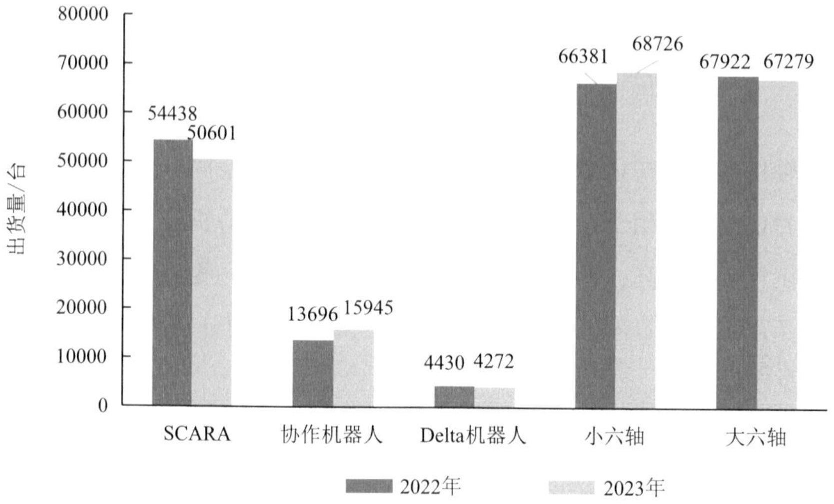

图6-11　2022—2023年工业机器人各机型出货量

资料来源：MIR DATABANK。

小六轴机器人市场参与者较多，国产品牌埃斯顿走在前列。2023年，小六轴机器人出货稳定，发那科、安川、ABB依旧处于领先位置，埃斯顿紧跟其后（见图6-12）。

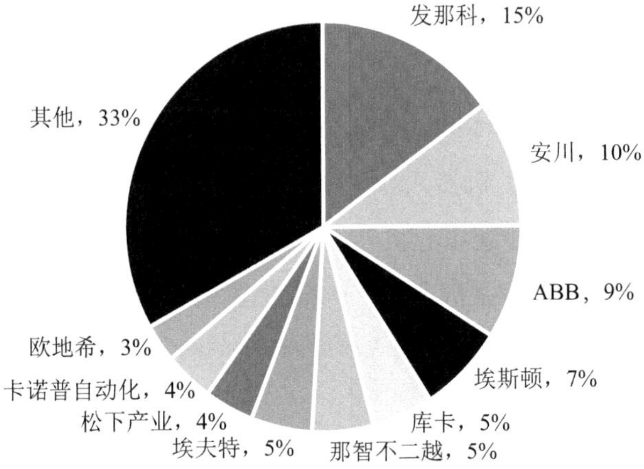

图6-12　2023年中国小六轴机器人市场竞争格局

大六轴机器人国产化率低，“四大家族”龙头地位稳固。大六轴机器人负载高，目前主要应用于汽车行业。由于大六轴机器人对机器人运动轨迹的精度、稳定性要求较高，行业进入壁垒高，主要被发那科等“四大家族”垄断，2022年市占率为71%，而国产品牌埃斯顿和埃夫特则分别占8%和2%的市场份额（见图6-13）。

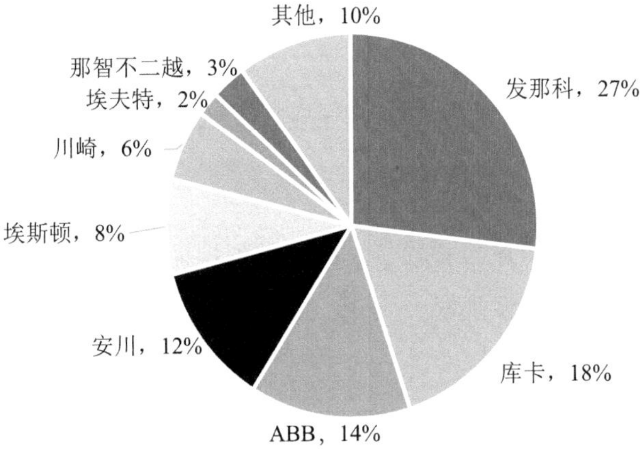

图6-13　2022年中国大六轴机器人市场竞争格局

SCARA机器人市场竞争日趋激烈，国产品牌市占率提升明显。2020年，日本厂商爱普生和雅马哈的市占率为50%，汇川技术排名第三，占据7%的市场份额。但到了2022年，汇川技术利用其拥有3C行业集群认证的优势，赶超雅马哈成为市占率第二的品牌；众为兴则通过提供半年试用期抢占了部分市场份额，国内排名第四（见图6-14）。

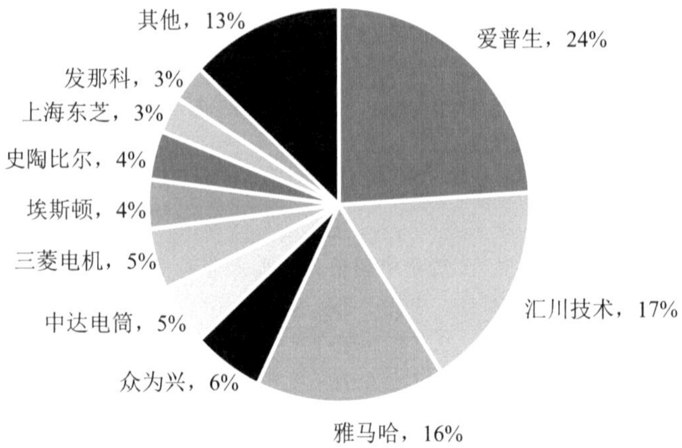

图6-14　2022年中国SCARA机器人市场竞争格局

协作机器人市场活跃度高，国产品牌处于主导地位。遨博智能是我国首家专注研发生产协作机器人的企业，成立于2015年。2022年，遨博智能的国内市占率达33.3%，全国排名第一，超越了协作机器人的开创者与领跑者——优傲机器人（见图6-15）。此外，遨博智能也是国内协作机器人领域最早布局出海的企业，全球排名前三，拥有海外经销商超50家，产品出口到欧美、日本、韩国和东南亚等国家和地区。

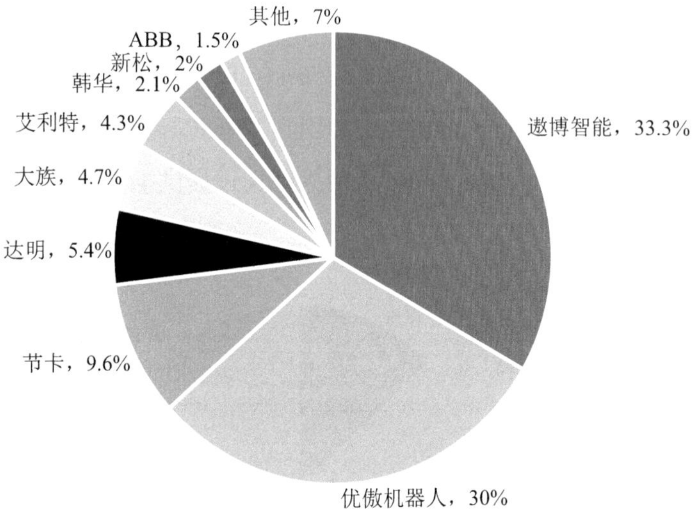

图6–15 2022年中国协作机器人市场竞争格局

数据来源：深圳市电子商会、中商产业研究院。

注：由于采用四舍五入法，百分比相加可能不等于100%。

（三）下游系统集成与应用竞争格局：国产化率较高，但厂商数量多、规模小

系统集成行业集中度较低，厂商以内资为主。中国内地（大陆）系统集成厂商在国内市场的份额占比达96%（见图6–16）。与零部件和本体制造不同，系统集成存在厂商数量多、规模小的问题。一方面是因为系统集成行业壁垒相对较低，市场进入者较多，市场竞争激烈；另一方面是由于系统集成需要根据终端用户的不同产品和需求进行定制化设计，难以进行简单的批量化复制，所以难以形成规模效应。此外，目前国内系统集成厂商主要集中在中低端领域，高端领域仍需突破。

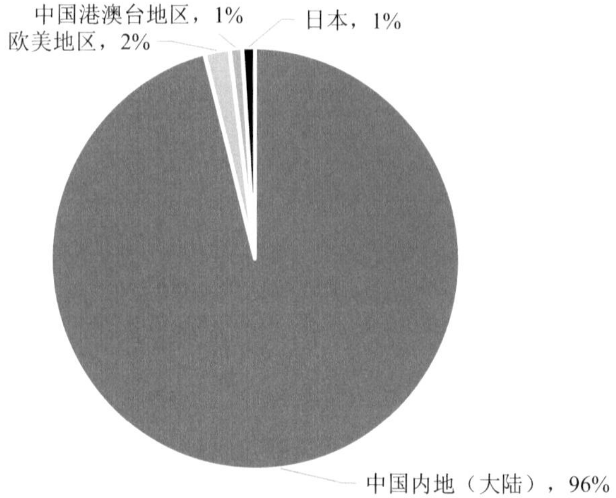

图6-16 2022年中国系统集成市场国家和地区份额占比

数据来源：《华福机械 | 工业机器人深度报告：成长与周期共振，加速工业机器人国产替代》，http://mp.weixin qq.com/s/6TxXqHGdxAP76wlaGEu5UQ，2023年12月23日。

下游应用集中于电子、汽车、新能源和一般工业四大领域。2023年前三季度，光伏行业需求旺盛，出货量同比增长100%（见图6-17）。到了2024年，新能源相关投资大幅锐减，光伏、锂电池行业的市场需求持续走低，去库存依旧是当前行业发展的核心主题。2024年，在工业机器人下游行业出货量中，电子领域表现亮眼，较2023年同比增长16%，出货量占比达21.0%，是出货量最多的板块（见图6-18）。在汽车产业中，机器人应用规模整体呈现微幅增长态势。尽管汽车整车制造领域出现下滑，但汽车零部件制造以及汽车电子技术迭代较快，零部件出口业务的拓展对需求形成了有力拉动，使得该领域需求得以保持平稳增长。

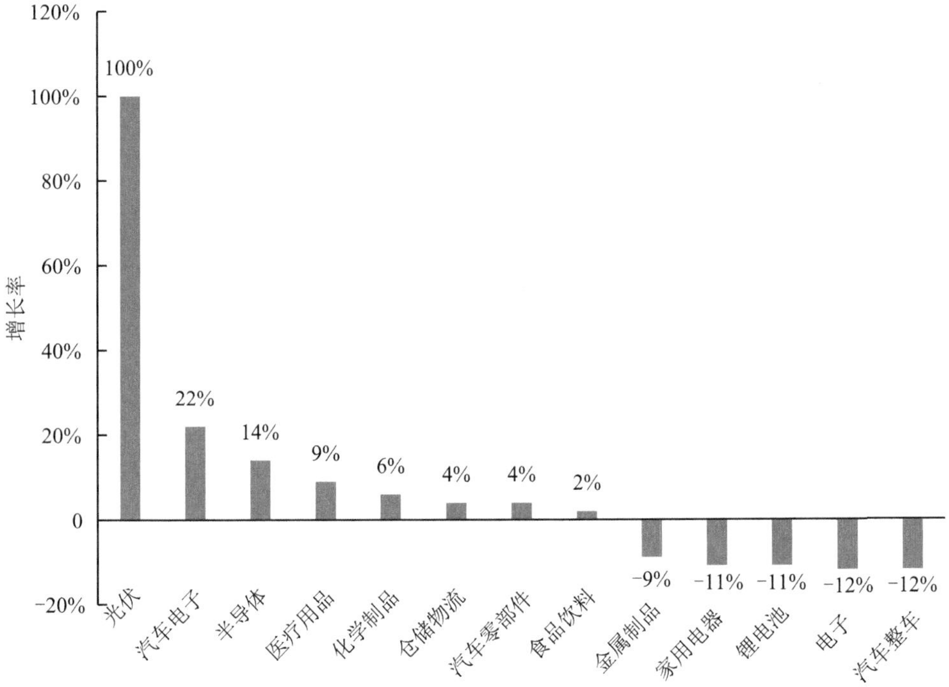

图6-17　2023年前三季度中国工业机器人下游行业出货量增长情况

数据来源：MIR DATABANK。

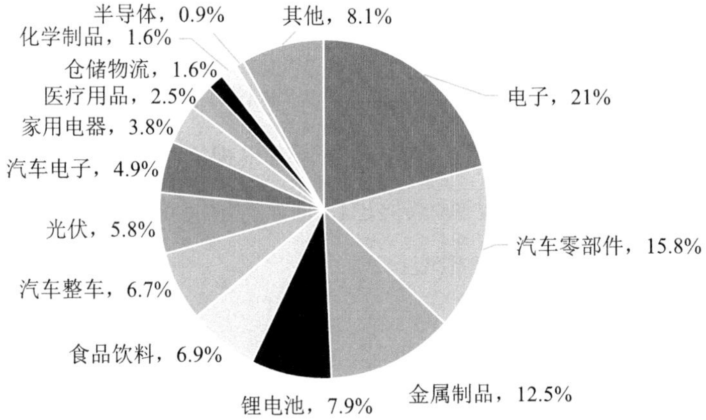

图6-18　2024年中国工业机器人下游行业出货量占比情况

数据来源：MIR DATABANK。

三、产业链市场行为

（一）一体化布局

一体化布局提升实力，争取市场机会。关键核心零部件成本占总成本的70%，通过实现关键核心零部件自研，可提高议价能力以及确保价格稳定。例如，国内工业机器人龙头企业埃斯顿通过投资Euclid（视觉技术）、并购Trio（运动控制）以及扬州曙光（伺服电机）实现了80%的零部件自研生产，有效解决了原有供应商成本过高的问题，同时通过收购CLOOS（德国焊接机器人）、普莱克斯（压铸设备）、南京锋远（汽车整车焊接）以及投资德国汽车集成商M.A.i实现了覆盖上中下游的全产业链布局，为快速进入汽车制造以及焊接系统等下游行业提供了机会。目前，埃斯顿的触角已经延伸到光伏、消费电子、锂电池、电动车以及智能包装等多个领域，与光伏巨头隆基绿能、新能源汽车产业链龙头企业宁德时代、比亚迪以及消费电子领域的蓝思科技等众多领军企业达成合作。

（二）密集型战略

国内企业通过实施产品开发、市场开发等密集型战略不断提高市场份额，加速国产化进程。一方面，国内工业机器人厂商针对下游客户的差异化需求提供多样化服务，进行产品开发，不断丰富产品矩阵。例如，埃斯顿推出了70多款工业机器人，覆盖六轴、SCARA、焊接、折弯、压铸、冲压、码垛等领域，满足了细分市场的需求。另一方面，国内企业依托产品丰富度以及定制化服务敲开了汽车制造下游应用的大门，同时凭借国内新能源汽车的发展东风，国内工业机器人也扶摇直上，打破了外资品牌在整车制造领域的垄断格局。在与国内新能源整车企业建立深度合作的同时，国内龙头企业也在继续开拓市场，积极布局出海业务，进行新市场开发。

（三）成本领先战略

2023年，市场需求整体偏弱，但国产工业机器人凭借性价比优势实现了逆势增长，增速比外资品牌高34%。2024年，新能源汽车行业各品牌汽车纷纷降价，比亚迪秦PLUS更是降价到7.98万元，工业机器人下游应用市场的激烈竞争倒逼下游企业加强成本控制，注重性价比。因此，国产机器人实施成本领先战略，提高产品性价比，可以在一定程度上弥补与国外先进技术的差距，争夺一定的市场份额，特别是在对工艺要求不高的生产线上，如对冲焊接等。国产机器人充分发挥价格优势，与车企降本增效的战略不谋而合。据国家统计局数据，工业机器人的进口均价从2019年的约16.2万元/台下降到2022年的约8.5万元/台（见图6–19）。可以看到国内外工业机器人的产品价格都有很大程度的下降，但产品性能反而有所提升。通过成本管控以及技术突破，厂商采取低价竞争战略扩大市场份额，将有助于拓宽应用场景，进一步扩大市场需求，促进产业数字化转型，推动数字产业融合发展。

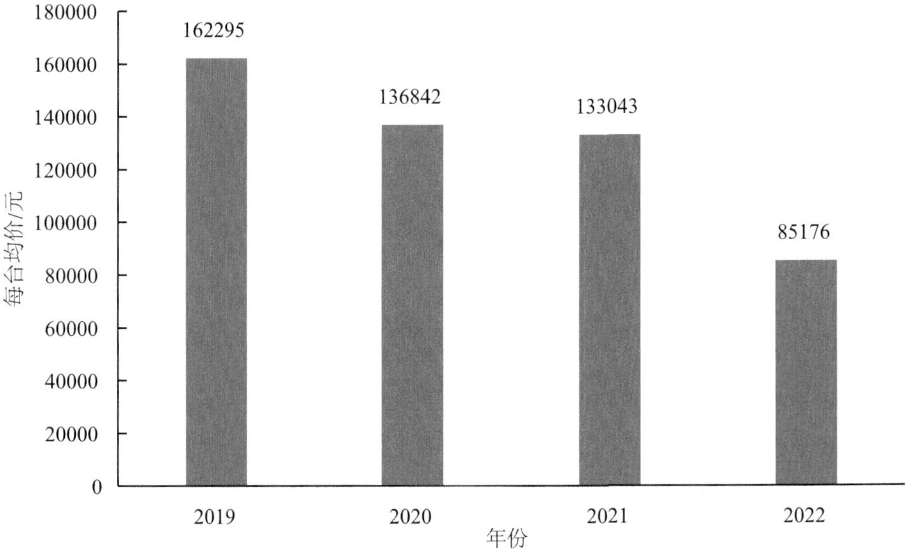

图6–19　2019—2022年中国工业机器人进口均价

数据来源：国家统计局。

（四）差异化竞争战略

国内厂商采取差异化竞争战略，成效显著。工业机器人行业技术变革较快，创新是市场竞争的焦点，同时下游应用端客户的需求多样化，且产品差异化能很好地被客户感知，因此工业机器人企业适合采用差异化竞争战略。在汽车制造和3C行业这两个工业机器人传统应用领域，“四大家族”龙头地位稳固，难以撼动。因此，国内厂商选择采取差异化竞争战略，在锂电池、光电以及高端家具等新兴蓝海市场积极布局。一方面，对于国内企业来说，采用差异化竞争战略聚焦细分市场可以避免与竞争对手的正面冲突，使企业处于竞争的缓冲地带；另一方面，在这些细分领域树立品牌形象，获得顾客的认可，积累更多的资本后可用于研发突破关键核心技术，实现弯道超车。

（五）研发行为

工业机器人行业注重研发投入，上游零部件与中游本体制造研发占比高。从整体来看，产业链大部分企业研发费用不断增加。从各环节来看，由于上游核心零部件行业壁垒较高，研发投入金额最高；本体制造行业目前国产品牌占据中低端市场，但高端市场国外企业龙头地位稳固，为了争取高端市场份额，国内企业也在不断加大研发投入；下游系统集成行业壁垒低，竞争激烈，研发投入占营业收入比例较低（见表6-4）。

表6-4 中国工业机器人产业链各行业代表企业研发情况

行业	代表企业	2019年研发情况		2020年研发情况		2021年研发情况		2022年研发情况		2023年Q3研发情况	
		研发费用/亿元	占营收比重	研发费用/亿元	占营收比重	研发费用/亿元	占营收比重	研发费用/亿元	占营收比重	研发费用/亿元	占营收比重
RV减速器	双环传动	1.1	3.3%	1.4	3.8%	2.1	4.0%	3.0	4.4%	2.6	4.5%
谐波减速器	绿的谐波	0.2	13.0%	0.2	11.1%	0.4	9.3%	0.5	10.3%	0.3	12.3%
伺服电机	汇川技术	8.6	11.6%	10.2	8.9%	16.8	9.4%	22.3	9.7%	20.3	10.1%
控制器	埃夫特	0.7	5.9%	0.8	6.8%	1.1	9.7%	1.0	7.8%	0.6	4.8%
本体制造	埃斯顿	1.3	9.1%	1.7	6.7%	2.3	7.8%	3.0	7.9%	3.0	9.4%
系统集成	华昌达	0.6	3.9%	0.7	4.4%	0.3	1.3%	0.4	1.1%	0.2	1.1%

数据来源：Wind。

四、产业链市场绩效

（一）市场竞争力：全球市场格局“大洗牌”

对2024年工业机器人市场的竞争态势进行观察，能看出全球排名前十的市场经历了显著“格局变动”。2017年时，中国仅有1家厂商位列全球前十，但到2024年，已有埃斯顿、汇川、埃夫特、珞石这4家国产厂商成功跻身全球前十。在这些国产厂商里，埃斯顿和汇川的出货量都超过了2万台，且同比呈现出快速增长的态势。截至2024年，进入全球前二十行列的国产厂商已达11家。

（二）盈利能力：上游盈利能力最高，中游次之，下游最弱

1. 上游技术壁垒高，企业盈利能力强

上游核心零部件技术壁垒高，且市场参与者相对较少，因此上游企业盈利能力较强，毛利率较高。

减速器市场国产化率低，基本被日系厂商垄断，占据了大部分市场份额。由于依赖进口，加上采购数量不多，我国工业机器人制造企业在与供应商议价时能力弱，购买相同型号的减速器价格是国际知名工业机器人企业的两倍。因此，上游突破关键核心技术，实现国产替代有利可图。从表6-5可以看到，绿的谐波实现产品对标国外龙头企业哈默纳科后，毛利率大幅提升，接近50%。在伺服电机市场中，汇川技术表现亮眼，国内市场份额占比第一，营收与利润领跑整个行业，目前应用于中低端领域，高端领域仍有较大的利润空间。控制器市场国产化率低，发那科等“四大家族”龙头地位稳固，国内控制器企业尚未形成市场竞争力。

表6-5　中国工业机器人上游核心零部件行业代表企业财报对比

行业	代表企业	2022年营收情况				2023年前三季度营收情况			
		总营收/亿元	净利润/亿元	毛利率	净利率	总营收/亿元	净利润/亿元	毛利率	净利率
减速器	绿的谐波	4.46	1.56	48.69%	35.09%	5.14	1.50	42.38%	29.15%
	双环传动	68.38	5.86	21.08%	8.57%	113.50	11.73	21.21%	10.34%
	中大力德	8.98	0.66	24.10%	7.39%	15.81	1.06	21.90%	6.68%
伺服系统	汇川技术	230.08	43.24	35.01%	18.80%	373.54	61.88	36.04%	16.56%
控制器	埃斯顿	38.81	1.83	33.85%	4.71%	64.53	2.92	33.18%	4.52%

数据来源：Wind。

2. 中游本体制造头部企业稳中有升，预期未来有较大盈利空间

2023年处于行业去库存阶段，需求端有一定程度的萎缩，整体行业利润空间有所下降，但头部企业（如埃斯顿、汇川技术）盈利仍有所提升。从工业机器人业务营收来看：埃斯顿业务营收排名领先，2024年上半年营收规模达16.53亿元；汇川技术依托其在通用自动化领域树立的品牌知名度，以及工业机器人和通用自动化领域间客户群体的一致性，2024年上半年实现工业机器人业务营收达5.80亿元（见表6-6）。在"机器换人"的大背景下，企业未来仍有较大的盈利空间。

表6-6　2024年上半年工业机器人中游本体制造企业机器人业务营收情况

企业	工业机器人业务营收/亿元	工业机器人业务毛利率
埃斯顿	16.53	28.13%
汇川技术	5.80	—
机器人	5.00	15.25%
埃夫特	4.00	18.77%
新时达	3.04	16.08%
凯尔达	2.23	16.23%
华中数控	2.04	22.01%
拓斯达	1.19	49.56%

数据来源：各公司公告。

3. 下游厂商数量多、规模小，企业盈利能力有限

下游系统集成厂商数量多、规模小，市场竞争激烈，利润空间有限，企业盈利能力弱。据高工机器人颁布的2023机器人系统集成商TOP30获奖名单，前10名系统集成商分别为广州德恒、广州中设机器人、希翎、富强科技、利迅达、兰剑智能、鑫信腾、泰达机器人、行健智能机器人以及拓斯达，其中仅兰剑智能与拓斯达为上市公司，但这两家企业主要营业收入并非来自系统集成。

（三）价值链：价值链附加值分布不均

上游核心零部件减速器、伺服电机、控制器行业壁垒较高，国外龙头企业凭借技术优势占据了大部分市场份额，产业附加值高，利润水平较高，以绿的谐波为代表的上游核心零部件行业毛利率高达20%～50%；中游本体制造技术壁垒一般，但属于重资产环节，行业毛利率在10%～40%；下游系统集成技术含量低，缺乏行业壁垒，议价能力弱，加上行业竞争激烈，整体毛利率较低。从整体来看：上游技术含量高、产业附加值高，主要被以发那科为代表的“四大家族”龙头企业垄断；中游本体制造国内龙头企业份额不断提升，国产替代进程加速；下游系统集成厂商集中于低附加值产品，高端市场仍由国外龙头企业占据。

（四）创新能力：企业加大研发投入，我国专利申请量逐年递增

截至2023年3月，我国工业机器人领域的专利申请数量已超过1.2万项。其中：实用新型专利数量最多，约占45.27%，其次是发明专利，约占41.88%，外观设计专利占比最少（见图6–20）。2022年以前专利申请数量逐年递增，2023年专利申请数量首次出现下降。

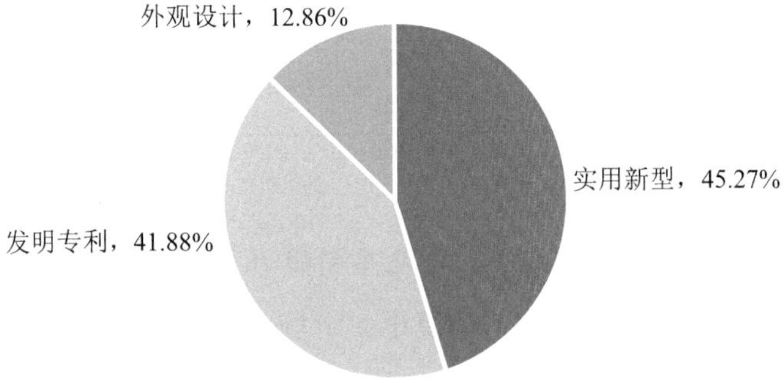

图6–20　2023年3月中国工业机器人相关企业专利申请类型分布情况

数据来源：掌桥科研。

注：由于采用四舍五入法，百分比相加可能不等于100%。

第三节　工业机器人产业空间布局

一、我国工业机器人产业空间布局

我国工业机器人产业主要聚集在广东省、江苏省与上海市等地区。其中，广东省工业机器人产业发展势头最强劲，工业机器人与制造业产业的融合发展不仅推动了工业机器人出货量的增长，也促进了传统产业数字化转型升级，产业集群发展明显。目前，广东省拥有汇川技术、拓斯达和长盈精密等12家工业机器人相关上市公司，工业机器人出货量约占全国三分之一，连续多年居全国第一。

截至2024年3月，我国工业机器人相关企业共有41.7万家，其中2023年新增注册企业达9.4万家，同比增长40%（见图6–21）。从地域分布来看：广东省拥有的工业机器人相关企业数量最多，有6万多家；其次是江苏省，有5.71万家；排名第三的是山东省，共有3.21万家。

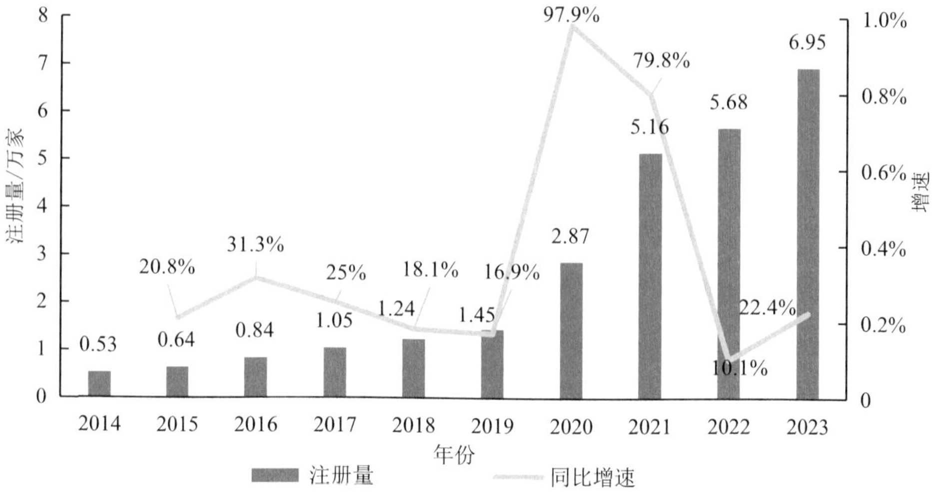

图6–21　2014—2023中国工业机器人行业相关企业注册量及同比增速

数据来源：企查查。

珠三角地区与长三角地区实力雄厚，引进培育了多家龙头企业，充分发挥了龙头企业的集聚作用，汇聚了产业上中下游全产业链企业，产业规模不断扩大，加速了国产替代的进程（见表6-7）。

表6-7 中国工业机器人重点企业业务布局情况

企业	所在地	产品布局	主要应用领域	优势
埃斯顿	江苏南京	SCARA、多关节、焊接机器人	新能源、3C、汽车零部件	全产业链布局，除减速器外均自制；国产龙头企业，具有规模效应
汇川技术	广东深圳	SCARA、多关节机器人	3C、锂电池、硅晶、纺织	国内工控龙头企业，伺服电机和运动控制器，具有工控供应链和客户协同优势
新时达	上海	SCARA、多关节、协作机器人	3C、锂电池、光伏、电力	系统集成应用
拓斯达	广东东莞	SCARA、多关节机器人	汽车零部件、光电、新能源	集成能力出众
埃夫特	安徽芜湖	SCARA、多关节、协作机器人	汽车零部件、3C、家具制造	除减速器外均自制，智能制造解决方案
华中数控	湖北武汉	SCARA、多关节、Delta机器人	3C、家电、院校培训	数控系统和伺服电机起家，运动技术积淀深厚
凯尔达	浙江杭州	焊接机器人	车辆船舶、轨道交通、工程机械、石油化工、医疗器械等	国内焊接机器人龙头企业，自产机器人整机，成本控制能力强

资料来源：中商产业研究院。

中国电子学会将工业机器人市场划分为长三角、珠三角、京津冀、东北、中部和西部六个地区。其中，珠三角地区产业集聚明显，市场应用成熟；长三角地区集聚了国外ABB等工业机器人“四大家族”以及国内龙头企业埃斯顿，实力雄厚；京津冀地区产业规模虽比不上长三角、珠三角地区，但依托区位以及人才优势，深耕价值链中高端；东北地区拥有良好的制造业发展基础以及完善的装备制造体系，是我国工业机器人产业发展的重要区域；中部地区围绕本体制造与系统集成进行布局，产业聚集度有所提高；西部地区积极承接其他地区外溢资源，具有后发优势。

（一）珠三角地区：先进制造业基础扎实，需求驱动产业发展

珠三角地区的工业机器人产业呈现出以广州、深圳为核心，以东莞、佛山为主要节点向外围扩散的发展格局，发展势头强劲。一方面，高端人才以及创新要素集聚，区位优势显著。珠三角位于沿海地区，毗邻港澳，是中国的“南大门”。优越的地理位置让珠三角地区拥有广阔的市场以及良好的产业生态环境，在多重政策的叠加指引下，内联外引集聚了众多外部优质资源，依托龙头效应形成了工业机器人产业集群，以及覆盖上中下游完整的产业链条。另一方面，需求驱动行业增长。珠三角地区制造业基础雄厚，广州、东莞、佛山都是我国知名的制造业大市，在产业数字化以及“机器换人”的大背景下，工业机器人需求量激增，刺激了本土工业机器人产业发展（见表6-8）。

表6-8　珠三角城市工业机器人园区及企业

城市	代表园区	重点企业	优势特征
深圳	南山机器人产业园、华丰国际机器人产业园、深圳深圳国际机器人城产业园	汇川技术、优必选、大疆、普渡科技、越疆科技、斯坦德	创新要素集聚，产业基础雄厚，产业链条最为完整，产业集群综合实力全国领先
东莞	松山湖国际机器人产业基地	李群自动化、固高科技、逸动科技	制造业高地，聚集核心零部件与系统集成，政策推动工业机器人在3C电子领域的集成应用实现双向赋能
佛山	中国（广东）机器人集成创新中心、佛山数字经济创新集聚区、佛山北滘机器人谷智造产业园、中德工业服务区	美的库卡、埃斯顿、中大力德	积极引进国内外知名企业，发挥龙头企业集聚效应，吸引上下游企业落地集聚，着力打造具有世界影响力的机器人产业高地
广州	黄埔智能装备价值创新园、大岗先进制造业基地	广州数控、发那科、瑞松、昊志机电	重点发展面向高端制造业的机器人集成应用

（二）长三角地区：龙头企业集聚，实力雄厚

长三角地区整体实力雄厚，工业机器人企业分布以上海为核心，以苏州、南京、常州、杭州、宁波、芜湖为重要节点，形成“一核多节点”聚集带。经济蓬勃发展离不开先进制造业的发展，长三角地区作为先进制造业基地，依托其打造的机器人产业园区以及不断优化的产业生态环境，集聚了

ABB、发那科、库卡和安川“工业机器人四大家族”，同时培育了埃斯顿、新时达以及埃夫特等国内知名品牌。长三角地区以龙头效应形成产业集聚，产业链上中下游优质企业汇集，形成产业规模效应，在工业机器人高附加市场中占据重要地位（见表6-9）。

表6-9 长三角省市工业机器人园区及企业

省市		代表园区	重点企业	优势特征
上海		张江机器人谷	ABB、傅利叶智能、鲸沐科技	首批上海特色产业园区之一，重点突破关键核心零部件
		上海机器人产业园	发那科、阿为特	龙头企业引领，上下游集聚，初步形成了“机器人本体+智能制造+科技金融服务”的产业集群；2022年规模以上工业机器人产值为84.8亿元
		金桥机器人产业园	新松机器人、费斯托、欧姆龙	聚焦核心零部件以及功能模块，集聚半数以上的全球前十工业自动化企业
江苏	苏州	新松机器人（苏州）未来科技城、吴淞江科技产业园、太湖科技产业园	汇川技术、绿的谐波、拓斯达、新时达	覆盖上中下游全产业链企业800余家，国内龙头企业聚集
	南京	江宁开发区智能机器人产业园、南京麒麟科技创新园	埃斯顿、亿嘉和、熊猫电子装备、景曜科技、科远智慧	培育了国产工业机器人龙头企业埃斯顿
	常州	哈工·常州机器人产业园	安川、纳博斯特克、节卡、遨博、金石	制造业基础实力雄厚，引进了安川、纳博斯特克、节卡以及遨博等知名企业70余家；政府推进企业智能化改造，2022年征集的633个示范应用项目实现工业机器人应用7413台
浙江	杭州	滨江机器人产业集群、萧山机器人小镇	凯尔达、海康机器人、中控技术、士兰微、宇树科技、阿尔法机器人、海康威视	集聚上游零部件、中游本体制造以及下游系统集成企业，产业集群明显；拥有众多创新平台和研发中心，在智能视觉、运动控制、人机交互等方面具有竞争优势；形成“生产+配套+应用”产业培育体系
	宁波	余姚机器人智谷小镇、宁波象保合作区机器人产业园	中大力德、美凯尔、中久机器人、蓝鲸智能机器人	“中国机器人峰会”永久举办地；致力于打造全球机器人产业研发制造高地

资料来源：公开资料整理。

（三）京津冀地区：错位竞争，优势互补，协同发展

京津冀地区工业机器人产业形成了差异化互补的格局。北京市依托高精尖人才与院校，聚焦投入研发；河北省重点布局上游零部件，同时在加工和配套领域表现出色；天津市大力推进科技成果落地应用，鼓励“机器人+应用”双向赋能（见表6-10）。京津冀地区的工业机器人产业聚焦于高端领域，多次举办京津冀机器人产业相关发展大会、论坛，助力产业发展。北京市重点培育协作机器人相关企业，如遨博智能从创立至今历时10年便已成为国内协作机器人龙头企业，业务遍布全球，协作机器人市占率稳居全球第二；天津市重点发展高端装备产业链，以机器人发展为抓手，初步构建了覆盖上游关键零部件、中游本体制造以及下游系统集成的完整产业链条，高端装备智能系统集成具备竞争力；河北省廊坊市大力发展工业机器人产业链上游核心零部件减速器、伺服电机和控制系统，同时推进下游系统集成与示范应用，着力打造京津冀机器人集成及零部件生产基地。

表6-10 京津冀工业机器人园区及企业

省市	代表园区	重点企业	优势特征
北京	中关村（亦庄）国际机器人产业园、昌平机器人产业园	安川、遨博智能、珞石科技、京仪、思灵、智同精密、SMC	高精尖人才汇聚，科研实力雄厚，着力打造全球机器人产业高地
天津	天津新松工业机器人智慧产业园、天津滨海机器人产业园、天津泰达智能产业园、天津新智感知产业园	新松机器人、清研同创机器人、福莱迪科技	具有较完备的工业产业体系，依托区位优势与京冀企业协同联动，打造产业联盟；下游系统集成在汽车、3C电子等领域具有竞争力
河北	唐山高新区机器人产业园、国家火炬唐山机器人特色产业基地孵化中心、特种机器人产业基地	智昆科技、开元装备、唐山松下、中信重工、贺祥智能	钢铁、装备制造与煤炭等传统产业基础雄厚，数字化与智能化转型需求旺盛

（四）东北地区：制造业基础牢固，但产业集聚度有待提高

东北地区是我国老工业基地，具备制造业发展基础。黑龙江装备制造业基础稳固，在机械加工、金属焊接以及物流分拣等领域具备技术优势；辽

宁拥有我国最大的机器人产业化基地——新松智慧园，同时集聚了汽车、高端机床、数控设备等行业龙头企业，为机器人赋能工业生产提供了良好土壤（见表6-11）。东北地区作为中国机器人产业发源地，培育了新松机器人等头部企业，但人才、资本与创新要素的缺乏导致其产业集聚度不高。

表6-11 东北地区工业机器人园区及企业

省份	代表园区	重点企业	优势特征
辽宁	新松智慧园、沈抚新城机器人产业基地、大连金州新区国家智能装备产业示范基地	新松机器人、沈阳通用机器人、中科数控、富创精密	中国机器人产业发源地；政策引导资源要素向机器人产业倾斜
黑龙江	哈南机器人产业园	博实股份、哈工大机器人、腾迈、盛世、行健	服务半径大，北到俄罗斯腹地，南到海南三亚，西北到新疆

（五）中部地区：具备后发优势

相较于长三角地区与珠三角地区，中部地区在产业规模效益、经济增长活力以及人才虹吸效应等方面尚存一定差距，区域内科研机构的整体数量相对有限。不过，中部地区在机器人产业领域表现亮眼，已逐步构建起涵盖研发创新、核心零部件生产、机器人本体制造以及系统集成应用的全产业链发展格局。近年来，中部地区机器人产业的集聚效应愈发显著，产业布局精准聚焦于餐饮加工、纺织印染、高端装备制造、精密制造以及生物医药等关键行业领域，着力推进机器人系统集成开发、机器人本体制造升级以及智能化解决方案的创新实践。例如：湖北聚焦机器人整机研发、关键零部件技术突破以及集成应用场景示范推广，集中力量攻克“卡脖子”技术难题，打造了一批具有行业影响力的标杆性应用案例；安徽则大力推动工业机器人在制造业中的规模化应用，通过政策引导与资金扶持加速企业智能化改造的进程（见表6-12）。

表6-12　中部地区工业机器人园区及企业

省份	代表园区	重点企业	优势特征
湖北	智芯科技产业园、奋进智能产业园	华中数控、优力克、奋进智能、迈信电气、海默机器人、法睿兰达	聚焦机器人整机研发、关键零部件技术突破以及集成应用场景示范推广，集中力量攻克“卡脖子”技术难题，打造了一批具有行业影响力的标杆性应用案例
安徽	芜湖机器人产业园、安徽有度智能机器人新桥产业园	埃夫特智能装备股份有限公司、芜湖藦卡机器人科技有限公司、芜湖清能德创电子技术有限公司、芜湖奥一精机有限公司、芜湖行健智能机器人有限公司	形成覆盖关键零部件、本体制造、系统集成、示范应用等产业链上下游的完整链条，引进和培育相关企业约300家；政府大力推进工业机器人的示范应用

（六）西部地区：资源稀缺，缺乏产业竞争力

西部地区工业机器人产业规模小，产业分布较为分散，缺乏龙头企业，难以形成集聚效应带动上下游企业落地，整体核心竞争力不足。目前，西部地区依托自身资源禀赋在控制器和伺服电机等核心零部件上进行单点突破，由点到链逐步贯通产业链上下游。尽管西部地区工业机器人缺乏先发优势，但西部地区积极引进先进技术，与工业机器人“四大家族”达成合作。例如：ABB与长虹在成都建立机器人应用联合实验室，在工业机器人领域达成战略合作；发那科在重庆建立技术中心；库卡与先导精密机械有限公司展开技术研讨等。

二、广东省工业机器人产业空间布局

从中国机器人产业链相关企业区域分布情况来看，以长三角、珠三角为核心的经济发达区域已形成了显著的产业集群优势。具体来看，广东省凭借制造业根基与政策扶持，吸引了大量机器人产业链上下游企业集聚，形成了“核心企业+配套生态”的协同发展模式。在珠三角地区，以汇川技术（工业自动化领军者）、拓斯达（智能装备系统集成商）为代表的整机制造企业，与景创科技（精密减速器供应商）、深圳赛格（电子元器件分销平台）、广州数控（机床数控系统龙头企业）等上游零部件企业构成紧密协作网络，覆

盖驱动控制、机械本体、传感执行等核心环节。长三角地区则依托其区域创新与资源整合能力，在江苏省、浙江省、上海市三地构建起差异化发展的产业格局。其中：江苏省以埃斯顿（国产机器人“四小龙”之一）为龙头企业，深耕焊接、码垛等工业场景；浙江省涌现出凯尔达（弧焊机器人专家）、绿的谐波（谐波减速器为国产替代标杆）等细分领域隐形冠军；上海市则凭借程天科技（外骨骼机器人医疗应用先行者）等企业，在康复医疗、服务机器人等新兴赛道实现突破。三地企业通过技术共享、订单协同、资本联动等方式，形成覆盖“研发设计—中试量产—场景落地”的全链条创新生态。

依托完善的制造业体系与强大的技术创新能力，广东省在工业机器人的研发与制造上具备核心竞争力。在工业机器人产业深耕数十载，广东省已成为国内最大的工业机器人产业集聚区，企业数量、出货量、产业规模均全国领先，并通过引进和培育各环节龙头骨干企业，发挥链主企业集聚优势，建成了国内最完整的工业机器人产业链。产业布局呈现两个特点：一是中游本体制造与下游系统集成企业占比不断扩大，上游零部件企业数量增加但增速不如中游与下游增速；二是在空间上形成以佛山、东莞、深圳、广州为核心，以广深科技创新走廊为带状集聚区的“四核一带”空间布局。

广东省中游本体制造企业数量在工业机器人产业链中的占比有着明显的增长趋势，2021年约占60%（见图6-22）。中游本体制造企业在工业机器人产业集群发展中扮演着重要角色。研究表明，工业机器人产业中游发展水平是影响产业链形成与空间集聚的关键，对工业机器人产业集群具有正向作用。

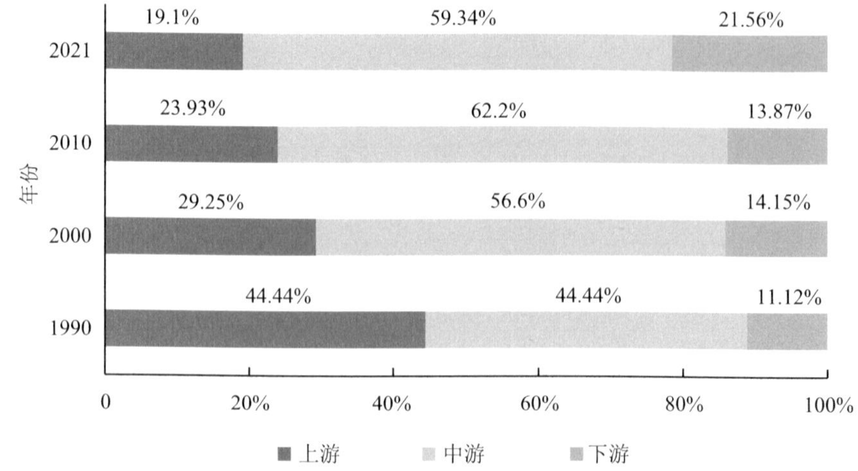

图6-22　广东省工业机器人上中下游企业数量占比变化

数据来源：中国知网。

从广东省工业机器人产业链各环节企业分布热力图中可以看到，广东省工业机器人产业链上中下游均经历了从零散分布到空间集聚的演变过程。上游零部件产业21世纪初集中于深圳和珠海高新区，2021年后出现新的聚集热点——东莞松山湖高新区；中游本体制造企业是广东省工业机器人产业链中占比最多的企业，现已形成以广州开发区、佛山高新区、东莞松山湖高新区以及深圳高新区为核心的产业布局；深圳在下游系统集成行业具有先发优势，2000年便已形成集聚热点，之后系统集成企业主要沿着广深科技创新走廊进行集聚，形成产业集群（见图6-23）。

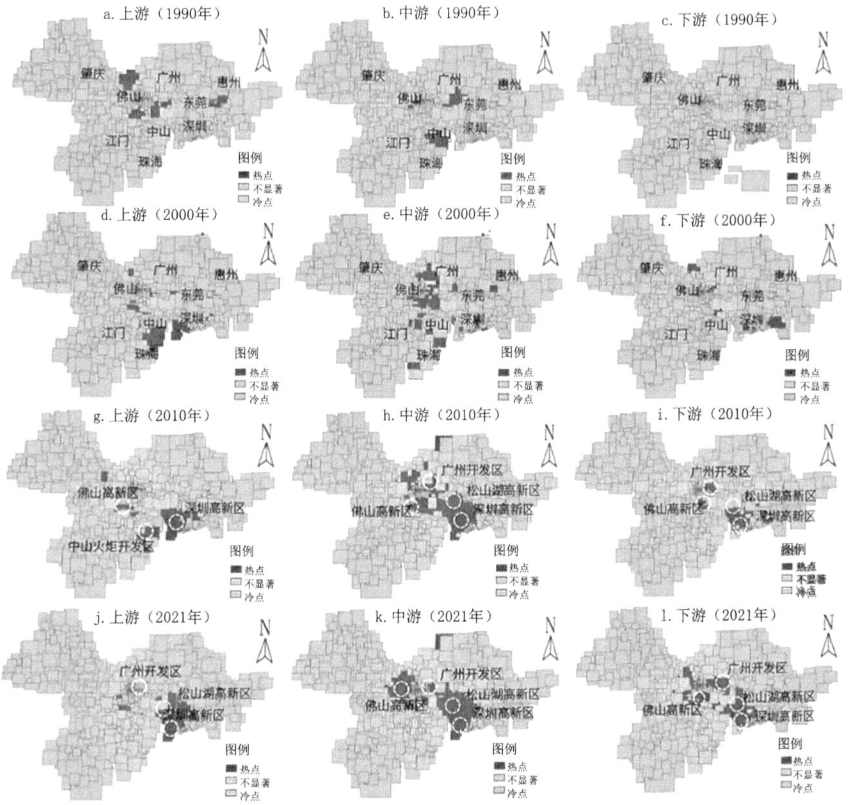

图6-23　广东省工业机器人产业链各环节企业分布热力图

资料来源：中国知网。

（一）深圳：以园区为中心形成产业集聚

深圳具有产业基础雄厚、科技创新氛围浓厚、人才优势突出、政策支持有力和国际化视野广阔等多方面优势，为工业机器人产业的发展提供了良好的条件和机遇。依托丰富的制造业资源以及良好的创新生态环境，在强有力的政策支持下，深圳集聚了上游核心零部件、中游本体制造和下游集成应用的工业机器人全产业链企业，光伏、锂电以及3C电子等应用领域规模全国领先，产业集群综合实力位居全国前列。在区域布局方面，深圳工业机器人企业主要集中在宝安区与南山区，以园区为中心形成产业集聚。

汇川技术是深圳培育的龙头企业。该企业创立于2003年，靠变频器起家，2010年登陆创业板，2014年正式进入机器人领域，在工业自动化领域发展数十载，现已成为工业自动化领域的领头羊。依托企业在工控供应链、客户资源等方面的资源积累，汇川技术在工业机器人板块进行了全产业链布局。数据显示，2022年，汇川技术在工业机器人与机械传动细分领域的营收达5.6亿元，同比增长35.5%。目前，汇川技术关键零部件自研率高，是智能制造领域的核心零部件供应商，并自研生产了SCARA机器人、多种不同负载的六关节工业机器人。深圳工业机器人产业基础如表6-13所示。

表6-13　深圳工业机器人产业基础

重点领域	面向以3C产业为主的工业机器人与集成应用
政策	《深圳市培育发展智能机器人产业集群行动计划（2022—2025年）》
园区平台	南山机器人产业园、宝安机器人制造产业园、深圳智能机器人产业园、中粮（福安）机器人智造产业园
科研机构	中国科学院香港中文大学深圳先进集成技术研究所、深圳市智能机器人研究院、深圳大学、哈尔滨工业大学（深圳）
企业	汇川技术、华数、大族、斯坦德、众为兴、广晟德、杨森、艾创科技、海创新、奥比中光、雷赛智能

（二）广州：积极引进国内外龙头企业

广州在工业机器人领域具有先发优势。在产业结构方面，广州通过引进代表国际先进水平的瑞士ABB与日本发那科，以及国内具有核心技术优势的知名企业，如国机集团、新松、日松等龙头企业，带动了上游关键零部件、中游本体制造和下游系统集成相关产业的集群发展，形成了具备竞争力的覆盖上中下游的工业机器人全产业链。在上游关键零部件领域，广州拥有昊志机电、艾目易等工业机器人控制器和电主轴等核心部件生产企业；在中游本体制造领域，广州拥有广州数控、发那科、中设机器人等一批行业龙头企业；在下游系统集成领域，广州拥有明珞、瑞松等一批在焊接、装配、喷涂等汽车制造各环节具有突出技术优势的系统集成企业，以及达意隆、松兴等行业经验丰富的集成企业。

在区域布局方面，上游零部件企业主要集中在黄埔科学城与南沙自贸区，中游本体制造企业与下游系统集成企业主要分布在开发区。

广州数控成立于1991年，是中国南方的数控产业基地，也是目前国内规模最大的数控系统制造企业，主营业务涉及伺服驱动、伺服电机研发生产以及工业机器人制造。目前，广州数控共研发生产了40多种工业机器人，具备搬运、焊接、码垛、打磨、喷涂、上下料、涂胶、切割、装配等用途。广州工业机器人产业基础如表6-14所示。

表6-14　广州工业机器人产业基础

重点领域	面向以新能源汽车、船舶、航空等高端制造业为主的集成应用
政策	《广州市人民政府办公厅关于推动工业机器人及智能装备产业发展的实施意见》
园区平台	大岗先进制造业基地、黄埔智能装备价值创新园、南沙国际人工智能价值创新园、华南先进装备产业园、广州国际机器人产业园、广东省机器人创新中心、国家机器人检测与评定中心（广州）
科研机构	华南理工大学、广东工业大学、中国（广州）智能装备研究院、广东省机器人创新中心、新加坡国立大学广州创新研究院、广州智能工程研究院等
企业	ABB、发那科、国机集团、新松、日松、昊志机电、艾目易、广州数控、明珞、瑞松、达意隆、松兴

（三）东莞：聚集轻量级市场，满足本土需求

东莞制造业发达，是智能制造城市二十强，电子信息、电气机械、汽车模具、服装等行业对自动化生产需求旺盛。国外工业机器人无法满足东莞电子信息等产业对轻量化、小型化设备的需求，这为本土工业机器人制造企业提供了发展空间。在产业结构方面，目前东莞已建成覆盖上游零部件、中游本体制造以及下游系统集成的完整产业链条，聚焦关键核心零部件技术突破，不断提升工业机器人在电子信息制造业、电气机械及设备制造业应用领域的渗透率。

在区域布局方面，东莞大力推动构建以松山湖高新区为核心，以串联大朗、大岭山、万江等各片区重点发展地区的智能装备产业集聚发展为活力环的“一核一环”产业布局。作为“一核一环”中的核心，松山湖国际机器人产业基地跑出了机器人产业发展加速度，成功孵化科技企业60多家，集聚超

900家机器人企业，其中李群自动化是基地工业机器人代表企业。

与国际品牌不同，李群自动化瞄准的是轻量级功能性工业机器人市场，聚焦3C、玻璃、食品、医药制品等行业的分拣、装配、装箱等领域，避开与国外龙头企业争夺市场份额，同时满足广东省轻工业中小型企业智能化转型的需求，先后获得红杉中国、明势资本、赛富投资基金等VC机构的投资。东莞工业机器人产业基础如表6-15所示。

表6-15　东莞工业机器人产业基础

重点领域	关键核心零部件在电子信息制造业、电气机械及设备制造业领域的集成应用
政策	《关于加快推动工业机器人智能装备产业发展的实施意见》《东莞市工业机器人智能装备产业发展规划（2015—2020年）》
园区平台	松山湖国际机器人产业基地、北大众智机器人产业园
科研机构	广东省智能机器人研究院
企业	拓斯达、李群自动化、大疆创新、固高科技

（四）佛山："政策+基地+项目"驱动工业机器人发展

佛山着力打造机器人高地，从2013年起不断出台有力政策扶持产业发展。在政策的赋能下，佛山培育了加藤、隆深、科凯达以及利迅达等本土龙头企业，引进了库卡、川崎、SEW、埃斯顿、中大力德等一系列优质项目，同时依托美的库卡智能制造科技园、海创大族机器人智造城等基地，打造了覆盖上游零部件、中游本体制造与下游系统集成的完整产业链，以"政策+基地+项目"驱动工业机器人发展。

在区域分布方面，佛山工业机器人主要集中在佛山顺德区机器人制造产业集群、美的库卡智能制造科技园、佛山北滘机器人谷智造产业园。佛山顺德区机器人制造产业集群在2023年10月入选工业和信息化部国家级中小企业特色产业集群，是广东省首批中小企业特色产业集群，也是全国唯一一个入选的机器人集群。截至2022年，该集群内有6家"小巨人"企业、16家专精特新中小企业，集群企业总产值超100亿元。2023年5月，美的库卡智能制造科技园二期正式投产，SEW华南制造基地项目落户佛山顺德，全球最大的电机制造商、运动控制与驱动龙头企业——尼得科在佛山南海建立华南总部与研发中心；2023年12月，传感器产业领跑者奥比中光拟投资10亿元在佛山顺德打造3D视觉感知产业智能制造基地……一系列的项目落地建成，将进一步发挥龙头骨干的“链主”作用，带动上下游企业产业配套集聚，进一步壮大佛山工业机器人产业集群。

佛山华数机器人有限公司是华中数控旗下的子公司，专注于智能制造与智慧工厂整体解决方案，具备年产10000台工业机器人的生产能力。华数机器人在上游零部件领域持续耕耘，已实现控制器、伺服电机等核心零部件自研，并开发了30种机器人产品，国产化率高达80%，适用于分拣、装箱、打磨、搬运、焊接等行业。佛山工业机器人产业基础如表6-16所示。

表6-16 佛山工业机器人产业基础

重点领域	在汽车、建筑、家电、纺织、陶瓷、家具等重点行业的集成应用
政策	《佛山市推动机器人应用及产业发展扶持方案（2018—2020年）》 《佛山市机器人及相关产业发展规划（2023—2030年）》
园区平台	佛山北滘机器人谷智造产业园、中国（广东）机器人集成创新中心、南海智能机器人创新产业园、南庄高端精密智造产业园、佛山数字经济创新集聚区、中国机器人小镇产业园、国家级工业机器人质量监督检验中心（广东）
科研机构	华南智能机器人创新研究院
企业	美的库卡、海创大族、埃斯顿、隆深、非夕、登奇机电、天太机器人、增广智能、中大力德、中设、思科

（五）珠海：充分发挥高端装备制造优势

珠海大力推进“4+3”产业集群建设，高端装备制造是其三大优势产业之一。近年来，珠海依托市内一批智能制造优势企业，大力推进智能制造与机器人集群发展。

从区域布局来看，珠海工业机器人企业主要聚集在高新区。高新区位于香洲区，ABB机器人产业园、国机机器人科技园以及格力国际智能制造基地等珠海机器人产业园均落户香洲区。依托格力与ABB两大行业龙头企业的集聚效应以及园区的优惠政策，珠海80%的工业机器人企业也集聚在香洲区。

珠海格力智能装备有限公司是格力电器旗下的子公司，成立于2015年，是广东省机器人骨干企业、广东省智能装备工程技术中心，致力于技术创新。其自主研发的工业机器人采用双减速机替代大型单减速机，增大了旋转刚度，提高了减速机的稳定性。珠海工业机器人产业基础如表6-17所示。

表6-17　珠海工业机器人产业基础

政策	《珠海市关于促进智能制造产业发展的实施意见》
园区平台	港湾5号·人工智能与机器人产业园、ABB珠海高新区工业机器人应用技术公共服务平台、国机机器人科技园、格创·智富智能制造产业园、格力国际智能制造基地
科研机构	格力智能研究院
企业	格力智能装备、ABB、飞马传动、友图科技、尔智、智新、卡佩克

第四节　工业机器人产业投资风险分析

（一）融资规模：2021年表现突出，中游本体制造受资本青睐

从整体来看，中国工业机器人融资热度在2021年达到高峰，共计融资并购数量50起，金额达历史峰值101.9亿元，随后融资热度有所下降（见图6-24）。从产业领域来看，资本更偏爱中游本体制造以及视觉定位、追踪、检测等“其他”领域，2017—2022年中国工业机器人产业链融资并购数量如图6-25所示。

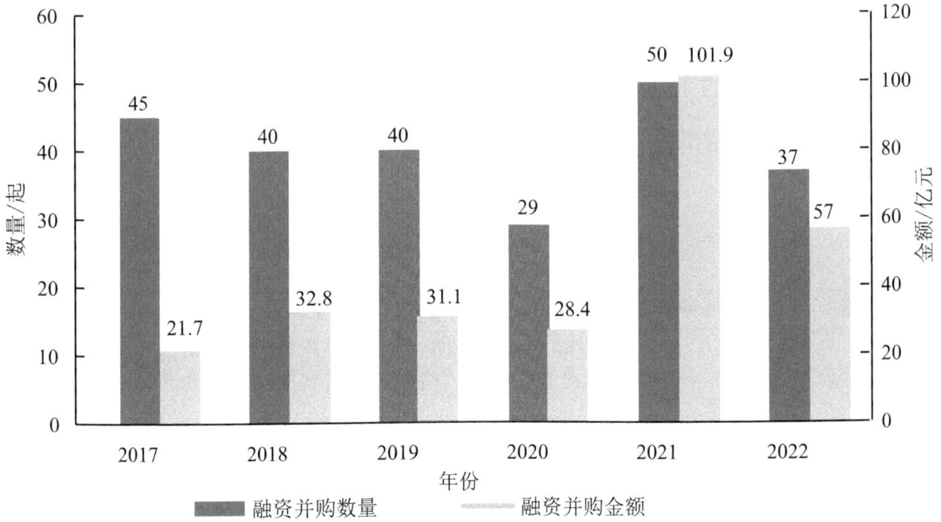

图6-24　2017—2022年中国工业机器人融资并购数量与金额

数据来源：IT桔子、艾瑞咨询。

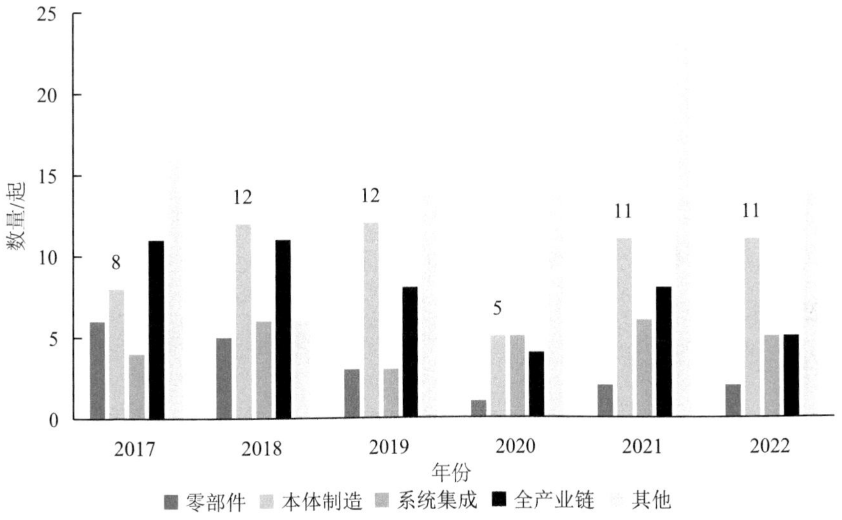

图6-25　2017—2022年中国工业机器人产业链融资并购数量

数据来源：IT桔子、艾瑞咨询。

注：“其他”主要指视觉定位、追踪、检测、激光雷达等业务企业。

（二）融资轮次：以A轮及以前为主

从融资轮次来看，我国工业机器人以A轮及以前为主。2017—2021年，种子轮及天使轮和A轮融资占比均超50%。2022年，受市场需求波动影响，投资机构对新兴工业机器人创业公司抱有谨慎态度，种子轮及天使轮融资并购数量与金额下降到0；融资轮次以A轮为主，共有15起A轮融资，金额为6亿元；B轮融资较2021年有所下降，仅有8起，金额达21.8亿元（见图6-26），同比下降34.4%。

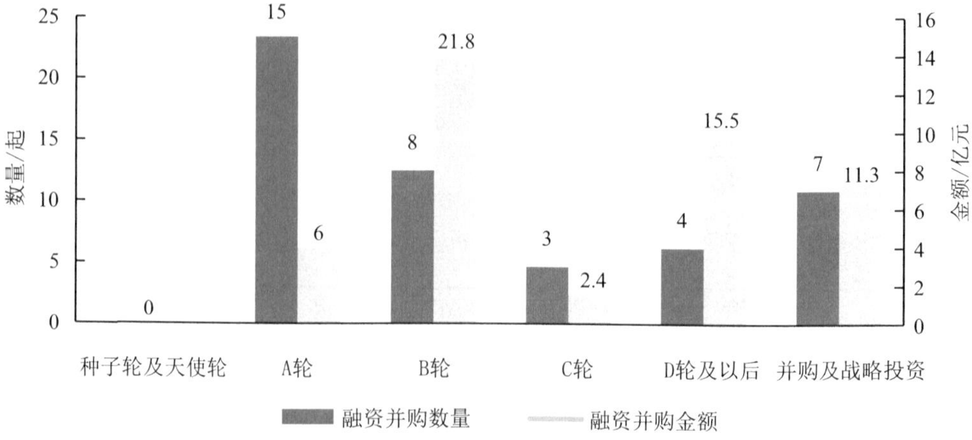

图6-26　2022年中国工业机器人融资轮次情况

数据来源：IT桔子、艾瑞咨询。

（三）细分领域：协作机器人赛道大有可为

从细分领域看，上游零部件融资市场反应冷淡，近几年融资集中在伺服系统与控制器领域，这与产业中游本体制造垂直一体化布局控制器与伺服系统有关；减速器领域获得的融资数量少，但单笔融资金额高。在中游本体制造领域，近年来协作机器人市场火热，在融资数量上高于传统机器人；但从融资金额来看，兼有传统机器人与协作机器人的企业获得的融资金额更高（见表6-18、见表6-19）。

表6-18 2017—2022年中国工业机器人零部件、本体融资数量

领域	2017年融资数量	2018年融资数量	2019年融资数量	2020年融资数量	2021年融资数量	2022年融资数量	总计融资数量	占比
零部件总计融资数量/起	6	5	3	1	2	2	19	100%
伺服系统+控制器	4	3	2	1	2	2	14	73.7%
减速器	2	2	1	0	0	0	5	26.3%
本体总计融资数量/起	8	12	12	7	11	11	61	100%
传统机器人	5	6	4	2	4	2	23	37.7%
协作机器人	2	4	8	5	7	7	33	54.1%
传统机器人+协作机器人	1	2	0	0	0	2	5	8.2%

数据来源：IT桔子、艾瑞咨询。

表6-19 2017—2022年中国工业机器人零部件、本体融资金额

领域	2017年融资金额	2018年融资金额	2019年融资金额	2020年融资金额	2021年融资金额	2022年融资金额	总计融资金额	占比
零部件总计融资金额/亿元	2.0	2.6	1.9	0.1	0.5	0.7	7.8	100%
伺服系统+控制器	1.3	1.0	0.9	0.1	0.5	0.7	4.5	58.6%
减速器	0.6	1.6	1.0	0.0	0.0	0.0	3.2	41.4%
本体总计融资金额/亿元	5.2	11.6	12.9	13.7	35.6	29.8	108.8	100%
传统机器人	3.8	8.5	5.9	2.9	3.4	1.5	26.0	23.8%
协作机器人	0.0	0.0	0.0	0.0	0.2	0.9	1.1	1.0%
传统+协作机器人融资金额/亿元	1.4	3.2	7.1	10.7	32.0	27.5	81.9	75.2%

数据来源：IT桔子、艾瑞咨询。

（四）细分领域：资本大力“押注”工业移动机器人

2023年，资本与地方政府对工业移动机器人赛道十分看好。这里的工业移动机器人专指仓储物流机器人与运维机器人。与传统工业机器人需固定在生产线上不同，工业移动机器人具备自主导航和避障能力，可以在工厂车间内自由

移动。工业移动机器人常用于灵活的生产环境，执行不同位置的任务，可用于物料搬运、零部件运输、库存管理等。近年来，工业移动机器人的市场份额占比虽不高，但其高增长性备受瞩目。因此，政府持续加大对工业移动机器人的扶持力度，各方资本也不断涌入赛道。据统计，2023年工业移动机器人行业发生了40起融资，其中大部分融资的背后均有地方政府资本参与（见图6-27）。

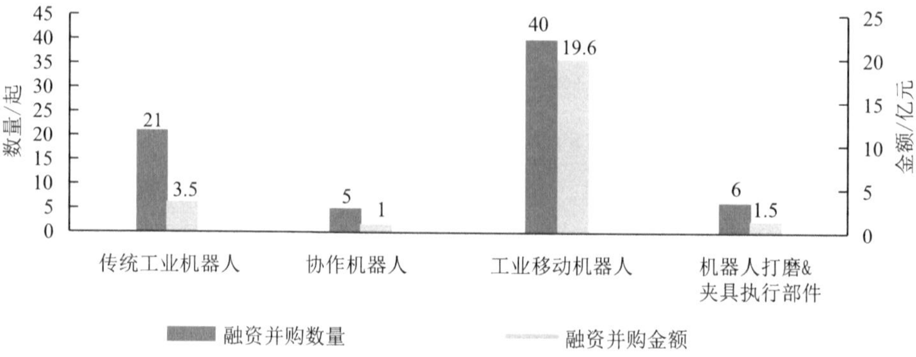

图6-27　2023年工业机器人赛道融资并购情况

数据来源：深圳市机器人协会、机器人大讲堂。

第五节　工业机器人产业数字融合发展趋势研判及对策建议

一、工业机器人产业数字融合发展趋势研判

在当今全球制造业加速向智能化、自动化转型的背景下，数字技术正以前所未有的速度赋能工业机器人产业，推动其实现质的飞跃。广东省作为全国智能机器人生产和应用大省，智能机器人集群发展优势明显。一是具有广阔的应用市场。广东省良好的制造业基础、制造业转型升级的迫切需求为工业机器人产业发展提供了坚实的基础。二是具有完整的产业链。广东省已初步形成从关键零部件到本体制造再到系统集成，从研发、设计到检测评价的较为完整的智能机器人产业链。三是形成一批自主知识产权。广东省的民用无人机技术国际领先，工业机器人企业专利申请量、授权量和有效量均居全

国首位。四是初步形成产业集聚生态。广州、深圳、珠海、佛山、东莞等地在工业机器人、服务机器人、无人机（船）、关键零部件、系统集成等细分领域上各具优势，已初步形成产业集聚态势。随着科技的飞速发展，数字技术已成为推动各行各业转型升级的重要力量。在工业领域，数字技术的深度融合正深刻改变着工业机器人的发展轨迹，促使其向智能化、柔性化以及平台化的方向发展。

广东省工业机器人产业面临的挑战主要有：一是缺少工业机器人龙头骨干企业，市场份额被外资品牌占领，以中小企业为主的自主品牌工业机器人企业盈利能力、抗风险能力弱；二是高端机器人核心技术、基础软件和关键零部件被国外先进企业合围，省内机器人企业技术创新受制于人；三是民用无人机（船）管理办法尤其是安全管控标准有待健全，其中无人机（船）空（海）域使用问题在一定程度上制约了产业发展；四是全球疫情对国际贸易格局、全球化进程造成新冲击，给广东省智能机器人产业带来新挑战。

（一）智能化升级：人工智能与机器学习深度融合

随着人工智能和机器学习技术的不断成熟，工业机器人正逐步摆脱简单的重复劳动，向更加智能、自主的方向发展。人工智能技术使机器人能够处理复杂的视觉识别、路径规划、自主导航等任务，极大地提高了生产效率和灵活性。同时，机器学习算法的不断优化，使机器人能够基于历史数据自我学习，不断优化作业流程，实现更精准的操作。

（二）网络化协同：物联网与5G技术的无缝连接

物联网技术的普及为工业机器人与生产设备、供应链管理系统等之间的无缝连接提供了可能。通过物联网平台，企业可以实时监控机器人的运行状态、生产进度等数据，实现远程监控和维护。而5G技术的高速度、低延迟特性，则为工业机器人的实时数据传输和远程控制提供了有力支持。这使得机器人能够在更广泛的范围内实现协同作业，提高整体生产效率。

（三）大数据优化：数据驱动的决策支持

在智能制造时代，数据成为企业最宝贵的资产。通过对生产过程中产生的海量数据进行收集和分析，企业可以优化生产计划、预测设备故障、提升生产效率。大数据分析技术为工业机器人产业提供了强大的数据支持，帮助企业发现生产过程中的瓶颈问题，为改进生产工艺提供了数据驱动的决策支持。

（四）云计算与边缘计算的互补应用

云计算与边缘计算作为两种互补的计算模式，在工业机器人产业中发挥着重要作用。云计算平台提供了灵活可扩展的IT资源，支持企业根据业务需求快速调整资源分配；边缘计算技术则通过在本地进行数据处理和分析，减少了数据传输的延迟和风险，提升了系统的实时性和可靠性。

（五）产业向智能化、柔性化、平台化方向发展

1.智能化：数字技术赋予工业机器人“智慧大脑”

智能化是工业机器人发展的重要趋势。数字技术的广泛应用，特别是人工智能与机器学习技术的融合，为工业机器人装上了“智慧大脑”。借助机器视觉、语音识别等人工智能技术，工业机器人能够像人类一样感知外界环境，识别并处理复杂信息。它们可以精准捕捉目标物体的形状、颜色、纹理等特征，实现高效准确的作业。同时，随着深度学习算法的引入，工业机器人具备了自主决策和优化的能力。它们能够基于实时数据进行分析和判断，自主调整作业策略，以最优方式完成任务。这种自主性和灵活性大大提高了生产效率和质量。与传统机器人不同，智能化工业机器人具备持续学习和进化的能力。它们能够通过积累经验和优化算法，不断提升自身性能，适应更加复杂多变的生产环境。

2.柔性化：数字技术让工业机器人更加灵活多变

柔性化是工业机器人适应市场需求的必然选择。数字技术的赋能，使工业机器人在保持高效生产的同时，具备了更高的灵活性和可配置性。一方面，工业机器人的硬件和软件均采用模块化设计，便于根据生产需求进行灵活配置和升级。这种设计方式降低了企业的改造成本，缩短了改造时间，提高了机器人的通用性和适应性。另一方面，借助先进的传感技术和安全控制策略，工业机器人能够与人类工作人员实现安全、高效的协作。它们能够感知到人类的存在和动作并作出相应调整，以确保生产过程中的安全性和稳定

性。此外，柔性化发展的工业机器人具备多任务处理能力，能够轻松切换不同任务和生产场景。这种灵活性使得企业能够快速响应市场变化，调整生产计划和产品种类。

3.平台化：数字技术构建工业机器人生态系统

平台化是工业机器人未来发展的重要方向之一。通过构建开放、协同的生态系统，数字技术将推动工业机器人与其他智能设备实现互联互通和数据共享。数字技术的广泛应用加速了工业机器人标准化和通用化的进程。通过制定统一的标准和规范，数字技术降低了工业机器人应用的门槛和成本，促进了产业的健康发展。同时，借助云计算和物联网技术，工业机器人实现了远程监控、维护和管理。平台化提高了机器人的可维护性和可扩展性，降低了企业的运营成本。此外，数字技术还促进了工业机器人生态系统的构建。通过整合上下游产业链资源，构建开放、协同的生态系统，推动工业机器人与其他智能设备之间实现互联互通和数据共享。这将进一步促进工业机器人的创新和应用发展，为制造业的智能化转型提供有力支撑。

数字技术正以前所未有的速度赋能工业机器人产业，推动其向更加智能、高效、灵活的方向发展。通过智能化升级、网络化协同、大数据优化以及云计算与边缘计算的互补应用，工业机器人产业正向着智能化、柔性化及平台化方向迈进，逐步实现从传统制造向智能制造的转变。未来，随着技术的不断进步和应用场景的拓展，工业机器人产业将迎来更加广阔的发展前景。

二、广东省工业机器人产业发展的不足之处

（一）国产工业机器人上游核心零部件依赖进口，国产替代迫在眉睫

工业机器人产业属于技术密集型产业，虽然广东省在国内起步较早，但与国外先进厂商相比仍有较大差距，特别是三大核心零部件的国产替代进程缓慢。广东省虽已建立起覆盖上游零部件、中游本体制造、下游系统集成的完整产业链条，但关键核心零部件仍未能打破国外厂商垄断高端市场的格局。

减速器国产替代进程缓慢。经查阅，广东省主要工业机器人企业核心零部件控制器与伺服电机基本实现自研生产替代，但减速器供应仍以国外品牌为主（见表6-20）。在政策助力与技术进步下，虽然谐波减速器加速了国产替代的进程，但RV减速器的发展仍任重道远。以绿的谐波为代表的国内谐波减速器基本实现产品对标日本厂商水平，广东省大族精密谐波减速器已完成在国内头部工业机器人企业批量交付工作，但市占率不到10%。RV减速器技术壁垒高，国产RV减速器与日本品牌相比仍存在很大差距。这种差距主要有两方面原因：一是RV减速器的核心零件与高品质原材料依赖进口，国产设备生产出来的产品无法达到精度要求；二是对工业基础系统要求高，如果没有吃透相关材料、热处理、工艺等工业基础科学，就难以批量生产稳定高性能的RV减速器。日系厂商在RV减速器领域垄断了30年，龙头企业纳博特斯克占据了50%以上的市场份额。我国企业双环传动虽占据了国内14%的市场份额，但仅实现了中低端市场的国产替代，高端RV减速器仍未实现量产。广东省奋力下好RV减速器领域的“先手棋”，培育了飞马传动、中汇精密等深耕RV减速器领域的企业，其中飞马传动市占率居全国第四，拥有30多种标准型SMRV减速器，是伯朗特机器人十大供应商之一。

表6-20　广东省主要工业机器人企业核心零部件供应情况

厂商	减速器供应	伺服电机供应	控制器供应
汇川技术	海外品牌为主	自供	自供
美的库卡	海外品牌	海外品牌	自供
广州数控	海外品牌为主	自供	自供

广东省很早就开始在伺服电机领域进行布局。从全国伺服电机企业分布密度来看，广东省稳居第一，培育了汇川技术、昊志机电、正弦电气、蓝海华腾、雷赛智能、英特威等知名企业，其中汇川技术更是行业龙头，国内市占率超过日系厂商安川，居全国第一。目前，我国伺服电机只能在中低端市场实现自给自足，高端市场仍被日系企业垄断。与减速器更注重“突变”

不同，伺服电机更注重“演变”，依靠后发模仿优势获得市场份额，但由于需要逐步完善和更新的过程，产品稳定性、一致性的“地基”仍需时间打牢（见表6-21）。

表6-21 广东省伺服电机目前存在的主要问题

主要问题	具体表现
缺乏大功率产品	国内伺服电机功率以中小功率3kW为主，虽然广东省部分头部伺服电机厂商如汇川技术、雷赛智能等具备生产7.5kW大功率产品的能力，但生产7.5kW—22kW的大功率产品仍是短板
小型化程度低	小功率产品追求精细化，目前松下与安川研制出的伺服电机十分短小精悍，而国内伺服电机则普遍偏长
信号接插件可靠性低	信号接插件的可靠性、小型化与高密度化仍需改进
高精度编码器依赖进口	编码器将伺服电机转动的角度、角速度、位移等信息反馈给伺服驱动器。全球高精度编码器市场长期被海外企业垄断，目前广东省研发生产的编码器与海外编码器在精度方面仍有较大差距。该产品目前主要依赖进口

资料来源：长城国瑞证券研究所。

控制器分为硬件和软件两部分，硬件方面国产替代已基本实现，软件方面核心底层算法与国外控制器仍有较大差距。控制器相当于工业机器人的大脑，掌控整个工业机器人的运动，地位与门槛相对较低，一般本体制造厂商为保证稳定性与协调性会自主设计研发控制器，因此控制器的市场竞争格局基本与工业机器人本体一致。目前，广东省工业机器人龙头企业汇川技术、拓斯达均已实现控制器自研生产，但在核心底层算法（如参数自整定、抑震算法等）方面仍需继续攻克，以提高国产工业机器人的稳定性、精准性和易用性，从而降低故障率，提高产品市场竞争力。

（二）自主品牌高端产品供给不足，行业应用附加值不高

我国是全球最大的工业机器人市场，广东省约占全国工业机器人出货量的三分之一，集聚了发那科、库卡、华数、广州数控、瑞松等国内外龙头企业，产业集群实力全国领先。从应用行业来看，广东省内自主品牌工业机器人在附加值较低的中低端领域如塑料及化学制品、金属与机械制造行业占据了较高的市场份额，但在附加值较高的高端制造领域如汽车制造、电子设备及器材制造行业，市占率维持在较低水平，高端市场仍被国外厂商垄断。从

工业机器人类型来看，坐标机器人和并联机器人是广东省内自主品牌工业机器人占比最高的两种类型，而自由度高且精度控制难度较大的工业机器人如多关节机器人，其大部分市场份额被外资品牌占据。

（三）大规模推广应用面临瓶颈

广东省制造业产业基础雄厚。在数字化、智能化转型升级的浪潮下，广东省对工业机器人的需求持续提升。尽管广东省在工业机器人领域进行了全产业链布局，培育和引进了国内外工业机器人龙头企业，生产的工业机器人在细分领域具备竞争优势，但是大规模推广应用仍面临瓶颈。这主要有以下三个原因：一是工业机器人集成应用具有非标性特点，其应用面临着选型、专用机构开发、编程测试与应用服务等多个环节的成本问题，不同行业间横向拓展困难，难以形成规模效应，成本难以下降。二是目前工厂智能化改造所需的投资回收期较长，先进制造企业一般能接受5年以内的投资回收期；但对于大部分中小企业来说，只能接受2～3年的投资回收期。高昂的投入与较长的投资回收期让许多意欲利用工业机器人进行智能化转型升级的中小企业望而却步。三是工业机器人运维成本居高不下。在购买工业机器人后，企业不仅需要专业技术人员进行安装，为了降低设备故障率，还需要进行定期维护保养。整体而言，其安装和维护成本都不低。以上就是工业机器人大规模推广应用面临的瓶颈问题。解决这些问题需要产业界、学术界和政府部门共同努力，在加强技术研发、降低成本、制定标准、加强人才培养等方面开展工作，推动工业机器人技术进步和拓展工业机器人应用范围。

（四）低价扩张，破坏行业生态

随着近两年国产零部件进一步成熟和批量化生产，本体制造成本快速下降，行业里面涌现出一批针对中低端应用的本体机器人制造商。为了快速开拓市场，提高市场占有率，无一例外，这些新进入者均采用了低价策略。遗憾的是，目前大部分新入场者仍然在不科学地追求将价格下压到更低水平来形成竞争力，这样其实是对这批本体制造商、上游零部件供应商以及整个行业的粗暴破坏。一方面，过度的低价竞争会加剧行业内的竞争激烈程度。企业为了争夺市场份额会不断压低价格，挤压行业内企业的利润空间，影响企业的盈利能力，进一步导致企业缺乏足够的资金用于研发和创新投入。从长期来看，这会影响行业的创新能力，限制行业的发展潜力。另一方面，企业使用低价扩张战略需要控制成本，这势必会挤压供应商的利润空间。由于利润有限，供应商提供的产品与常规零部件相比，在性能和寿命等各个方面可能存在差异，但对于工业机器人这种追求精度、准确率的机械来说，无论零部件存在怎样细微的差异，都可能造成产品质量出现明显下降，甚至影响行业声誉。

三、对策建议

（一）提速度，创新强化核心技术攻关

加快上游核心零部件国产替代步伐。第一，加快关键核心技术攻关。鼓励骨干企业开展关键技术研究，破解核心零部件“卡脖子”难题；以重点工程为抓手，对关键核心零部件实现自主研发或取得重大技术突破的企业给予事后补助。第二，推广国产核心零部件在中游本体制造企业中进行应用。对购置广东省内自研核心零部件并装配使用的省内工业机器人本体制造商予以事后补助。第三，持续优化创新环境。鼓励广东省内工业机器人企业创新主体与科研院所联动赋能关键技术突破，支持创新平台建设，举办相关技术展览、论坛活动，促进创新要素高效流动，打造贯穿全产业链条的创新生态系统。

专栏：工业机器人重点工程
1. 减速器工程 支持减速器领域自主品牌企业联合科研院所以及基础材料、工业母机等上下游企业，开展曲柄轴、偏心轴、传动精度、生产物料、工艺、摆线针轮加工制造、故障诊断、动力学仿真等技术研究，破解减速器“卡脖子”技术难点，提高减速器的精度、刚性、寿命以及整体性能，研发速比大、结构紧凑且高效可靠的减速器。 2. 控制器工程 支持突破工业机器人运动控制、外部轴协同与多机协同、通用算法、多传感器融合、拖动示教、控制方式设计等关键技术难点，研发高性能、网络化、标准化、兼容主流厂家编程语言的通用型控制器产品，实现依托多类传感器数据自主作出安全、可靠决策，提高机器作业安全性。

3. 伺服电机工程
支持企业开展伺服电机材料特性与应用边界、多场调控与多目标优化设计方法、转矩脉动与扰动抑制、高精度多圈绝对值编码器以及工艺设计的技术研究，研发具有高性能、可靠性高的伺服电机，满足高端市场高功率密度、转速稳定、动态响应快的需求。
4. 集成应用工程
针对汽车制造、电子信息制造、电气机械及设备、家电、家具、陶瓷、纺织等行业，鼓励系统集成商与工艺、装备、软件等上下游企业深度融合，加强互动、联合创新，聚焦中小微企业需求，开发轻量化、易维护以及低成本的解决方案，赋能打造典型应用场景。

（二）拓展广度，积极拓宽应用场景

打造工业机器人示范应用场景。第一，开展工业机器人应用试点示范。深入推动工业机器人辅助制造试点示范，支持省内各市区依托产业基础禀赋打造工业机器人在重点领域的示范应用，定期遴选各行业优秀工业机器人示范应用场景，树立行业标杆，对经评选的应用示范企业予以奖励。第二，抓好骨干企业工业机器人示范应用项目，支持规模以上的传统产业企业开展工业机器人改造应用，提高自动化水平，对满足条件的自动化转型标杆企业、灯塔工厂给予奖励。

支持中小微企业运用工业机器人实现自动化转型。第一，深入推广工业机器人在中小微企业间的应用，鼓励机器人企业联动中小微企业，针对中小微企业的资金、技术痛点，提供低成本、高性价比的解决方案，推动中小微企业实现自动化转型。第二，打造劳动密集型中小微企业自动化转型示范项目，以点带面，带动劳动密集型中小微企业应用工业机器人，加快中小微企业智能化改造，优化劳动力结构，对经评审的示范性中小微企业给予补贴。

（三）争高度，打造工业机器人产业高地

做大做强做优省内自主品牌。第一，支持中小微企业持续深耕细分领域，提升细分领域核心竞争力，打造专精特新“小巨人”企业，对经认定的国家级、省级“单打冠军”给予奖励。第二，加大骨干企业培育力度。建立科研合作机制、引进高端人才、给予税收优惠和财政补贴支持骨干企业加大技术研发投入，对实施以技术升级为导向并购的企业给予金融支持，促进技术创新和产品升级。第三，支持省内龙头企业开拓国内外市场。提供国际营销支持和市场

准入帮助，帮助企业拓展海内外业务，提升品牌知名度和市场份额。第四，鼓励工业机器人上下游企业融通发展。鼓励上下游企业建立紧密合作关系，针对共性关键技术开展联合攻关，推动产业链上下游强强联合、协同发展，实现资源共享和互利共赢，共同推动工业机器人行业的发展。

强化产业支撑。第一，支持产业支撑平台建设。积极培育高能级产业园区平台，整合省内企业、高校、研究院等优质资源，赋能工业机器人技术研发与成果转化。第二，强化知识产权保护与应用。建立完善的知识产权管理体系，规范知识产权的运用和管理，加大知识产权执法力度，打击侵权行为，提高侵权行为的法律惩处力度，维护市场秩序，保护创新者的合法权益；建立技术转移平台与知识产权交易市场，促进企业间的技术合作、技术转移，以及知识产权的流通和交易，激发企业创新活力，推动知识产权的运用与转化。第三，加强标准化工作。制定广东省工业机器人行业标准，规范产品质量与服务水平，完善标准化管理体系，依托国家工业机器人检测与评定中心（广州）以及国家工业机器人质量检测检验中心（广东），为智能制造把关，推动工业机器人产业规范化发展，提高产品质量、服务水平，推动行业健康可持续发展。

专栏：广东省工业机器人产业支撑平台

1. 国家机器人检测与评定中心（广州）

制定与完善工业机器人标准化和检测认证体系，主要从事机器人产品及部件的检测、认证和校准，为行业提供标准化、技术培训、咨询、信息等服务，检测范围包括整机性能及安全可靠性、关键零部件、专项检测，整体检测能力达到国际先进水平。

2. 国家工业机器人质量检测检验中心（广东）

经CNAS认可的第三方国家级检测技术服务机构，开展搬运、装配、焊接、喷涂等工业机器人质量的监督检测工作，负责对工业机器人进行性能检测、安全评定和认证，确保机器人产品符合国家标准和法规要求；监督和检测工业机器人产品的质量和性能，防范和处理产品质量问题，保障工业机器人产品的安全可靠性。

（四）升温度，提供优质服务利企助企

持续优化营商环境。第一，激发市场竞争活力。定期遴选先进企业，发布“工业机器人创新发展榜”“独角兽榜”等榜单，为创新标杆企业搭建舞台，增强企业获得感、认同感，发挥“风向标”效应。第二，营造公平竞

争的市场环境。建立开放、公平的市场准入机制，降低市场准入门槛，鼓励更多企业进入市场竞争；加强市场监督和执法，及时发现和处理违法违规行为，打击欺诈和不正当竞争行为，维护市场秩序。第三，提升政府服务能力。加强政府部门间的协作，整合各部门资源，完善一站式服务平台，综合利用信息化平台简化办事流程、减少审批环节，全方位提升服务水平，提高政务服务效能；健全企业投诉机制，及时解决企业在经营中遇到的问题。第四，帮助企业降本增效。不断加大要素保障力度，提供多样化、便利的金融支持（包括融资渠道、金融产品等），支持企业发展和创新。

第七章

广东省数字创意产业集群分析①

随着数字化时代的到来，数字技术深刻改变着文化产业的运作方式，数字创意成为文化发展的新方向。《“十四五”文化发展规划》提到，加快文化产业数字化布局，以国家文化大数据体系建设为抓手，促进文化资源的数字化，改造提升传统文化业态，加快发展新型文化业态。数字创意产业作为数字经济的重要组成部分，成为政府重点关注的新兴经济领域。一直以来，政府高度重视数字创意产业的发展。《广东省国民经济和社会发展第十四个五年规划和2035年远景目标纲要》明确提出，大力推进5G、AI、大数据、VR/AR等新技术深度应用，巩固提升游戏、动漫、设计服务等优势产业，提速发展电竞、直播、短视频等新兴业态，培育一批具有全球竞争力的数字创意头部企业和精品IP（知识版权）。得益于国家政策的支持和政府的高度重视，广东省数字创意产业聚集效应显著，以广州、深圳为“双核”引擎的“双核多点”数字创意产业发展格局正在全省形成。

数字创意产业是现代数字技术与文化创意产业相互融合而形成的一种经济形态，以数字技术为支撑，进行文化内容的生产、创新、应用和服务，是一种融合性产业。数字技术和数字内容是其主要特征。目前，我国数字创意产业链可分为上游数字设备供应商（显示屏、电视机、VR/AR设备和音响设备）和软件开发商（开发引擎、建模工具、渲染软件）、中游内容创作（动漫、游戏、数字音乐等）、下游（内容衍生品、主题乐园和会展服务等）三部分，如图7-1所示。

① 本章第一执笔人为暨南大学产业经济研究院陈春婷。

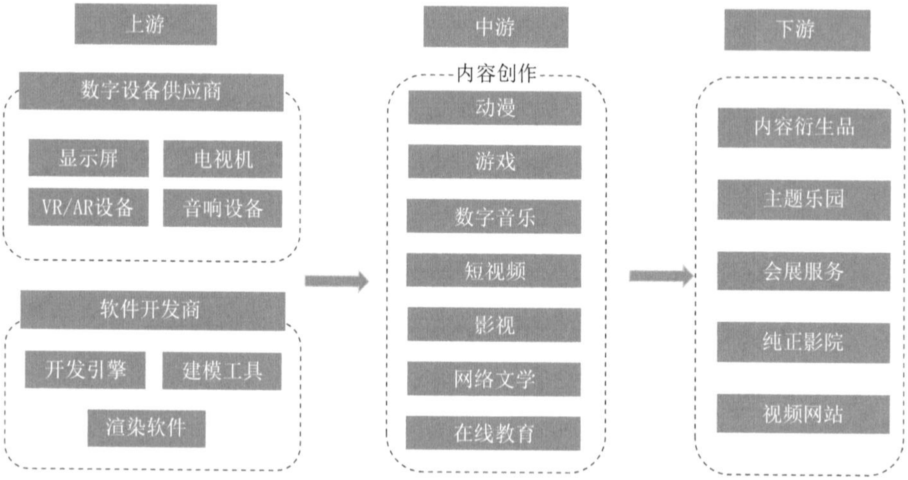

图7-1　数字创意产业链构成

第一节　数字创意产业发展环境

一、数字创意产业宏观环境

纵观全球，中国、英国、美国、日本等国家均把数字创意产业作为国家层面战略大力发展。其中：英国最早将创意产业作为经济发展的重点产业；美国凭借先发优势和坚实的信息技术基础，数字创意产业技术水平处于世界领先地位；日本是世界上最大的动漫内容制作和输出国；中国的数字创意产业起步较晚。从产业规模来看，英国、美国、日本处在数字技术创新的前沿，同时文化产业数字化布局深远，远远领先于中国。但得益于中国新基建政策以及数字化建设的发展，数字创意产业增长潜力巨大，未来我国数字创意产业将有更大的发展空间。广东省已形成数字创意产业集聚态势，产业规模全国领先，但在内容创作、产业体系建设等方面仍存在短板。

（一）英国：最早发展数字创意产业

英国是最早推动创意产业和数字技术融合的国家，是全球首屈一指的传媒大国。数字创意产业对英国经济发展的贡献已经超过了金融行业。从数字出版、广告、游戏到音乐等领域，多元化、融合化的数字创意产业已发展成为英国经济中的重要支柱产业。数字出版和广告是英国两大核心数字创意产业。早在1998年，英国就开始推动数字出版和广告产业的发展，积极规划创意产业的数字化发展道路。

（二）美国：科技创新能力强，引领数字创意产业

美国的数字创意产业拥有最大的全球市场，其规模持续增长并贡献了显著的GDP份额。美国数字创意技术处于全球领先地位，特别是在人工智能、虚拟现实和云计算等领域，先进的技术为其创意产业的数字化提供了强有力的支持。同时，美国政府通过加强知识产权保护来确保市场的公平竞争，激励数字创意企业进行高风险的创新活动，促进数字创意产业的发展。美国数字创意产业高度国际化，拥有大量的跨国公司和合作项目，其产品和服务在全球范围内具有广泛的影响力，拥有时代华纳、华特迪士尼、维亚康姆、亚马逊等一批数字创意企业。

（三）中国：文化底蕴深厚，发展潜力巨大

中国数字创意产业起步较晚，在原创内容、关键技术等方面均落后于英国和美国，但是其文化历史底蕴深厚，未来市场广阔。得益于国家政策环境和市场环境的支持，近年来中国数字创意产业规模不断提升，成为全球数字创意产业活跃的国家之一。2016年，数字创意产业首次在政府层面被提及。2016年，政府工作报告提出大力发展数字创意产业。同年12月，《“十三五”国家战略性新兴产业发展规划》正式将数字创意产业定位为中国战略性新兴产业之一。

二、数字创意产业政策环境

（一）国外产业政策形势：推动经济增长的重要引擎

英国率先提出“文化创意产业”这一概念，并于1998年颁布《英国创意产业路径文件》，推动出版、电视广播、音乐等创意产业的发展，其数字创意产业在全球处于领先地位。在政府的积极推动下，英国数字创意产业的发

展速度较快，成为推动英国经济增长的重要引擎。2015年，英国政府出台了《2015—2018年数字经济发展战略》，旨在促进数字技术在创意产业领域的广泛运用，推动文化创意产业的数字化转型。英国数字创意产业政策如表7-1所示。

表7-1　英国数字创意产业政策汇总

时间	政策名称	政策内容
1998年	《英国创意产业路径文件》	明确提出了“文化创意产业”的概念，推动创意产业发展，引领国家经济转型
2015年	《2015—2018年数字经济发展战略》	推动数字技术与文化创意产业的有机融合，明确阐述了创意产业向数字化方向转变，为数字经济的创新与发展提供了方向
2018年	《创意产业：行业协议》	计划到2023年，英国创意产业的总增加值将达到1500亿英镑，与2018年相比创意产业的出口额增长50%，新增就业岗位600万个
2022年	《英国数字战略》	把创意和保护知识产权作为英国未来发展数字经济的支柱之一，允许英国创作者通过流媒体与数字平台建立联系并产生新的收入来源，并实施创意产业税收减免政策，促进数字媒体领域的创新

（二）国内产业政策形势：推动文化产业高质量发展

与英国、美国等发达国家相比，我国对于文化产业的数字化布局启动较晚，但是随着数字技术的发展，“数字+文化”是大势所趋。2016年，我国首次提出大力发展数字创意产业；2018年正式把数字创意产业纳入我国战略性新兴产业体系；随后几年里更是加快了我国文化产业数字化转型的步伐，通过数字化示范项目的打造以及数字化服务的开展，促进数字技术和文化产业的深度融合，推动我国文化产业的高质量发展。在国家产业政策的引导下，北京市、广东省、浙江省等省市根据各地的产业基础和市场条件，陆续出台了有关政策和行动计划，推动游戏、电竞、数字文化贸易、数字出版等创意产业的发展。显然，推动数字创意产业的发展已经上升为我国产业转型的关键策略之一，同时也是各个地区加强文化软实力和促进文化创新的核心方法之一。我国数字创意产业政策如表7-2所示。

表7-2 中国数字创意产业政策汇总

时间	政策名称	政策内容
2016年	《2016年国务院政府工作报告》	首次提出大力发展数字创意产业
2018年	《战略性新兴产业分类(2018)》	明确将数字创意产业纳入战略性新兴产业体系
2019年	《关于促进文化和科技深度融合的指导意见》	到2025年，基本形成覆盖重点领域和关键环节的文化和科技融合创新体系，实现文化和科技深度融合
2020年	《关于做好国家文化大数据体系建设工作的通知》	建设具有一定空间规模的文化体验园，促进文化和旅游深度融合
2020年	《文化和旅游部关于推动数字文化产业高质量发展的意见》	打造一批博物馆、美术馆数字化展示示范项目，开展虚拟讲解、艺术普及和交互体验等数字化服务
2021年	《“十四五”文化产业发展规划》	加快发展新型文化业态，深度应用5G、大数据、云计算、人工智能、超高清、物联网、虚拟现实、增强现实等技术
2022年	《关于推进实施国家文化数字化战略的意见》	到“十四五”时期末，基本建成文化数字化基础设施和服务平台
2023年	《数字中国建设整体布局规划》	对数字经济发展进行全面布局，推进数字技术与经济、政治、文化、社会、生态文明建设“五位一体”深度融合

（三）广东省产业政策：发展成为数字创意产业的战略高地

广东省作为我国发展数字创意产业的前沿阵地，游戏、动漫产业规模全国第一。广东省数字创意产业规模位居全国前列，产业集聚效应明显，拥有全国首个数字文化产业集聚区。近几年，广东省高度重视数字创意产业的发展。2020年，广东省明确把数字创意产业作为重点发展的战略性新兴产业集群之一，同时又推出了培育数字创意产业集群的具体行动计划。在两年多的实践基础之上，2023年广东省基于社会形势的发展需要，再次明确了2023—2025年的具体行动计划（见表7-3）。

表7-3　广东省数字创意产业政策汇总

时间	政策名称	政策内容
2020年	《广东省人民政府关于培育发展战略性支柱产业集群和战略性新兴产业集群的意见》	把数字创意产业作为广东省重点建设的产业集群之一
2020年	《广东省培育数字创意战略性新兴产业集群行动计划（2021—2025年）》	明确培育数字创意产业集群的重点建设工作
2023年	《广东省培育数字创意战略性新兴产业集群行动计划（2023—2025年）》	加快推进全省数字创意战略性新兴产业集群建设，随着新型工业化等国家战略的快速推进，对数字创意产业的发展目标、任务等提出了新的更高要求

三、数字创意产业市场环境

（一）经济环境：生活水平不断提高

在宏观经济整体向好的情况下，居民收入水平和整体消费能力也得以快速增长。2019—2024年，我国居民人均可支配收入从30733元增至41314元，增长了34.4%。居民收入水平的增长为我国整体消费能力的增强提供了有利的条件，居民人均消费支出亦由2019年的21559元增长至2024年的28227元，增长了30.9%，可见消费是带动我国经济稳定增长的重要动力。在消费支出结构中，居民的消费重点逐渐转移，消费内容从传统的生存型物质消费转向发展型、服务型等新型消费，文化娱乐消费扩容提质。2019年，我国居民人均教育文化娱乐消费支出2513元，同比增长12.9%；2024年，我国居民人均教育文化娱乐消费支出3189元，同比增长9.8%（见图7-2）。居民消费能力的提升有利于新兴消费的产生。

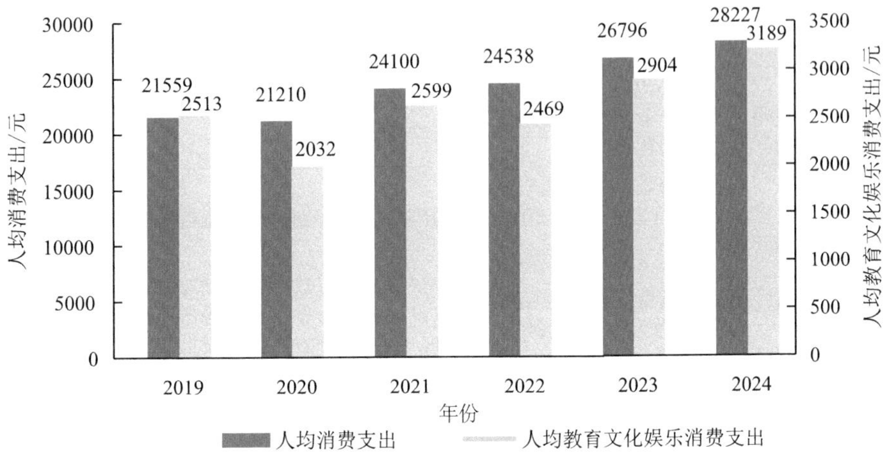

图7-2　2019—2024年我国居民人均消费支出和人均教育文化娱乐消费支出

数据来源：CNNIC。

在消费能力不断增强的背景下，泛娱乐消费应运而生，满足了以“00后”为代表的“Z世代”的消费需求，不仅推动了网络文学、在线教育、影视、动漫、游戏等数字创意产业的快速崛起，还使得娱乐、医疗、旅游等多个领域的消费需求不断增长。可见，数字创意产业逐渐成为我国新经济体系的一个关键组成部分，是我国文化产业发展的新亮点和新动力。

（二）社会环境：互联网不断普及

在我国全面建成小康社会的进程中，国民表现出了更高的精神追求，与文化、创意设计有关的文娱产品更受青睐。尤其是在数字化、网络化的传播环境中，数字内容产品由于自身的便利性、快速性、灵活性等特点，在人们的生活中扮演着越来越重要的角色。为知识、内容和创意付费成为新的消费形式和消费习惯。2024年，我国网民规模达到11.08亿人，互联网普及率达78.6%，并且有不断上升的趋势，预计未来我国的网民规模基数将不断增大。其中，手机网民规模达11.05亿人，手机网民占整体网民比例升至99.7%（见图7-3、图7-4）。可见，在我国的互联网环境中，手机端占据了绝对重要的地位。随着互联网和数字技术的不断发展和普及，数字文化产业的新业态、新模式持续涌现，数字文化消费将成为扩大文化消费的主要着力点。

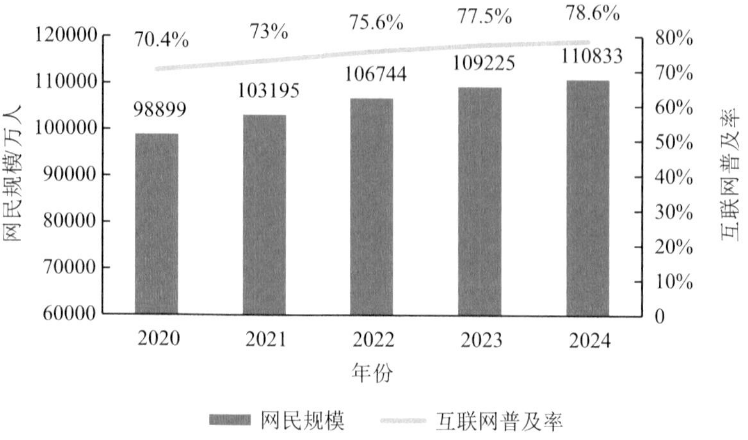

图7-3　2020—2024年我国网民规模和互联网普及率
数据来源：CNNIC。

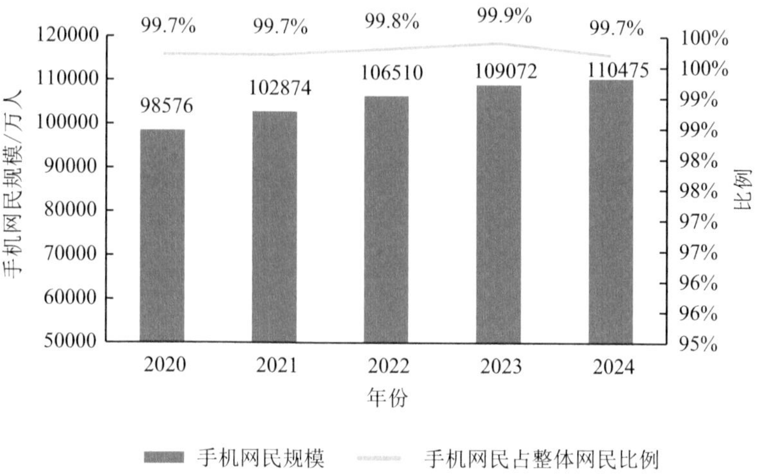

图7-4　2020—2024年我国手机网民规模和其占整体网民比例
数据来源：CNNIC。

随着网民群体的进一步扩大、手机网民的快速增加，互联网部分服务应用的用户规模也保持了一定程度的增长。2024年，我国互联网应用范围不断扩大。其中：网络视频的用户规模达到10.7亿人同比增长0.3%；短视频的用户规模为10.4亿人，网民使用率为93.8%，可见短视频平台拥有广泛的用户基础，已经成为群众文化消费的主流；网络直播的用户规模达8.3亿人，同比增长2.1%（见表7–4）。

表7–4　2024年我国互联网应用用户规模及网民使用率

应用	用户规模/万人	网民使用率	用户规模增长率
即时通信	108133	97.6%	2.0%
网络视频	107018	96.6%	0.3%
短视频	103953	93.8%	-1.3%
网络支付	102891	92.8%	7.9%
网络购物	97443	87.9%	6.5%
搜索引擎	87782	79.2%	6.2%
网络直播	83303	75.2%	2.1%
网络新闻	81100	73.2%	5.1%
网络音乐	74795	67.5%	4.7%
网上外卖	59231	53.4%	8.8%
网络文学	57491	51.9%	10.5%
在线办公	57048	51.5%	6.2%
在线旅行预订	54836	49.5%	7.7%
网约车	53945	48.7%	2.2%
互联网医疗	41765	37.7%	0.9%
网络音频	33529	30.3%	1.0%

数据来源：CNNIC。

同时，新冠疫情带来的影响逐渐减弱。2023年，之前积压的文化消费需求得到了释放，使得文化与旅游业的恢复速度明显加快。2023年，全国规模以上文化及相关产业企业实现营业收入129515亿元，比2022年增长8.2%；国内出游48.91亿人次，比2022年增长93.3%（见图7-5）；国内游客出游总花费49133亿元，增长140.3%。

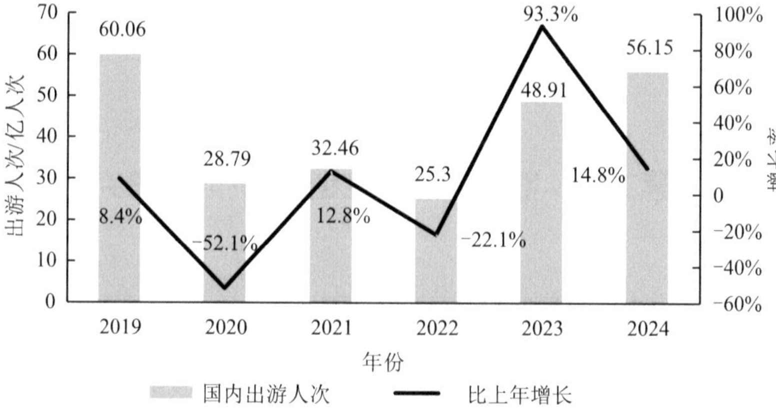

图7-5　2019—2024年国内出游人次及其增长率

数据来源：CNNIC。

（三）技术环境：技术红利不断涌现

人工智能、大数据及虚拟现实等数字技术的发展和全面应用，不断丰富着人们对于文化的感受体验，对数字创意产业的价值创造具有至关重要的作用。尤其是5G、虚拟现实、区块链等新兴技术的迅猛发展，不仅推动了数字技术和文化创意产业的融合，不断重塑创意产业的边界，还为创意产业的创新性发展提供了成本更低、更为便捷的技术平台。

人工智能技术的核心在于深度学习、智能互联，其通过极强的数据分析能力，能够处理数据量庞大的文字、图片、语言和视频内容，帮助企业缩短内容创作的时间。云计算和大数据技术相辅相成，大数据的处理依赖于云计算，同时大数据为云计算的应用奠定了价值基础，两者为企业的数据洞察和决策支持提供了强有力的支持，是数字创意产业链形成的基础。物联网是在互联网的基础上延伸出的网络，能够将任何物体与网络连接起来，实现物理世界和数字世界的互联互通。区块链具有可溯源、不可更改的特点，有助于知识产权的保护和数字内容产品的交易。VR/AR技术在视频、游戏、展览、旅游等领域的应用，改变了人与数字世界的交互方式，给人们带来了前所未有的体验。高速度、低时延的5G网络技术突破了4G技术的传输障碍，不仅显著提升了信息的传输速度，还优化了用户的多维感知体验，从而为虚拟现实、云游戏等应用场景的发展提供了坚实的技术支撑。

第二节　数字创意产业链SCP范式研究

一、数字创意产业发展概况

在政策支持、技术创新和市场需求的共同推动下，我国数字创意产业市场规模逐年增长，2018年为1.43万亿元，2022年增至2.28万亿元（见图7–6）。

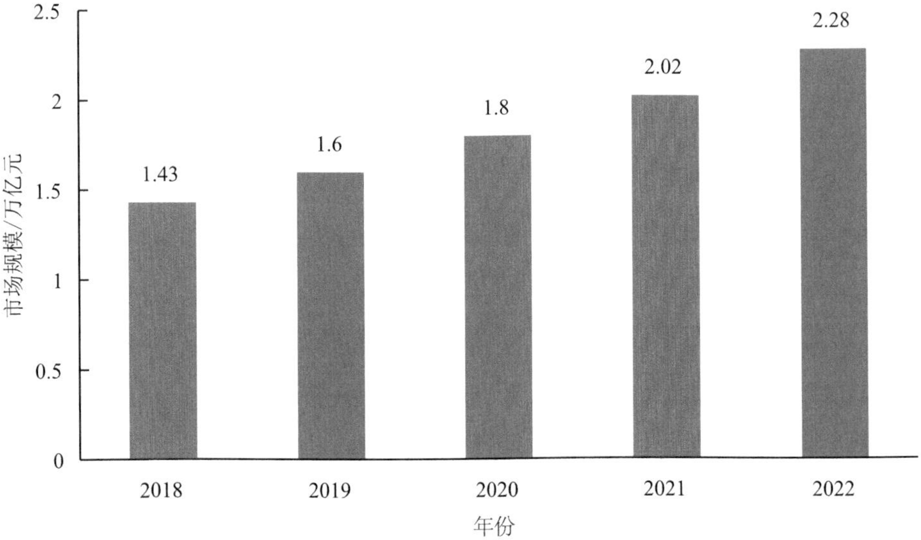

图7–6　2018—2022年我国数字创意产业市场规模

数据来源：前瞻产业研究院。

近年来，数字经济产业发展速度快于总体经济的增长速度，数字技术的不断成熟推动了数字创意产业的快速增长。数字硬件方面，消费水平的提高和技术的创新性发展驱动数字装备产业的高速增长，电视、手机等智能终端的市场渗透率超过80%，智能音箱、可穿戴设备、VR/AR设备等数字产品种类不断丰富。2022年，中国可穿戴设备产业规模达903亿元，同比增长15.9%；VR一体机的出货总量首次超过100万台，VR产业规模达到775.9亿元，同比增长32.9%。

数字内容方面，以游戏、动漫、直播、短视频、数字音乐等为代表的数字创意产业快速发展。2023年，我国数字音乐市场规模达到893.45亿元，同比增长5%；游戏市场规模达到3029.64亿元，同比增长14.22%；直播电商市场规模达49168亿元，同比增长40.48%；网络文学市场规模达383亿元，同比增长20.52%，网络文学用户规模达5.2亿人。网文、游戏、影视已成为“文化出海”的三驾马车，中国数字内容产业的海外辐射力和影响力大幅提升。

二、数字创意产业链市场结构

我国数字创意产业链已然成形：显示屏、电视机设备产业优势突出，艾比森、TCL等广东省本土企业位居行业前列；虽然VR设备、设计软件市场被国外厂商垄断，但是国产化步伐加快；游戏和数字音乐方面，腾讯和网易占据主导地位。我国数字创意产业链依旧存在一些短板和薄弱环节：设计软件市场被国外垄断，自研产品较低端；面板行业周期性强，LED显示屏、电视机等终端显示设备环节盈利不稳定；原创内容供给不足；等等。

（一）上游市场结构

1. 显示屏

国内显示行业优势相对突出。中国作为全球最大的消费电子商品市场，终端应用市场广阔。随着我国在显示产业投入的不断加大以及国产面板厂商的崛起，整体LED产能快速增长。在全球LED显示屏市场中，中国企业占据了较大的市场份额。数据显示，2022年，中国LED显示屏企业在全球市场中占据的份额超过50%，其中利亚德、洲明科技等企业是佼佼者（见图7–7）。

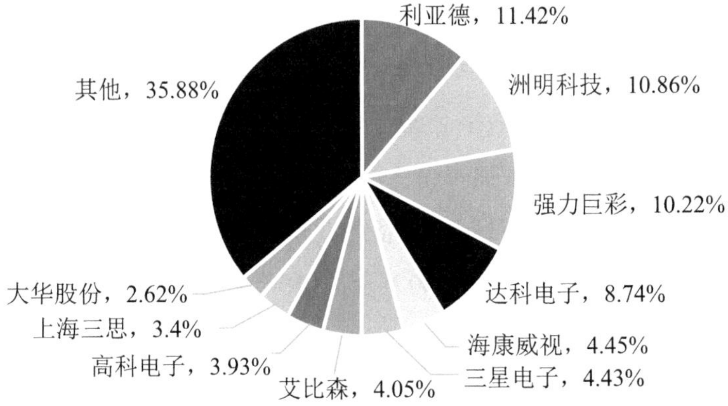

图7-7　2022年全球LED显示屏市场竞争格局

数据来源：IDC。

2. 电视机

电视机品牌格局较为分散，头部厂商在品牌和渠道方面占据优势。按照全球电视机出货量统计，2024年全球电视机主要厂商市场份额分布较为均匀：三星以17.6%的份额成为市占率第一的电视机厂商；海信的市场份额为14%，排名第二（见图7-8）。2024年电视机市场的增长，与各国刺激消费的政策息息相关。国内的补贴和海外的折扣，特别是2024年下半年中美两大市场的优惠政策，极大地促进了电视机的销量。

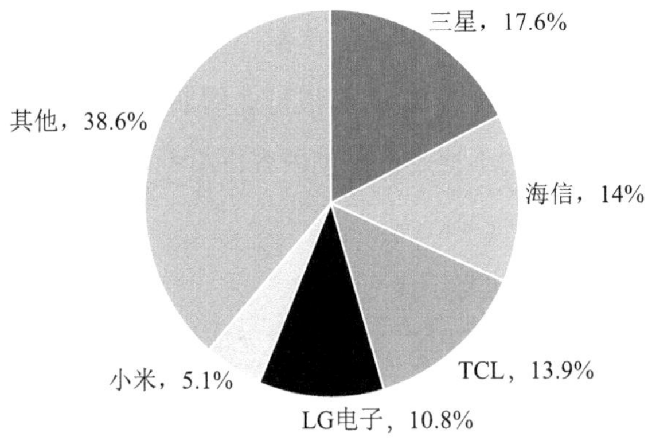

图7-8　2024年全球电视机主要厂商市场份额（按出货量统计）

数据来源：Omdia。

3. VR/AR设备

从全球市场竞争格局来看，Meta断崖式领先，占据全球市场份额第一。2024年第四季度，Meta的市场份额高达79%，Sony以8%的市场份额位列第二，Pico以3%的市场份额位列第三（见表7-5）。

表7-5　2024年全球XR（AR&VR）市场竞争格局

品牌	2024年Q1市场份额	2024年Q2市场份额	2024年Q3市场份额	2024年Q4市场份额
Meta	63%	73%	59%	79%
Sony	4%	3%	7%	8%
Pico	7%	8%	10%	3%
Xreal	3%	2%	4%	2%
DPVR	2%	4%	4%	2%
其他	21%	9%	16%	6%

数据来源：《全球XR（AR&VR头显）市场份额：2023年Q3—2024年Q4》，https://mp.weixin.qq.com/s/6qQygBINJ6uhwz1XISkmDg，2025年3月12日。

4. 设计软件

在我国和全球的设计类软件市场中，以达索系统、西门子和欧特克为代表的海外厂商占据主导地位。从市场份额来看，2023年达索系统、西门子和欧特克在中国CAD软件市场中仍位居前三（见图7-9），但相比2022年均有所下降。随着国产替代需求的提升，设计类软件行业国产化率有望进一步提高。从细分领域来看：欧特克垄断2D CAD软件市场；国内厂商中望软件、浩辰软件、数码大方等处于第二阵营，近年来发展较快，掌握2D CAD核心技术，一定程度上可以替代国外软件；而3D CAD市场90%以上仍由国外巨头把控。未来，国产替代仍是3D CAD软件市场的主旋律，而2D CAD软件或可通过出海寻求发展机遇。

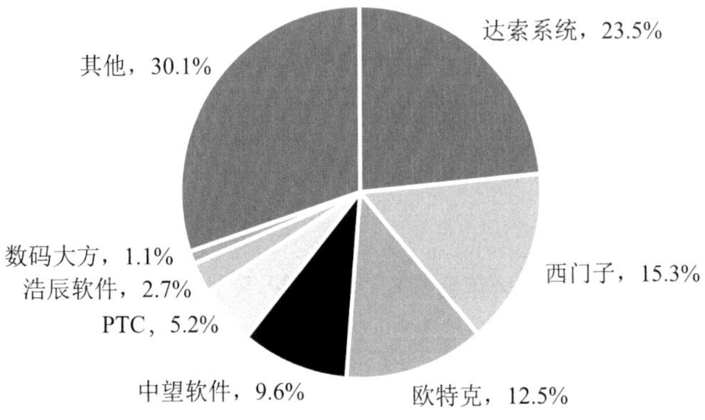

图7-9　2023年中国CAD软件市场竞争格局

数据来源：IDC。

（二）中游市场结构

数字创意产业链中游包括游戏、动漫、影视、短视频、数字音乐等内容创作领域。

1. 游戏

在中国市场中，排名前二的游戏公司占据70%以上的市场份额：2021年，腾讯游戏约占57.76%，网易游戏占20.81%；2022年，腾讯游戏的市场份额下降为46.60%，网易游戏的市场份额则上升为25.94%（见图7-10）。腾讯游戏靠着社交生态的竞争优势，拥有极强的用户基础和发行能力，通过自研、代理和收购相结合的方式，牢牢占据着市场地位，既拥有国民级的爆款手机游戏《王者荣耀》《和平精英》，又不断拓宽品类，进入策略类、角色扮演类、休闲类等手机游戏赛道。

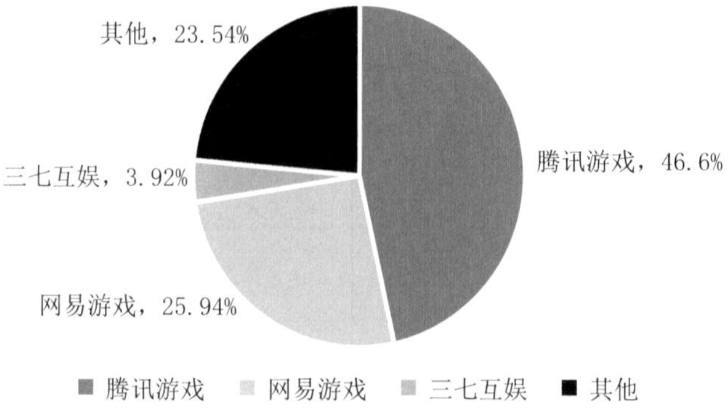

图7-10　2022年中国游戏市场竞争格局

数据来源：伽马数据。

2. 动漫

在我国的动漫制作公司中，华强方特、光线传媒、奥飞娱乐、汤姆猫等公司最具代表性。华强方特是一家以动漫制作、开设主题乐园为主营业务的企业，并在其国产动漫制作方面以《熊出没》系列为代表的动漫IP最为出名，在动漫形象的基础上打造主题乐园；奥飞娱乐则稍有不同，它是一家从传统的玩具生产企业发展成能够自主打造动漫IP的泛娱乐企业，主营业务涵盖动漫、衍生品制造、游戏、影视等多个领域。根据《中国文化文物和旅游统计年鉴2020》数据，2020年，在我国动漫产业企业类型分布中，动画制作企业占据了75%的比重，其他类型的企业占比都没有超过10%（见图7-11）。根据前瞻产业研究院统计，从动画制作这一细分领域来看，追光动画、华强方特以及光线传媒在我国2023年动画电影票房中位列前三，票房占比分别为23%、19%、16%。值得注意的是，包括CoMix Wave Films、东映动画、TMS Entertainment以及吉卜力工作室等厂商在内的日本动画制作厂商仍占据着我国动画电影较大部分的市场份额。

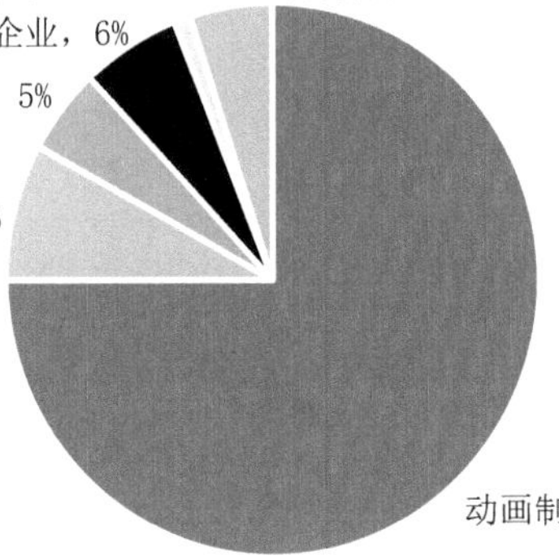

图7-11　2020年中国动漫产业企业类型分布

数据来源：《中国文化文物和旅游统计年鉴2020》。

3. 数字音乐

目前，我国数字音乐产业形成了寡头垄断的竞争格局，腾讯音乐、网易云音乐两大龙头企业占据该行业绝大部分的市场份额，行业集中度较高。具体来看，2021年，在我国数字音乐行业市场中，腾讯音乐的市场占有率最高，达到了73%；其次是网易云音乐，市场占有率达到了21%。2022年，腾讯音乐市场份额有所下降，仅为69%（见图7-12）。从行业市场份额的变动来看，2021年7月，市场监管总局根据反垄断法对腾讯音乐作出处罚，责令其解除网络音乐独家版权，这使得腾讯音乐的版权优势减弱。

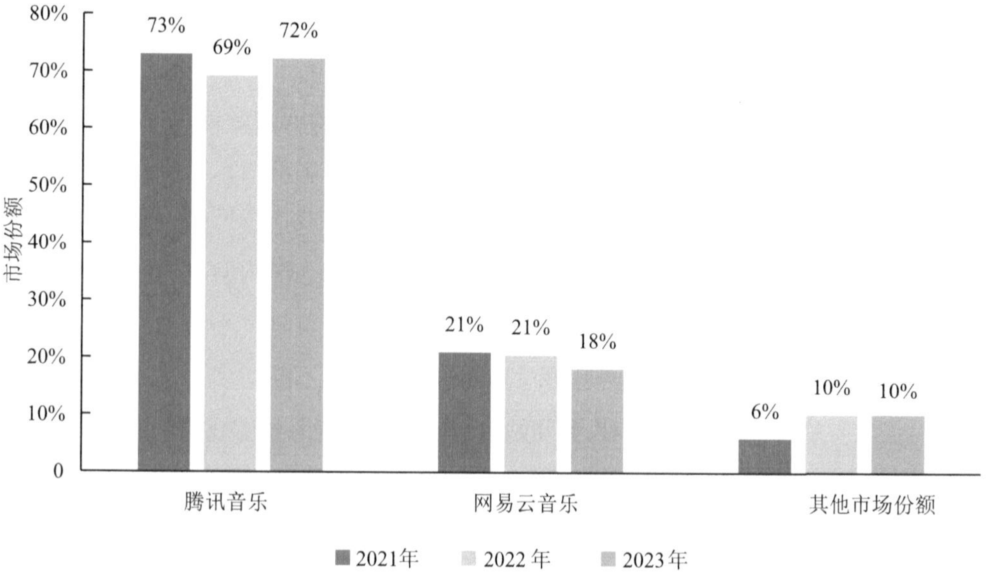

图7-12 2021—2023年数字音乐市场竞争格局

数据来源：《中国数字音乐产业报告（2023）》。

（三）下游市场结构

数字创意产业链下游的实体形式主要有内容衍生品、主题乐园、会展服务等，国内代表性企业有奥飞娱乐（内容衍生品制造）、华强方特（主题乐园运营）等。国内主题乐园受制于IP资源的匮乏，和迪士尼乐园、环球影城等国际一流主题乐园有着很大差距。从收费结构来看，国内主题乐园以门票消费为主，二次消费比重较低，收入结构较为单一。根据华强方特的招股书，其门票收入占比超过70%，而二次消费占比不到30%。除此之外，下游内容衍生品制造的范围十分广泛，是目前实体形式中发展最为迅速的一种，最常见的内容衍生品有根据IP形象开发的盲盒、玩具等。

三、产业链市场行为

产业链企业通过海外布局、兼并收购、产品定价、研发投入等行为来提升市场竞争力，提高经营绩效。随着国内市场营收放缓：游戏厂商积极开拓海外市场，出海成为大势所趋；部分企业通过兼并收购完成横向和纵向一体化，进一步扩大垄断优势；企业不断加大研发投入，提升产品技术水平，有助于提升市场份额。

（一）海外布局：国内市场增长放缓，海外市场成为必争之地

游戏领域，随着国内市场营收开始趋近天花板，出现增长放缓的现象，中国游戏公司将目光投向海外市场。鉴于海外地区游戏市场广阔，市场集中度较为分散，且政策监管较为宽松，游戏出海已经成为国内游戏厂商重点发力的方向之一，海外市场对中国游戏厂商营业收入的贡献度不断提升。根据不完全数据统计，近年来，网易游戏海外投资的数量不断增多。从2015年对芬兰游戏厂商Reforged Studios投资开始，网易游戏投资海外游戏团队的数量至少达到了21家，共计投资次数至少23次。网易游戏投资海外游戏团队的数量在2019年达到4家，2021年有4家，而2022年达到历史最高峰，为10家（见图7-13）。

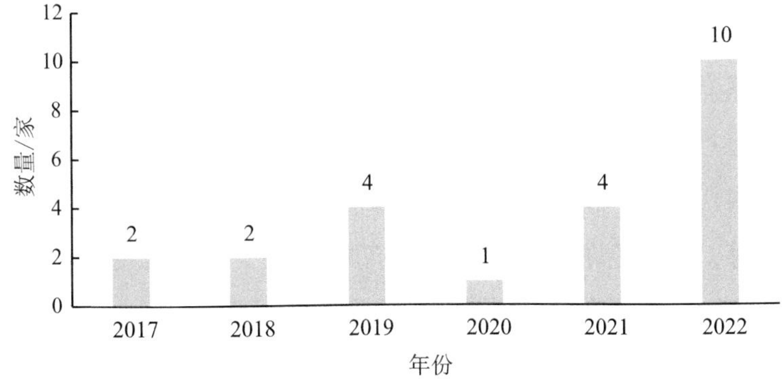

图7-13　2017—2022年网易游戏投资的海外游戏团队数量

数据来源：36氪、国金证券研究所。

（二）兼并收购：扩大市场规模，巩固垄断地位

数字音乐领域，在2021年之前，腾讯音乐通过不断的兼并、收购等方式扩大自身的规模，并与唱片公司建立了深度的商业关系，以此巩固其在国内数字音乐市场的垄断地位。2020年3月，腾讯音乐购买了环球音乐10%的股权，与环球音乐、索尼音乐、华纳音乐三家国际唱片公司建立了更为紧密的

合作关系。这三者占据的国际版权市场份额合计超过70%。但在2021年解除独家版权协议后，腾讯音乐通过兼并收购构建的独家版权优势不断减弱。

游戏领域，兼并收购在游戏行业里是一种常见的扩张手段，主要原因是游戏的自研难度较大，而兼并收购的优势在于短时间内能够最大范围地拿到新游戏，吃到市场新红利。在游戏自研上，腾讯游戏略逊于网易游戏；但在投资并购上，腾讯游戏领先对手，尤其是在海外市场布局方面。

动漫领域，2021年11月，奥飞娱乐将四月星空以6亿元的价格出售给哔哩哔哩。

（三）产品定价：市场需求带动，国产具有价格优势

1. 显示屏：市场需求拉动价格上涨

显示屏领域，2023年，由于LED显示屏海外市场的恢复，以及国内相关小间距LED显示屏招标项目数量的增长，LED显示屏厂商对产品进行了不同程度的价格调整（见表7-6）。

表7-6　2023年LED显示屏厂商的价格调整行为

厂商	涨价产品	涨价幅度	生效时间
利亚德	各型号产品	上调不同幅度	2023年5月18日
雷曼光电	各型号产品	上调不同幅度	2023年5月18日
京东方晶芯	LED直显产品	调整价格	2023年5月15日
创维	各型号产品	上调不同幅度	2023年5月20日
汉视智显	LED显示产品	上调10%～15%	2023年5月12日

资料来源：LEDinside、开源证券研究所。

2. 国产软件：出海具有价格优势

软件开发领域，国内的软件制造商不仅在价格方面具有一定优势，还能提供差异化服务。相较于国外软件厂商，国产工业软件在价格方面具有良好的性价比，这使得国内厂商更容易进入对价格较为敏感的新兴市场。以中望软件为例，在其主打的2D/3D CAD产品方面，与外资企业欧特克和达索系统相比，其定价策略具有明显的优越性，因此更受中小企业用户的青睐（见表

7-7）。除此之外，用友网络还特别为中小微企业提供了一系列差异化服务，包括数智商业云、数智财税等服务，以满足消费者多样化需求。

表7-7　主要软件厂商2D/3D CAD产品定价对比

主要软件厂商	2D CAD产品定价/元	3D CAD产品定价/元
中望软件	4363—10702	21858—33225
浩辰软件	5695—7833	
数码大方	3680—5800	29800
欧特克	8724—17962	
达索系统		28475—56986

资料来源：中望软件招股书。

3. 数字音乐：腾讯音乐挖掘存量用户价值

数字音乐领域，2023年12月4日，腾讯音乐旗下的QQ音乐将绿钻豪华版自动续费价格从11.4元/月提升至15元/月。在价格方面，QQ音乐与网易云音乐相比并没有明显的优势：网易云音乐的会员价格范围是8—15元，并且可以通过开通淘宝88VIP来获得网易云黑胶年卡；QQ音乐的连续包月价格上调到15元/月后，将使其在价格上失去竞争优势。但是对于已经拥有庞大用户体量的腾讯音乐而言，相比于提升用户规模，进一步挖掘和提升存量用户价值可能显得更为现实，涨价在短期内虽能拉动营收，但会对付费转化率带来一定影响。

（四）研发投入：投入力度逐年加大，推动内容创作高质量发展

从研发行为上看，大部分企业研发投入力度逐年上升（见表7-8），着力打造精品，实现技术研发和优质内容的有机统一，逐步往内容创作的高质量方向发展。但与此同时，数字创意产业仍存在创新能力不足、精品力作不多以及内容质量不高等问题，需要持续进行研发加以解决。

表7-8 2022—2024年数字创意产业各环节上市公司研发情况

环节	代表企业	2022年研发情况		2023年研发情况		2024年研发情况	
		研发费用/亿元	研发费用率	研发费用/亿元	研发费用率	研发费用/亿元	研发费用率
LED显示屏	洲明科技	3.49	4.94%	4.02	5.42%	3.76	4.84%
	艾比森	1.25	4.46%	1.67	4.17%	1.70	4.63%
电视机	海信视像	20.80	4.55%	23.79	4.44%	23.74	4.06%
	创维数字	6.21	5.17%	6.02	5.66%	5.13	5.90%
动漫	光线传媒	0.19	2.48%	0.32	2.06%	0.33	2.08%
	奥飞娱乐	1.70	6.38%	1.51	5.50%	1.82	6.71%

数据来源：公司公告。

（五）行业壁垒：IP壁垒是关键，短期内难以建立同等优势

1.IP壁垒

独特的原创IP是打造高新奇度与玩法创新度数字创意产品的关键。然而，打造IP需要时间，这使得新进入者难以在短期内获得同等的IP优势。顶级IP资源给数字创意企业带来了垄断性优势，IP成为构筑壁垒的重要手段。例如，对于漫威动画、DC动画、迪士尼等数字创意企业来说，IP资产是其核心资产。这些公司之所以能够取得成功，部分原因就在于其拥有核心IP资源。

2.运营经验

运营、市场、社区和客户服务等方面的经验积累需要时间。行业龙头企业已经与内容发行平台和渠道商等建立起深度的合作关系，拥有丰富的渠道资源；而新进入者难以快速建立起相应的渠道优势。此外，龙头企业较早进入国际市场，经过长期的市场开拓，数字创意产品已经在全球范围内进行广泛的推广和运营，具备全球产业链布局的能力，海外市场竞争力强。

3.品牌影响力

品牌影响力的积累需要较长时间，新进入者难以在短期内建立同等的品牌影响力。行业龙头企业具有较高的品牌影响力，在现有用户群体中具有较强的用户黏性，有着长期稳定的收入来源与现金流。以游戏为例，国内游戏

产品的开发处于快速增长期，平均每天有2款以上网络游戏上线运营，但是玩家通常会选择自己熟悉的、拥有较高知名度的游戏产品。因此，相较于新进入的游戏开发商而言，发展成熟的游戏厂商更具竞争优势，它们的营销成本更低，推广效果更好。

4.资金和研发

数字创意产品的研发往往需要较大的资金投入和较强的技术研发能力。龙头企业为了巩固行业地位，高度重视研发能力的建设，能够持续投入资金进行数字产品的研发与运营。从游戏行业来看，游戏开发环节的资本投入大、研发周期长、技术难度高，存在较高的进入壁垒，新进入的游戏开发商面临着较高的风险，一旦产品开发或运营失败，投资都将无法收回。

四、市场绩效

行业规模不断扩大，整体市场绩效可圈可点。受不同的市场竞争结构和市场行为影响，产业链各环节市场绩效表现各异。从盈利能力来看，腾讯等垄断企业获利稳定，部分环节由于疫情反复影响盈利水平不稳定；从创新绩效来看，整体研发成果显著，AI大模型赋能内容创作是未来创新发展的主要方向。

（一）盈利能力：各环节利润差距大

1.LED显示屏

显示屏领域，2020年，新冠疫情席卷全球，多数企业亏损，而洲明科技的净利率为正；2021年，由于大型体育赛事、商业活动的陆续举办，LED显示屏的市场需求有所提升，多数企业营业收入和净利率实现增长；2022年，受新冠疫情反复的影响，除艾比森之外，其余三家企业的营业收入和净利率都出现下降；2023年，由于海外市场的恢复，LED显示屏的市场需求上升，大多数显示屏企业均出现了提价的情况，并且净利率有所提升（见图7–14）。

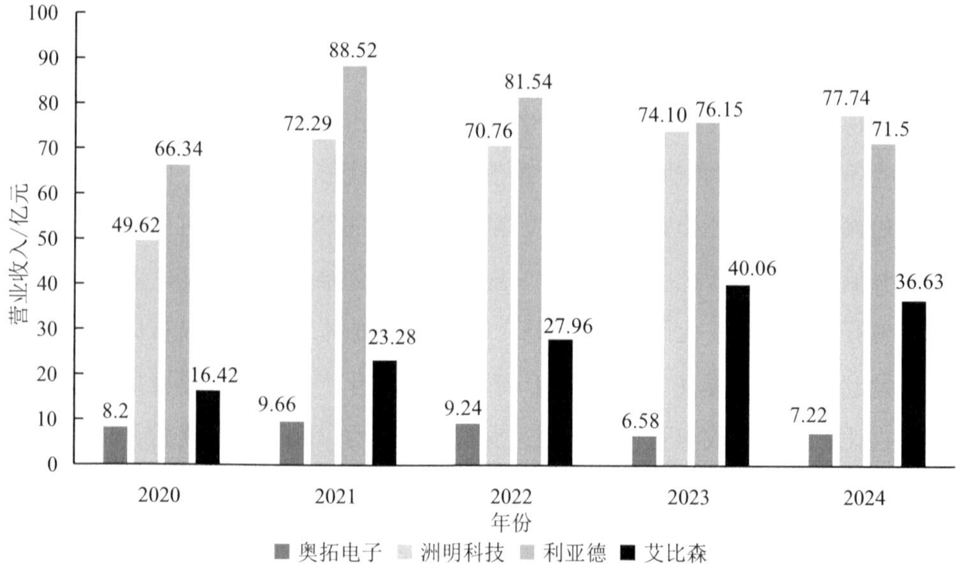

（a）营业收入

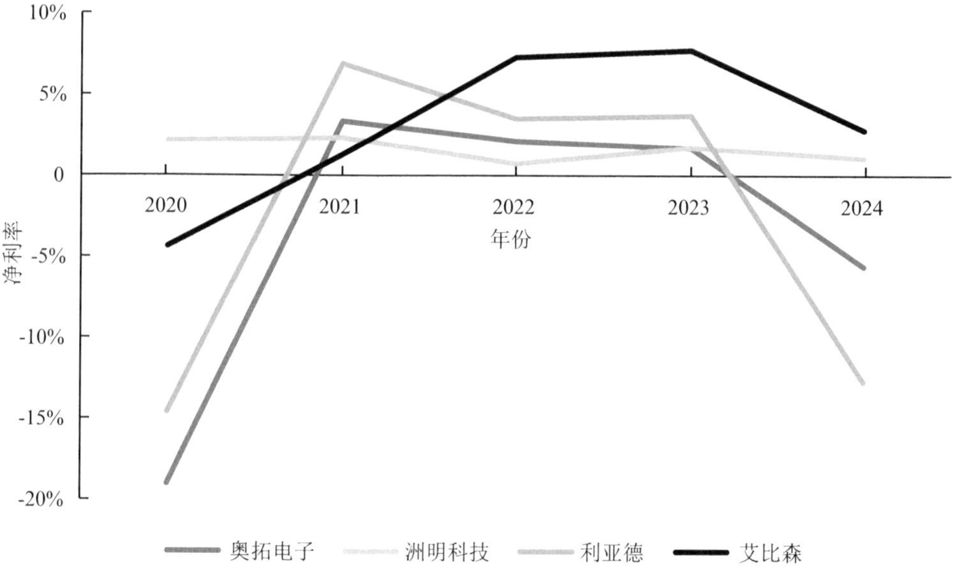

（b）净利率

图7-14　2020—2024年LED显示屏代表企业的营业收入及净利率

数据来源：公司公告。

2.电视机

电视机领域，市场竞争较为激烈。由于产品同质化且运营成本居高不下，电视机企业利润较低。同时，各厂商为了抢占市场份额，往往在价格上展开竞争，导致盈利空间被压缩。虽然低价策略能够帮助国内厂商更快获取市场份额，但是不能提升利润空间。随着互联网的发展，电视机厂商的低价策略开始行不通。因此，海信视像、四川长虹、创维数字等头部厂商通过技术研发开展高端化、大屏化产品布局，同时加强成本控制，积极布局海外市场，盈利能力有所提升。例如，四川长虹通过优化产品矩阵、提升高端智能产品占比、精细化成本管控等措施，实现大幅减亏，2024年实现营收1037亿元，同比增长6.4%（见图7-15）。

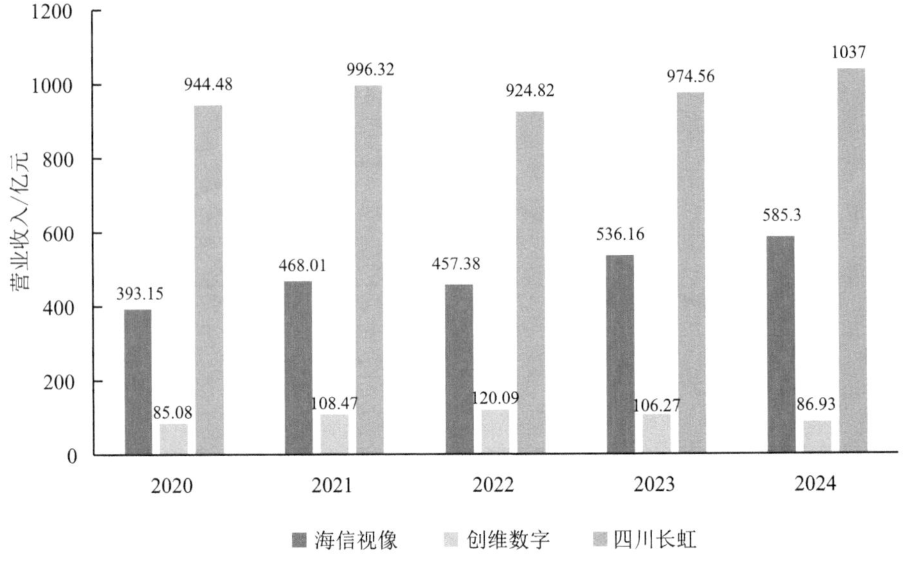

（a）营业收入

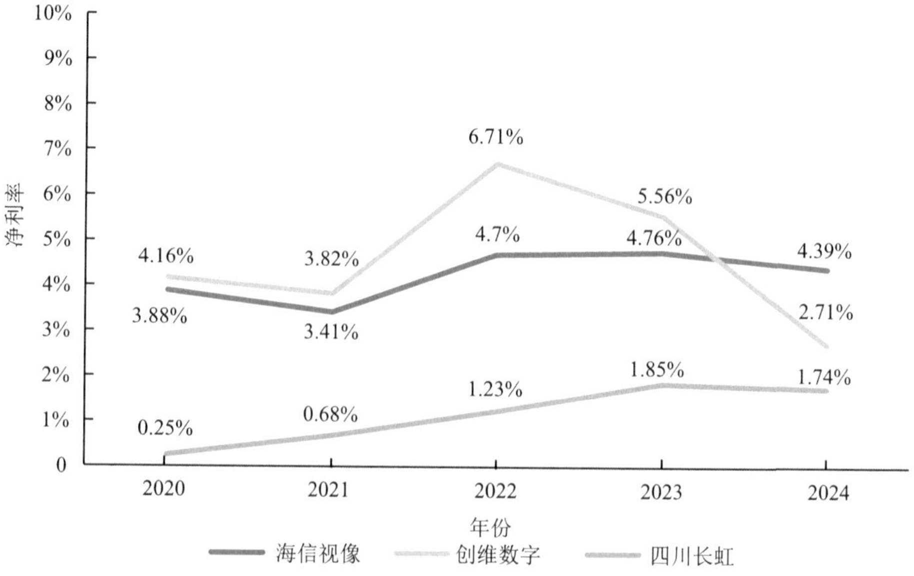

（b）净利率

图7-15 2020—2024年电视机上市企业的营业收入及净利率

数据来源：公司公告。

3.工业设计软件

2019年，在美国商务部的要求下，美国芯片、电子设计、自动化软件领域三大厂商相继停止对华为技术有限公司的授权和更新，引发了我国工业设计软件的断供之忧。从国家战略角度来看，政策聚焦工业设计软件核心技术攻关，有利于推动长期“卡脖子”的工业设计软件研发，宏观环境带来的断供风险和国内政策利好将共同推动工业软件国产化发展。从整体营收和净利率来看，近年来工业设计软件企业的营业收入和净利率不断提升。2022年，在疫情等宏观因素的影响下，一些中小企业开始采取成本控制的经营策略，减少软件的采购预算，使得部分公司的营收和净利率增速放缓（见图7-16）。从毛利率来看，工业设计软件行业的毛利率较高，中望软件、浩辰软件、索辰科技三家企业的毛利率大约在90%，总体保持在较高水平且相对稳定。

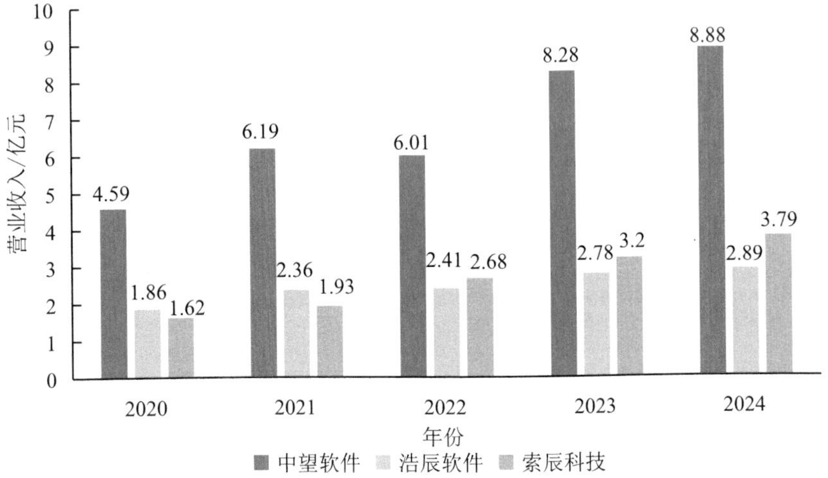

（a）营业收入

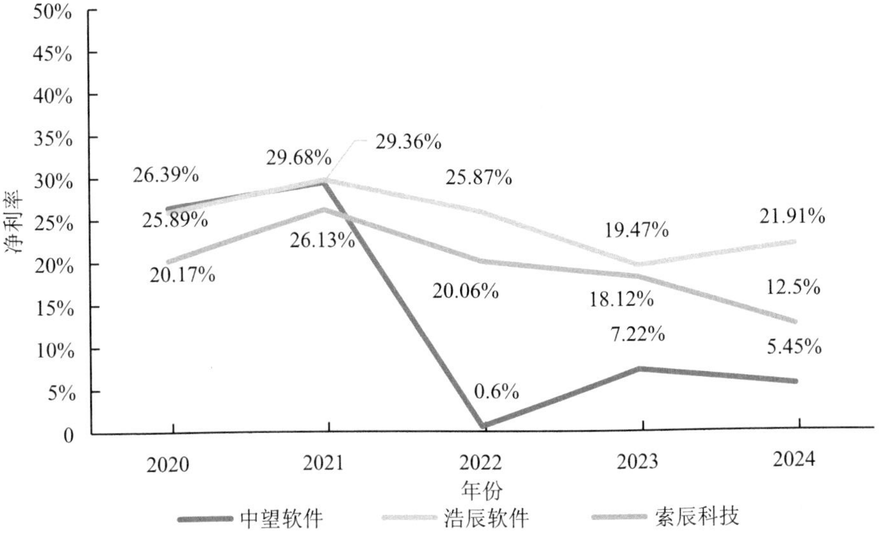

（b）净利率

图7-16　2020—2024年工业设计软件上市企业的营业收入及净利率

数据来源：公司公告。

工业设计软件企业不断推进海外本地化战略，重点布局高速发展的发展中国家以及工业体系先进成熟的发达国家。近年来，我国工业设计软件企业的海外营业收入不断提升。但2022年由于国际地缘政治冲突，欧亚各国出入境政策收紧，对于海外经销商的支持力度有所不足，中望软件境外收入下降（见图7-17）。从长期角度来看，国产工业设计软件（尤其是国产替代率较高的2D领域）的出海是大势所趋。

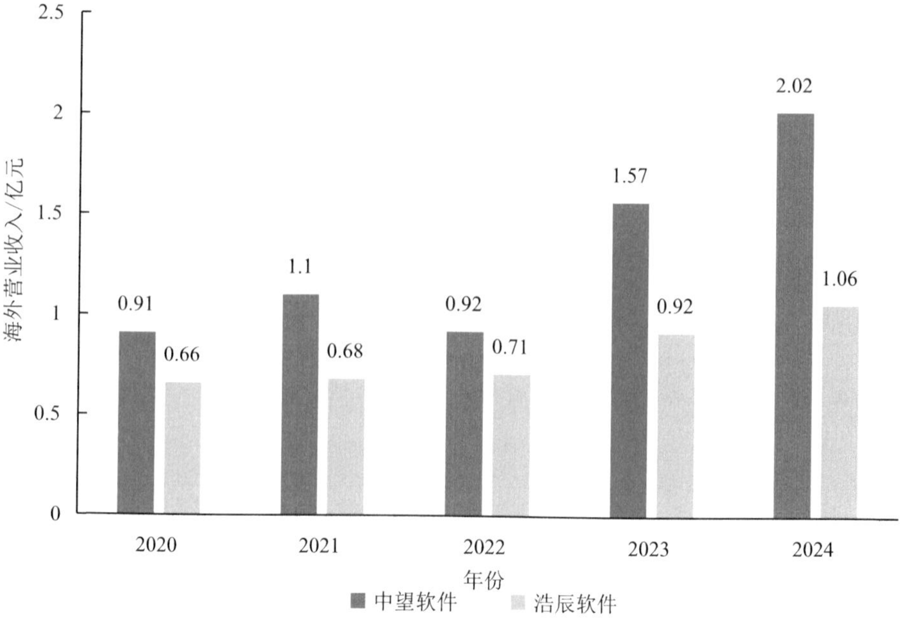

图7-17　2020—2024年工业设计软件上市企业的海外营业收入

数据来源：公司公告。

4.游戏

游戏领域，2022年新冠疫情影响严重，多项市场指标明显下滑，游戏产业处于承压蓄力阶段。从2022年主要游戏厂商的营业收入来看，除网易游戏、三七互娱外，腾讯游戏、完美世界的营收都出现了不同程度的下滑（见图7-18）。2022年，腾讯游戏国内市场营收为1239亿元，同比下降4%；国际市场营收为468亿元，同比增长3%。从腾讯游戏的海外营收来看，与2022年同期相比，2023年其海外营收明显上升，并且已连续三季度实现双位数增长（见图7-19）。可见，国内游戏市场营收增速放缓，行业步入高质量发展期，玩家对互联网游戏的质量要求明显提高。同时，出海布局持续深化，成为游戏企业寻求发展的重要突破口。

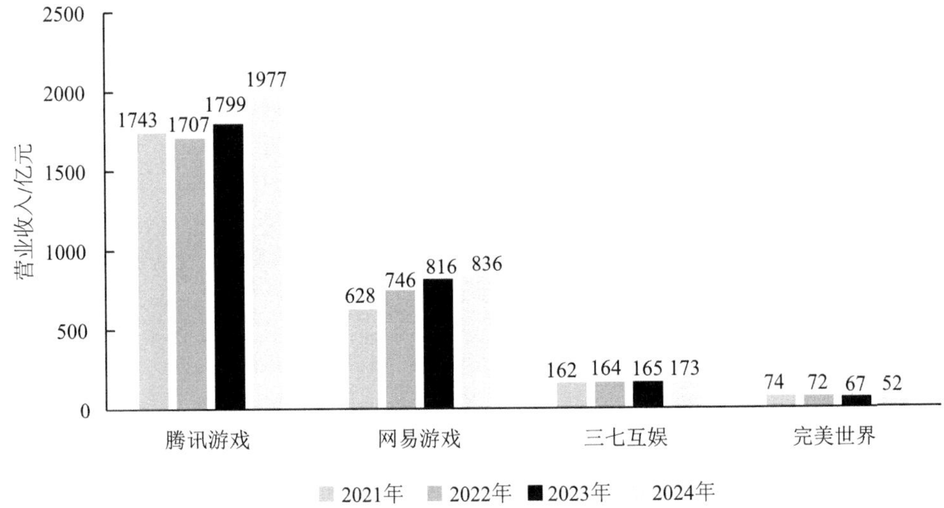

图7-18　2021—2024年主要游戏厂商的营业收入

资料来源：公司公告。

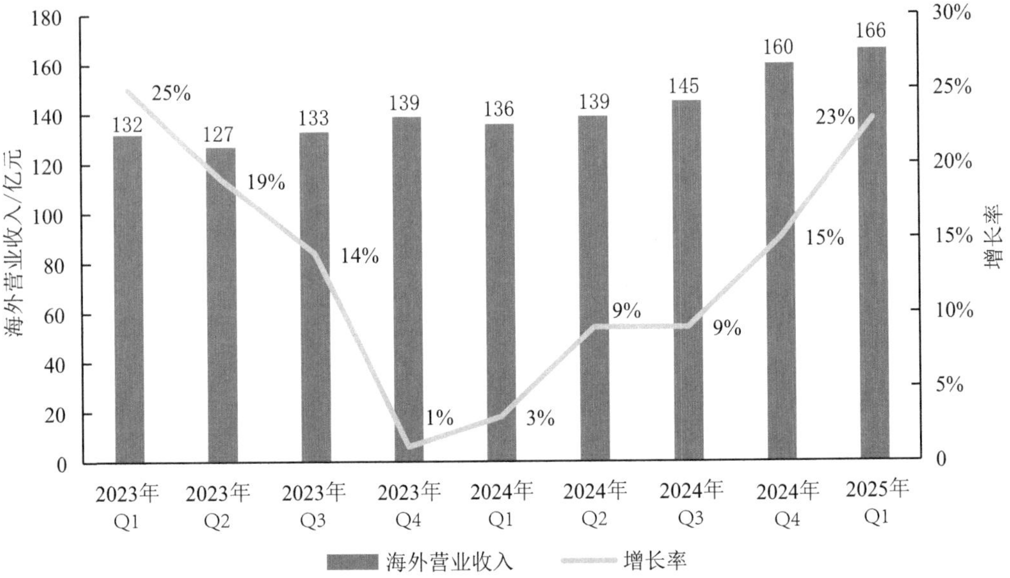

图7-19　2023—2025年腾讯游戏的海外营业收入及增长率

数据来源：公司公告。

5.动漫

2020—2022年，受到新冠疫情反复的影响，部分动漫企业的营业收入增长受限，盈利能力有所下降，经营业绩下滑。2023年，随着疫情防控进入常态化阶段，消费复苏，国内旅游市场开始恢复生机，动漫企业营业收入也有所提升。2023年，光线传媒的净利率为27.13%，华强方特的净利率为13.98%（见图7-20）。

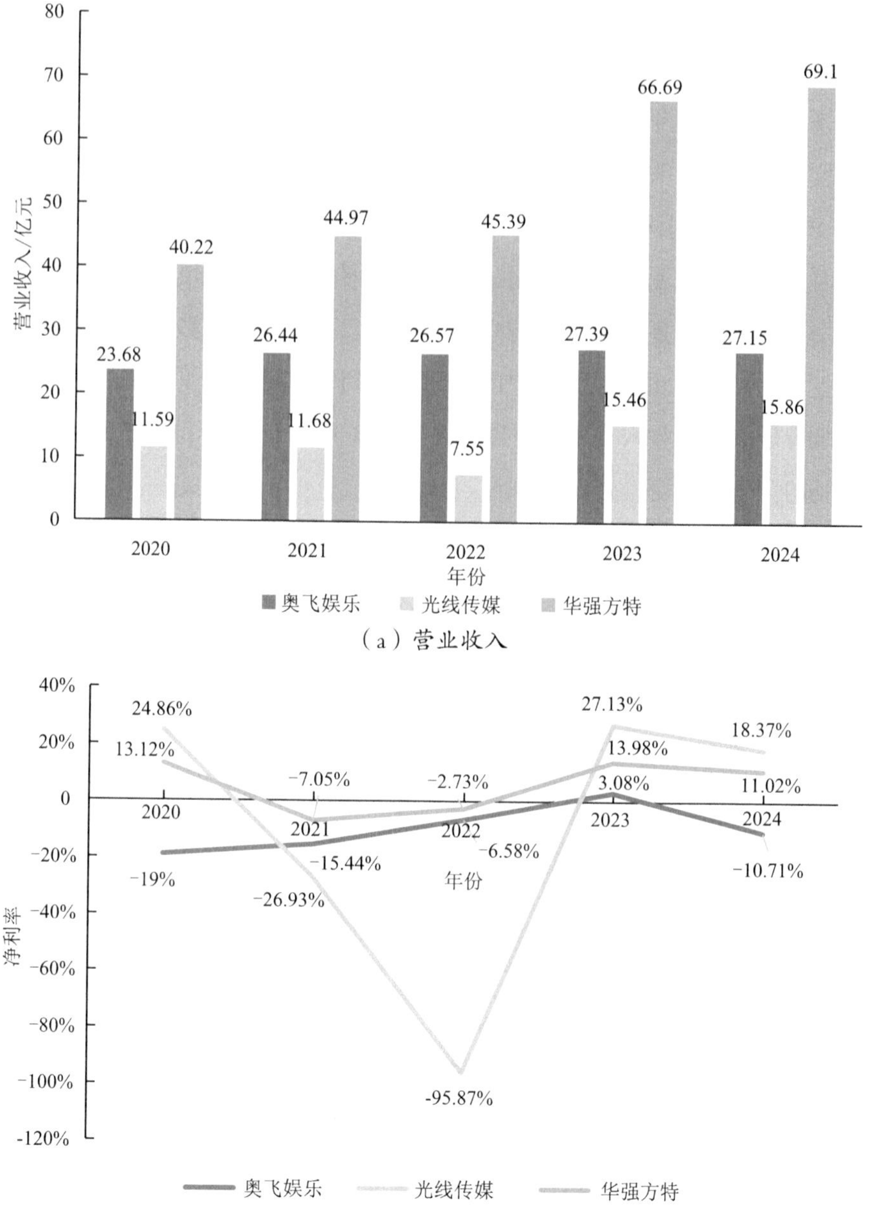

（b）净利率

图7-20　2020—2024年动漫上市企业的营业收入及净利率

数据来源：公司公告。

6.数字音乐

数字音乐领域，腾讯音乐占据绝大部分的市场份额，垄断带来了丰厚的利润。从营业收入来看，2020年腾讯音乐的营业收入约是网易云音乐的6倍，而2022年两者的差距正在逐渐缩小。2020—2022年，网易云音乐的净利率持续为负，处于亏损状态；得益于成本管控和规模效应，网易云音乐的盈利能力显著提升，2023年净利率为9.33%（见图7–21），同比增长479.27%，首次实现盈利，但是与头号玩家腾讯音乐仍存在一定差距。虽然腾讯音乐旗下有QQ音乐、酷狗音乐和酷我音乐三大播放平台，拥有庞大的在线音乐用户群体，但是近年来网易云音乐的用户数量不断增多，一定程度上分流了腾讯音乐的用户。此外，随着短视频的兴起，快手、抖音等短视频平台在丰富人们娱乐生活的同时，也占据了用户的时间。受到这些泛娱乐平台的影响，2022年腾讯音乐的营业收入下降。而且随着抖音旗下汽水音乐App的上线，数字音乐市场的竞争将会变得越发激烈。

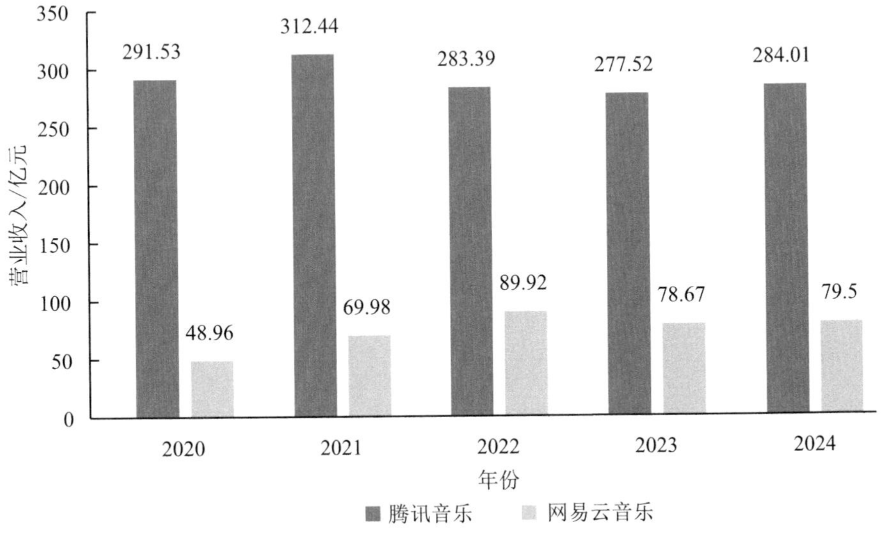

（a）营业收入

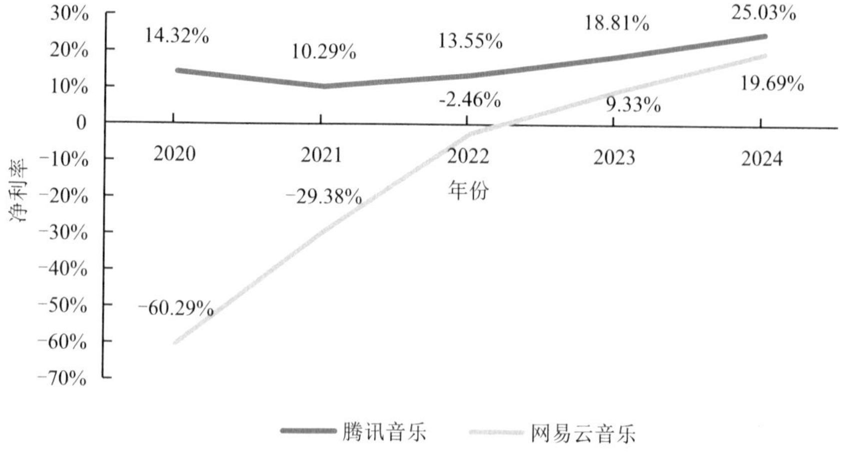

（b）净利率

图7-21　2020—2024年数字音乐平台的营业收入及净利率

数据来源：公司公告。

（二）创新绩效：AI大模型成为增长新引擎

从数字文化创意技术设备制造来看，VR/AR技术近年来发展迅速，技术壁垒比较高，目前创新数量最多，且复合增速最快；而广播电视节目制作及发射、接收设备制造，电视机制造领域发展比较成熟，已经积累了一定数量的创新成果，增长速度放缓。在数字文化创意软件开发中，由于游戏、动漫产品推陈出新的速度较快，更新换代时间短，企业需要不断进行研发投入，使得创新成果的涌现速度比较快。此外，教育行业、新闻行业、文化内容行业也在不断进行数字化转型，因此专利数量的复合增长速度比较快（见表7-9）。

表7-9　数字创意产业专利数量在产业链各环节的分布情况

产业链环节	细分领域	发明专利申请公开情况	
		数量/件	复合增速
数字文化创意技术设备制造	广播电视节目制作及发射、接收设备制造	8741	-3.6%
	电视机制造	7140	6.3%
	音响设备制造	8910	17.6%
	VR/AR设备制造	12530	39.6%

续表

产业链环节	细分领域	发明专利申请公开情况	
		数量/件	复合增速
数字文化创意软件开发	游戏、动漫软件及开发系统	9420	38.4%
	数字出版软件	749	—
	教育行业软件、新闻行业软件、文化内容行业软件	879	24.6%

资料来源：2021年《广东省数字创意产业专利统计分析报告》。

从企业具体的创新行为来看，AI大模型是未来数字创意产业发展的重点。一方面，数字设备硬件厂商借助AI大模型积极布局数字内容生产和IP打造，加强软件技术自研，从硬件向“软件+硬件+内容”的一体化服务转型，为业务增长提供了新动力；另一方面，AI大模型赋能数字内容创作，其研发应用将极大地降低数字内容的创作成本。在音乐领域，腾讯音乐持续投入研发AIGC创新工具，已经发布了如Muse、琴韵、凌音等多个AI引擎，不断拓展AI大模型在视频生成、音乐推荐和搜索等领域的广泛应用。在动画领域，AI动画《千秋诗颂》在央视首播。同时，剪映AI产品的上线预示文生视频领域将迎来技术突破和行业发展。

第三节　数字创意产业企业空间布局

一、我国数字创意产业空间布局

（一）我国数字创意产业空间发展概况

2020年11月《文化和旅游部关于推动数字文化产业高质量发展的意见》出台之后，北京市、广东省、上海市、浙江省等地都因地制宜地出台了差异化的数字创意产业行动计划。从2024年我国数字创意产业活跃指数TOP100区县分布来看，广东省、浙江省、北京市居中国第一梯队，其中广东省分布的区县数量最多，共16个。这说明广东省具备良好的产业基础和发展优势，产业体系最为完整。从内陆省市来看，四川省、湖北省、湖南省的产业活跃度较高，未来发展潜力较大。可见，我国数字创意产业显现集群化分布特征，向经济发达地区集中，区域分布不均衡，中西部地区产业活跃度较低（见图7-22）。

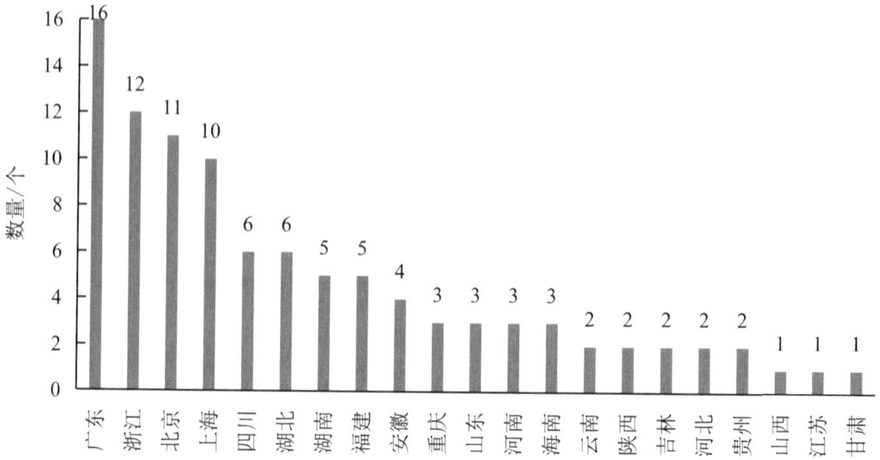

图7-22　2024年我国数字创意产业活跃指数TOP100区县分布情况

数据来源：前瞻产业研究院。

（二）我国数字创意产业空间布局

近年来，我国各地数字创意产业发展迅速。以园区形式推动产业的集聚化发展，是我国数字创意产业发展的特征之一。目前，我国已经形成了珠三角、环渤海、长三角、川陕、滇海、中部六大文化创意产业集聚区。这些文化创意产业集聚区的发展各具特色，涉及广播电视、动漫、设计服务等多个领域，形成了比较完整的文化创意产业链。位于东部地区的环渤海、长三角、珠三角产业集聚区构成了我国数字创意产业发展的“三极”，而处于中西部地区的川陕、滇海文化创意产业集聚区则具备较好的产业发展条件。在经济较为发达的区域，数字创意产业的发展较为成熟，已经具备一定的市场规模，但是中西部地区仍处于培育阶段，产业规模和企业数量有待提升（见表7-10）。

表7-10　我国主要文化创意产业集聚区的发展现状

产业集聚区	发展现状
环渤海文化创意产业集聚区	以北京、天津为核心。这些地区的数字创意产业园区具备一定规模，产业链较为完善，其中北京的数字创意产业园区最具代表性，以创意设计、文娱演出为主
长三角文化创意产业集聚区	以上海为发展核心，辐射带动杭州、苏州、南京等周边城市，各地区之间彼此关联，协作与竞争并举
珠三角文化创意产业集聚区	以广州、深圳为核心的珠三角文化创意产业集聚区，近几年快速崛起。广州文化创意产业发育较早，发展较快；深圳在近几年大力发展平面设计、动漫、传媒、文化旅游等文化创意产业
滇海文化创意产业集聚区	以昆明、丽江和三亚为代表，是全国文化创意产业展台的提供者
川陕文化创意产业集聚区	以西安、成都、重庆三市为中心，打造川陕地区文化产业集群
中部文化创意产业集聚区	以长沙为龙头辐射周边地区，突出打造传媒产业、人文旅游、文化休闲三大文化产业集群

资料来源：亿欧智库。

（三）产业链代表企业的空间布局

从代表性企业的分布来看，北京市、上海市、广东省、浙江省等地聚集了较多的企业。从产业链各环节的分布来看，北京市作为全国文化中心，是我国数字文化产业发展的推动者，其文化内容生产涵盖了动漫、游戏、数字音乐、数字出版、网络直播等领域，拥有完美世界、光线传媒、爱奇艺、抖音、快手等多家优质企业；广东省动漫、游戏产值均居全国第一，拥有腾讯游戏、网易游戏两大全球游戏巨头和华强方特、奥飞娱乐等动漫领军企业，孵化培育了虎牙、YY等知名直播平台（表7-11）。

表7-11　我国数字创意产业链代表企业的区域布局

区域	代表企业
北京市	动漫：光线传媒、爱奇艺、泡泡玛特 游戏：完美世界、FunPlus、壳木游戏、英雄游戏、乐元素、点点互动、紫龙游戏 直播：快手、抖音、京东、无忧传媒、东方甄选、交个朋友

续表

区域	代表企业
上海市	动漫：哔哩哔哩、阅文集团 游戏：米哈游、莉莉丝游戏、心动网络、Garena竞娱、沐瞳科技、叠纸游戏 直播：拼多多、小红书、美ONE、哔哩哔哩
广东省	动漫：奥飞娱乐、凯撒文化、华强方特 游戏：网易游戏、灵犀互娱、三七互娱、库洛游戏、多益网络 数字音乐：腾讯音乐、网易云音乐 直播：虎牙直播、CC直播、YY、唯品会、辛选
浙江省	动漫：汤姆猫、祥源文旅、美盛文化 游戏：电魂网络、不鸣科技、心光流美、游卡网络、炎魂网络 直播：淘宝、宸帆、遥望科技、谦寻、蘑菇街、如涵
四川省	游戏：乐狗科技、tap4fun、星合互娱、天上友嘉、91Act、卓杭科技、乐曼多 动漫：花吃科技
湖北省	直播：斗鱼、盛天网络

资料来源：前瞻产业研究院。

二、广东省数字创意产业空间布局

（一）广东省数字创意产业空间发展概况

广东省是全国较早开始发展数字文化产业的地区之一，也是目前全国数字文化产业最为发达的省份之一。2022年，广东省数字创意产业集群营收达到5728亿元，累计申请的发明专利数量达到6521件，在国内排名第一。近几年来，广东省数字创意产业发展迅速，动漫、游戏、数字出版的产值位居全国第一，影视、数字音乐行业规模处于全国前列，短视频、直播等新兴业态发展迅猛，催生出了一批优质数字内容原创作品与数字创意产业头部企业。从2024年广东省数字创意产业活跃指数TOP100区县分布来看，广州、深圳遥遥领先其他区域，是广东省数字创意产业发展的核心，其中广州分布的区县数量最多，共7个（见图7-23）。

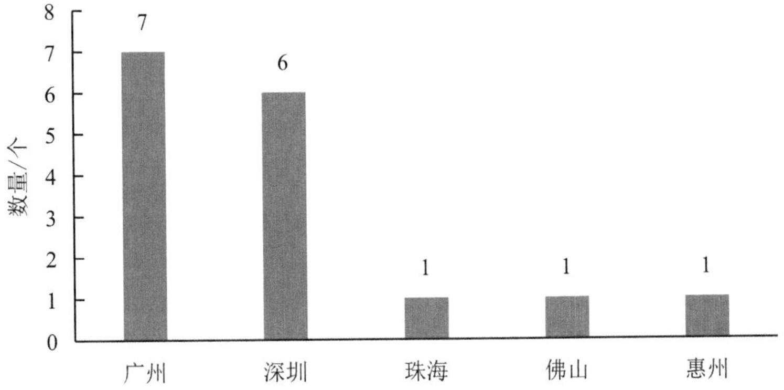

图7-23　2024年广东省数字创意产业活跃指数TOP100区县分布

数据来源：前瞻产业研究院。

（二）广东省数字创意产业空间布局

广东省数字创意产业已经形成了完整的产业链条，其中广州和深圳两地产业规模相对较大，产业链也最完善。广州最早开始建设数字创意产业，游戏、动漫、数字音乐等产值位居全国前列，具有发展数字创意产业的雄厚基础；深圳创新资源丰富，依托数字硬件的基础优势，重点发展游戏、动漫、演艺娱乐、创意设计等领域，产业向高端化、国际化迈进；珠海积极推动数字技术在传统会展上的融合应用，建设线上会展平台，重点发展数字会展和演艺娱乐；佛山临近广州、深圳两市，存在产业外溢的可能，同时发挥已有的工业设计基础，重点布局创意设计、游戏动漫等细分领域；汕头依托玩具制造的产业基础优势，积极发展衍生品制造产业（见表7-12）。

表7-12 广东省数字创意产业区域布局

区域	重点发展领域	产业链布局
广州	游戏、动漫、数字音乐、直播、数字创意软件、主题乐园	全产业链布局
深圳	游戏、动漫、数字音乐、数字技术设备、创意设计、演艺娱乐、主题乐园	全产业链布局
珠海	数字会展、演艺娱乐	中游、下游
佛山	游戏动漫、创意设计、影视制作	中游、下游
汕头	玩具、服装等衍生品制造	下游

（三）广东省数字创意重点企业的空间布局

广东省集聚了众多数字创意产业的优质企业，腾讯、网易等龙头企业在多地布局子公司，协同发展壮大广东省数字创意产业规模。广州和深圳拥有的数字创意重点企业数量最多，涵盖全链条。广州集聚了不少优势企业，以国内著名的游戏开发企业网易游戏、三七互娱为首，逐步构建完整的游戏产业生态体系，强化产业集聚效应；深圳以数字技术设备硬件为依托，培育了华为、腾讯、华强方特等数字创意龙头企业（见表7-13）。

表7-13　广东省数字创意重点企业的区域分布

城市	重点企业
广州	游戏：网易游戏、三七互娱 动漫：漫友文化、咏声动漫 数字音乐：酷狗音乐、荔枝 直播：虎牙直播、CC直播、YY 创意设计：凡拓数创
深圳	数字技术设备：艾比森、兆驰股份、洲明科技 数字音乐：QQ音乐 主题乐园：华强方特
佛山	动漫：环球数码
汕头	衍生品制造：星辉衍生品 动漫：奥飞娱乐

三、广东省重点城市数字创意产业发展概况

（一）广州：数字创意产业先锋

广州被列为我国首批历史文化名城，拥有丰富的人文资源和深厚的历史文化底蕴，为数字创意产业发展提供了得天独厚的条件。近年来，广州加快推动文化产业高质量发展，2022年出台了《广州市关于推进数字文化创意产业高质量发展的实施意见》，明确了要大力发展战略性新兴产业，打造具有国际影响力的数字文化创意产业集聚区。

广东省数字创意产业主要聚焦游戏、动漫、数字音乐以及直播等领域。2022年，广东省游戏产业营收达2115.7亿元，稳居全国第一。以三七互娱为代

表的游戏企业积极探索中华优秀传统文化与元宇宙、VR等数字技术的结合，推动中华文化出海，发行了《叫我大掌柜》《秦美人》等颇具中国特色的游戏。2022年，广州出品的动漫形象“冰墩墩”在北京冬奥会上大放异彩，成为继喜羊羊、熊出没、猪猪侠后再次火爆出圈的动漫IP。此外，广东省是中国流行音乐的发源地，数字音乐产业总产值约占全国的1/4，涌现出了酷狗音乐、荔枝、天翼爱音乐等一批数字音乐龙头企业。广州直播行业起步最早，从2003年的视频秀场、聊天交友到2012年兴起的游戏、音乐直播，始终引领行业风潮，以虎牙、网易CC等直播平台为首的企业占据约全国一半的市场份额。2020年，新冠疫情加快了直播电商的发展，广州率先发布直播电商政策，基于“货”与“场”的积淀，在电商直播中占得先机，商家直播数量多年全国排名第一。

（二）深圳：国家级文化产业示范园区

近年来，深圳积极推动文化产业的数字化转型，数字创意产业快速发展，成为深圳文化产业发展的重要特色和亮点。2022年2月出台的《深圳市文体旅游发展“十四五”规划》提出加快推进数字技术在文化生产、传播、消费等各环节的全面赋能，推动产业升级，促进业态创新，激发消费潜力，加快融合发展。深圳数字创意产业的规模和发展水平处于领先水平，培育了华为、腾讯、华强方特等数字创意龙头企业，新型企业、新型业态不断涌现。深圳在数字硬件以及电竞、动漫等细分行业上具备一定的竞争优势，其中数字硬件占总体文化产业规模以上企业营业收入的七成以上，支撑作用显著。

数字创意产业被纳入深圳“20+8”产业集群的战略规划，龙岗数字创意产业走廊（以下简称“龙岗数创走廊”）成为数字创意产业集群布局的重要载体。2022年，龙岗数创走廊实现营收1910.89亿元，占龙岗全区文化产业营收的83.26%。依托数字硬件业务的优势，其数字内容、数字服务等业态得到快速发展。在推动数字创意产业发展的过程中，龙岗数创走廊积极出台专项扶持政策，吸引数字创意产业优质企业进驻，同时与龙头企业华为共同创建了首个数字创意创新中心，汇集了华为在品牌、技术等方面的资源优势，以及华为云的强大算力与安全性，为走廊内的文化企业提供大数据、人工智能、AR / VR等数字技术支撑。2023年3月，深圳市数字创意产业协会正式成立，未来将在整合产业链资源、助力深圳数字创意产业发展上起到积极作用。

（三）佛山：电竞产业创新高地

自2019年开始，佛山通过举办华南地区落户的首个LPL顶级决赛赛事，迈出了发展电竞产业的重要一步。随后，佛山持续完善基础设施，并在南海区出台了一系列优惠政策扶持电竞产业的发展，涉及电竞企业、园区建设、俱乐部进驻和高端人才引进等方面的补贴。如今，佛山已成为多个顶级电竞赛事的承办地，如电竞世界杯挑战赛等。此外，佛山还创造了全国首个乡村电竞IP“村PL”，并吸引了虎牙直播、欢聚集团等大量电竞企业落户，共同推动佛山电竞产业的发展。2024年1月，南海区印发了《佛山市南海区西樵岭南文旅产业集聚区文旅产业发展扶持办法》，为加速集聚区建设提供了助力，其中电竞作为重点支持领域，最高可获得300万元的奖励。

在服务业升级方面，佛山创意产业园采用数字经济手段，着力发展夜经济和网红经济，成功打造夜间文旅消费体验。该园区成功入选首批国家级夜间文化和旅游消费集聚区。同时，该园区实行产业集聚孵化，不仅引入头部品牌商家如海底捞、文和友龙虾馆等，起到带头示范作用，还利用庞大人流孵化初创企业。如今，该园区已形成服务业产业集聚，不仅孵化出了多家知名企业（如鼓坊、有米师傅等），还成功孵化了具有世界影响力的俱乐部格莱美汇。另外，通过互联网数字化方式，佛山创意产业园正加速推进园区数字化转型，打造情感消费平台，引进品牌进行博物馆式品牌文化展示，并通过抖音等娱乐文化头部媒体，实现线上线下同步引流。在数字经济时代的市场竞争中，佛山创意产业园凭借实力与经验，成为有趣的服务业产业孵化器，打造园区博物馆，让更多游客感受到佛山“不夜城”的魅力。

第四节　数字创意产业风险投资分析

一、全国数字创意产业风险投资概况

产业政策的鼓励支持为数字创意产业风险投资带来热度。投资规模整体向好，北京市、上海市、广东省等重点区域吸引资本市场，数字文化创意活动备受关注，带动投资绩效和创新绩效。

（一）政策引导投资热潮

从2020—2024年全国数字创意产业的投资情况来看，投资数量和投资金额仅在2021年有较大幅度的增长。2020年11月，文化和旅游部出台了《文化和旅游部关于推动数字文化产业高质量发展的意见》，引导资本市场关注产业发展。2022年后，随着资本市场关注度的下降，投资数量和投资金额都有所减少（见图7–24）。

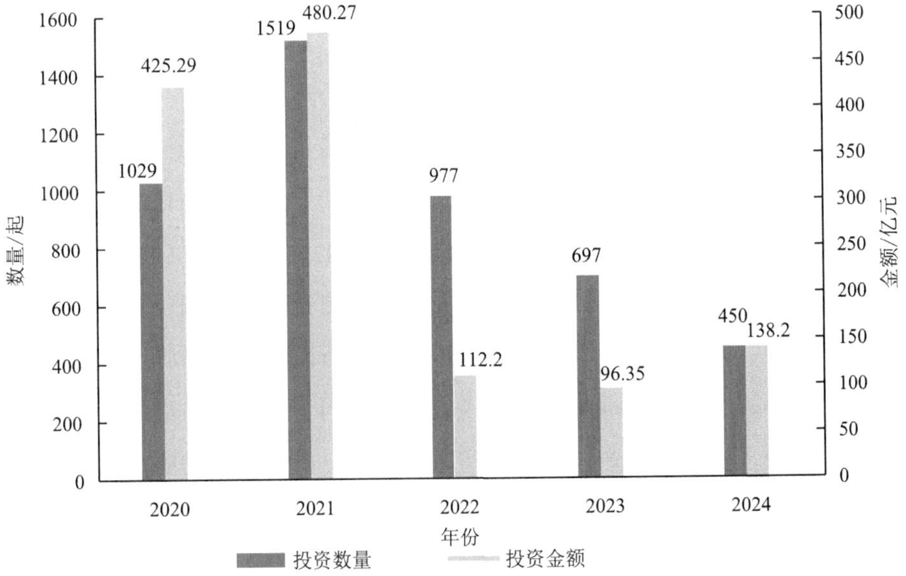

图7–24　2020—2024年全国数字创意产业的投资数量和投资金额

数据来源：清科私募通。

（二）成长期企业最受关注

从2020—2024年全国数字创意产业风险投资在企业各阶段的分布情况来看，占比较高的发展阶段分别是成长期（35.55%）、初创期（14.33%）和成熟期（11.03%）（见图7-25）。可见，成长期的企业最受投资机构的青睐，其次是初创期的企业，随着企业步入成熟期和扩张期，投资比例出现明显下滑。对处于成长期的企业来说，资金供给尤其重要。

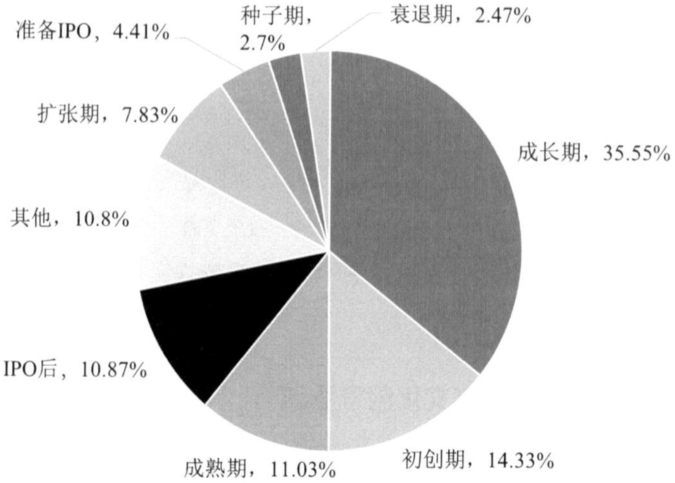

图7-25　2020—2024年全国数字创意产业风险投资各阶段分布情况

数据来源：清科私募通。

注：由于采用四舍五入法，百分比相加可能不等于100%。

（三）北京市的投资规模全国领先

从2020—2024年全国数字创意产业风险投资的区域分布来看，北京市的投资数量遥遥领先，广东省的投资金额为336.73亿元，排名第二，与北京市相差不大（见图7-26）。北京市、上海市、广东省都是我国数字经济发展最活跃的省市，金融市场环境较为完善。可见，投资热度和各区域产业基础、市场环境的发展息息相关。

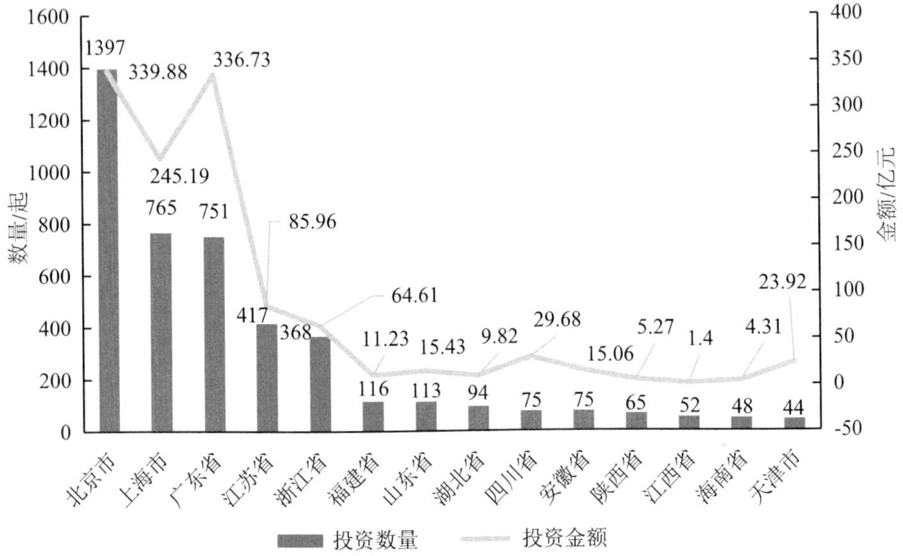

图7-26　2020—2024年全国数字创意产业风险投资各阶段分布情况

资料来源：清科私募通。

（四）资金集中于数字文化创意活动

从2020—2024年全国数字创意产业投资资金流向的产业链环节来看，数字文化创意活动（数字文化创意内容制作服务、新型媒体服务、数字文化创意广播电视服务等）集中了大部分资本，是数字创意产业的主要环节。该环节市场规模大、投资机会多，且在产业链环节中创造的价值较大，资金的流向和价值链的分配一致（见表7-14）。

表7-14　2020—2024年全国数字创意产业链各环节投资情况

产业链环节	投资数量/起	投资金额/亿元	平均投资金额/万元
数字创意技术设备制造	463	313.64	6774
数字文化创意活动	3028	742.34	2452
设计服务	680	70.83	1042
数字创意与融合服务	501	125.49	2505

数据来源：清科私募通。

二、广东省数字创意产业风险投资概况

广东省整体投资环境：在投资规模方面，投资数量和投资金额不稳定；广深两地持续发挥领跑作用；投资重点落在数字文化创意活动环节。但广东省仍然存在各城市投资规模差距大、部分环节投资热度低等问题。

（一）产业投资规模波动较大

从2020—2024年广东省数字创意产业的投资情况来看，和全国产业投资的变动趋势较为一致。2020年由于新冠疫情的暴发，限制了旅游业等相关产业的发展。但是，2020年《广东省培育数字创意战略性新兴产业集群行动计划（2021—2025年）》的出台，带动了数字创意产业的投资。2021年，资本市场的投资热情高涨，随后两年投资数量和投资金额有所减少。2023年12月出台的《广东省培育数字创意战略性新兴产业集群行动计划（2023—2025年）》再次明确了广东省培育数字创意产业集群的重要目标，2024年广东省数字创意产业的投资金额有所提高（见图7-27）。

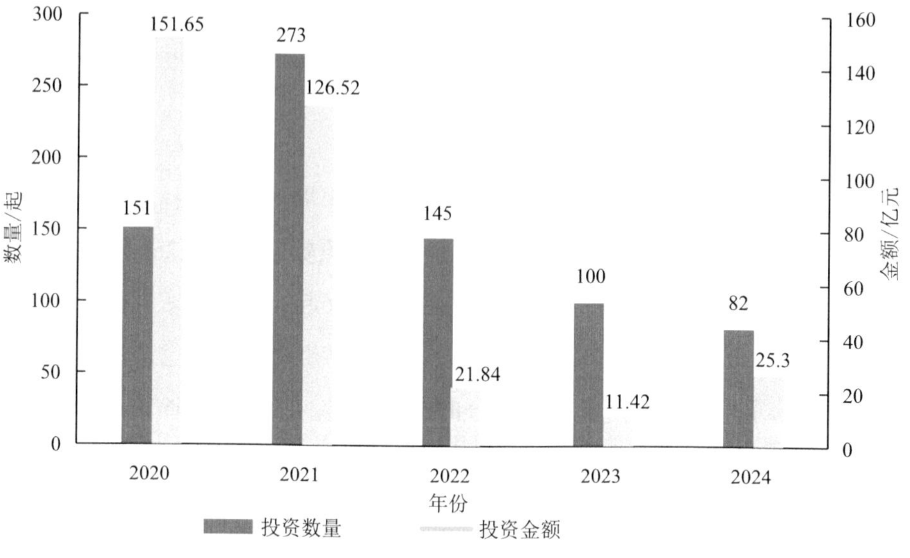

图7-27　2020—2024年广东省数字创意产业的投资数量和投资金额

数据来源：清科私募通。

从2020—2024年广东省数字创意产业风险投资在企业各阶段的分布情况来看，成长期企业的数量占比最高，为34.05%，其次是成熟期企业，为13.04%（见图7–28）。这表明市场更偏好于有成长价值或盈利模式稳定的企业。

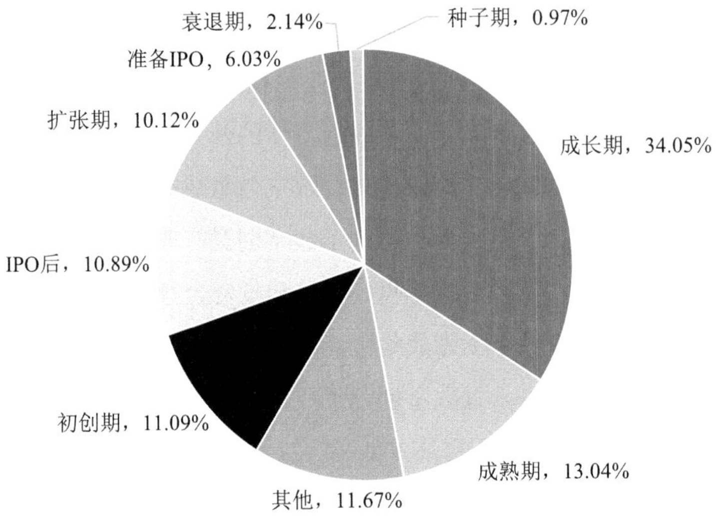

图7–28　2020—2024年广东省数字创意产业风险投资各阶段分布情况

数据来源：清科私募通。

（二）广州、深圳投资活跃度较高

广东省数字创意产业风险投资向广州、深圳两市倾斜。具体来看，2020—2024年，深圳共计发生563起投资事件，投资总金额达267.20亿元，遥遥领先于广东省其他城市；广州的投资数量为116起，排名广东省第二，平均投资金额为4405万元（表7–15）。由于深圳和广州的数字创意产业发展较为成熟，占据了广东省该产业绝大部分的投资规模，所以广东省其他城市的投资金额和投资数量较少，总体投资活跃度较低。

表7-15　2020—2024年广东省主要城市数字创意产业风险投资情况

城市	投资数量/起	投资金额/亿元	平均投资金额/万元
深圳	563	267.20	4746
广州	116	51.10	4405
珠海	29	7.97	2748
东莞	25	6.01	2404
佛山	5	0.11	220
惠州	4	3.69	9225
中山	3	0.37	1233
汕头	2	0.28	1400

数据来源：清科私募通。

（三）中游内容创作环节是投资热点

从广东省数字创意产业投资金额在产业链各环节的分布来看，资金更多地向数字文化创意活动环节倾斜，2020—2024年发生了483起投资事件，其次是数字创意技术设备制造环节，发生了106起投资事件，而数字创意技术设备制造、数字创意与融合服务环节的平均投资金额较大（见表7-16）。从发展趋势来看，数字创意产业与其他行业（农业、旅游业）的跨界融合服务是未来的发展方向之一，值得资本市场持续关注。

表7-16　2020—2024年广东省数字创意产业链各环节投资情况

产业链环节	投资数量/起	投资金额/亿元	平均投资金额/万元
数字创意技术设备制造	106	137.60	12981
数字文化创意活动	483	163.51	3385
设计服务	100	9.94	994
数字创意与融合服务	62	25.68	4142

数据来源：清科私募通。

第五节　数字创意产业数字融合发展趋势研判及对策建议

一、数字创意产业融合发展趋势研判

（一）市场规模不断扩大

从需求端来看，人们的生活水平在不断提高，文化娱乐消费在国民消费结构中的比重不断提高；同时，新生代进行文化娱乐消费的意愿较强，为数字创意产业发展提供了强劲的消费动力。从政策端来看，数字创意产业作为我国战略性新兴产业的重要抓手，国家高度重视文化产业的数字化转型，积极培育文化产业的新业态、新模式。从供给端来看，随着人工智能、云计算、5G、虚拟现实等数字技术的应用，短视频、直播、在线演艺等新业态蓬勃发展，极大地丰富了消费者的体验。总体来看，需求端、政策端和供给端都在助推数字创意产业的不断发展。

（二）数字技术和创意产业加速融合

随着数字技术的逐步推广和应用，数字创意产业将迎来新的发展机遇。随着VR/AR等技术的不断成熟和普及，数字创意产业在内容制作以及线下体验等方面都有了新的发展空间；5G技术突破了4G时代的传输障碍，其低延迟和高带宽特性为VR技术的发展提供了坚实的基础，使得用户可以更流畅地体验沉浸式虚拟环境，能够更好地支持虚拟现实、云游戏等应用场景；基于人工智能技术的AIGC不仅能自动化生成文本、图像、音频等内容，还可根据用户的偏好进行个性化创作，这种技术的出现极大地赋能了数字内容生产各领域和创作者，颠覆了传统的生产方式，开启了新的创作模式和可能性，将对数字内容生产产生深远影响。

（三）数字创意产业和其他产业跨界融合

我国数字创意产业正向国民经济各个领域渗透，多项交互融合成为产业升级的重要趋势。数字创意产业与教育的融合有助于提升创意水平，加强智能教育产品的开发和利用；与农业的融合将提高休闲农业的创意水平，促进乡村文化开发；与旅游业的融合可提升旅游产品开发和旅游服务设计的文化

内涵和数字化水平，催生虚拟旅游展示等新业态；与终端制造的整合将为电子信息行业提供新的竞争力。数字创意产业跨界融合的带动作用日益显著，催生了新产业、新业态、新模式。

（四）数字创意产业加速出海

近几年，以短视频、网络游戏、网络文学为代表的数字内容产品已经成为中华文化“走出去”的重要力量，《原神》《王者荣耀》等国产游戏在海外一路高歌猛进，影视出海题材从古装武侠的“一枝独秀”到科幻、悬疑、都市等题材的多面开花。此外，AI算法加持下的渲染技术以百倍效率改变了后期制作流程，生成式AI更是打破了语言、文化的壁垒，降低了内容出海的运营成本，数字创意产业出海的规模效应愈发明显。未来中国数字创意产业的输出将从作品出海、产品出海，逐步向文化出海、生态落地转化。

二、广东省数字创意产业融合发展的不足之处

当前，数字创意产业的发展迎来了黄金时期，经济平稳快速增长为其提供了广阔的市场空间，相关产业政策日趋完善、科学技术的不断进步为其发展带来了显著的驱动力量。然而，广东省数字创意产业在发展过程中也存在内容原创能力不足、产业发展不平衡、关键技术“卡脖子”、复合型人才短缺等问题。

（一）内容原创能力不足

原创生态有待完善，内容原创能力不足，缺乏具有国际影响力的优质原创品牌和精品知识财产。近年来，我国数字创意产品层出不穷且呈现方式多种多样，却没有保障优质内容的持续供应，有文化含量、情感含量、艺术含量的国产作品仍然较少出现在细分行业中。网络文学的部分作品题材重复、缺乏创意；影视作品急于求成，多来源于国外创意，原创精品较少且低级趣味作品横行；游戏力作稀缺，题材雷同、操作单一，跟风模仿等现象较严重。此外，在优质内容稀缺、市场竞争加剧等因素影响下，优质IP出现被过度消费的问题，恶性竞争行为不断滋生。

（二）产业发展不均衡

一方面，各地区数字创意产业发展不平衡。从数字创意企业的区域分布来看，广东省的数字创意企业主要分布在深圳和广州，两地的产业链布局比较完善，同时也有细分的龙头企业，其余城市的发展则较为落后，仅有部分代表性企业。从数字创意产业的投资分布来看，2020—2024年深圳投资事件共563起，总投资金额达到267.20亿元，位居广东省第一，遥遥领先于其他城市。另一方面，区域的分工协作不明显，存在数字创意产业链同一环节重复建设的问题。

（三）关键技术“卡脖子”

在数字创意装备方面，中高端领域国内品牌占有率低，关键设备难以自给自足；在软件工具方面，设计软件的进口依赖度极高，不利于我国数字创意产业的稳定发展；在数字内容生产方面，我国在动态环境建模、实时3D图形生成、快速渲染处理等关键技术领域与国际先进水平存在较大差距。此外，生成式AI技术是数字内容生产领域的前沿，而国外一直在生成式AI技术和系统方面占据主导地位，这使得我国在该领域的发展面临着重大挑战。

（四）复合型人才短缺

数字创意产业属于高技术服务业和文化创意产业的范畴，具有跨领域和交叉性的特点，需要大量综合数字技术、创意设计等领域的复合型人才。具有多年从业经验的专业人才匮乏，特别是具有多元化知识、专业化背景的高水平创意人才更是稀缺，人才的供给不能满足快速发展的需求，在一定程度上影响了数字创意产业的发展。

三、对策建议

（一）强化优质内容的供给

针对内容原创能力不足问题，加强公共文化的数字化建设，提高超高清视频节目的制作能力；鼓励创作优质的数字内容产品，推动精品力作的生产，提高优质内容的供给能力；支持基于优秀传统文化的高质量创作，促进优质IP资源的建设；推动知识产权保护体系建设，强化知识产权的运营和储备。

（二）促进产业集聚化发展

发挥广州、深圳的引领作用，鼓励各地区因地制宜，发展特色化的数字创意产业；支持建设数字创意产业园等产业载体，汇聚数字人才、资金、技术等资源；培育壮大链主企业，鼓励龙头企业重点突破原创内容供给不足、IP影响力不够等弱势环节，积极推动大中小企业的产业协同，推动广东省形成“双核多点”、梯次发展的产业格局。

（三）加强数字技术攻关

加快动态建模、裸眼3D、VR/AR、快速渲染等关键领域核心技术的攻关，加大基础性研究的支持力度；支持开展芯片、数据库、操作系统等薄弱环节的技术突破，提高信息技术的自主可控能力；加快发展智能终端、可穿戴设备、VR/AR等数字创意硬件设备，加快提升内容创作的数字化水平。

（四）深化对外交流合作

针对需求不足、人才短缺等问题，充分发挥粤港澳大湾区的地理优势，通过举办有国际影响力的展会，促进粤港澳在数字创意领域的交流合作；依托粤港澳青年创业基地和创意孵化中心，集聚粤港澳数字创意资金、人才，同时强化与“一带一路”沿线国家和地区的交流合作，持续开拓国际市场。

Postscript

后记

数字经济已成为全球新一轮科技革命和产业变革的新引擎，促进数字产业融合与集群发展是实现数字经济高质量发展的必然要求。党的二十大报告提出，加快发展数字经济，促进数字经济和实体经济深度融合，打造具有国际竞争力的数字产业集群。先后又出台了《“十四五”数字经济发展规划》《数字中国建设整体布局规划》等一系列政策措施，重磅部署数字经济，夯实基础、拓展应用，推动数字经济和实体经济深度融合。近年来，广东省发展数字经济势头强劲，不断强化数据资源汇聚，营造良好的数字经济发展环境，促进数据资源的开发利用，持续推进数字经济与实体经济深度融合。

当前，世界正经历百年未有之大变局，我国仍处于重要战略机遇期，广东省也处于竞争优势重塑、新旧动能加速转换期，迫切需要抓住机遇，增强优势。本书从理论内涵、发展概况、国内外案例与代表性集群分析等多方面对广东省数字产业融合与集群发展作了全面、深入、系统的研究，基于在发展进程中遇到的障碍和困境，梳理可借鉴经验，总结对策建议，为推动广东省数字产业融合与集群的高效发展提供了重要的参考与对策借鉴。优质高效的数字产业融合与集群体系建设将是一个长期的探索与实践过程，当前研究还存在一定的不足，实证性的研究分析比较少，集群案例有待拓展，前沿技术领域的发展状况研究也有待深化。因此，在今后的持续性研究过程中，本书将持续跟踪研究主题，对研究内容进行优化与拓展。

本书由李杰教授设定编写框架和统稿定稿。每章具体编写分工如下：第一、二、七章由陈春婷编写；第四、六章由潘露华编写；第三、五章由刘佩瑶编写。在撰稿过程中，我们借鉴了数字经济领域诸多专家和学者的研究成果，在此表示由衷的感谢。本书的出版更离不开广东经济出版社编辑们的严谨校对、编辑与审核。希望本书能够吸引更多的专家学者对数字产业融合与集群发展状况展开更加深入的交流与探讨，也希望相关专家学者及各界人士在百忙中给予批评指正！